BERTIL GALLAND

LE NORD EN HIVER

Parcours du haut de l'Europe de Reykjavik à Moscou

FONDATION JEAN MONNET POUR L'EUROPE
CENTRE DE RECHERCHES EUROPÉENNES
LAUSANNE
1985

25 / 0030

112240

LE NORD EN HIVER
est publié dans sa première édition
par les Editions 24 heures, à Lausanne,
dans la collection Visages sans frontières,
par la Fondation Jean Monnet pour l'Europe
et le Centre de recherches européennes, à Lausanne,
et par les Editions Payot, Paris
Maquette: Thierry Bianchi, Studiopizz, Lausanne
Composition et impression: IRL Imprimeries Réunies Lausanne S.A.
Brochage: Mayer et Soutter S.A., Renens
ISBN 2-8265-1011-8 pour les Editions 24 heures, Lausanne
ISBN 2-228-85100-0 pour Payot, Paris
© 1985 by Editions 24 heures, 39, av. de la Gare, CH 1001 Lausanne

*A Betty
qui sept hivers
aima courir le Nord*

*« Pour des yeux clairvoyants,
à tous les trois degrés de latitude,
la musique, les paysages et les romans
devraient changer. »*

Stendhal

Première partie
ISLANDE

Noël sans neige à Reykjavik. Beaucoup de maisons sont protégées par de la tôle ondulée peinte de couleurs pastel. Dans le jardin, ces raretés: des arbres.

*« L'aile du passé
te précipita
vers ta liberté
— ton rêve et la terre
la montagne sainte
au milieu des mers. »*

      Hannes Petursson

I
La langue des Vikings

On peut aimer les pays comme des femmes. Dès l'enfance, ils m'ont fait tressaillir. J'en devinais au nez, à des milliers de kilomètres, qui me rendraient heureux. Je languissais au gymnase de Lausanne lorsque l'Islande m'a piqué. Un peuple parmi plusieurs, beaucoup peut-être, dont je me suis entiché.

A l'Ancienne Académie, j'eus des professeurs lamentables. Ils avaient devant eux des jeunes gens à qui le monde pouvait être ouvert d'un tour de clé. Mais on dormait. Le français, discipline cardinale qui débouche sur toutes les autres et nous permet, bien plus que le catéchisme, de plonger en nous-mêmes, se trouvait enseigné par un gâteux. Il relisait, le pauvre, des notes jaunies qui n'ont jamais conduit ni lui ni nous au-delà de Malherbe. Le maître de latin était assommant et se suicida. Le maître de grec rougissait quand Hésiode, dans *Les Travaux et les Jours*, parlait des parties génitales d'une vache, sur lesquelles la bête plaque sa queue quand souffle la bise.

Un camarade, qui devint pianiste, lisait sans se cacher des partitions, d'autres se curaient les ongles. Mon voisin de banc m'arracha à la mélancolie en m'apportant un atlas allemand de l'époque de Weimar, qui est le plus gros, le plus pesant et le plus complet qui ait jamais été publié. Ouvert, il remplissait entièrement l'espace sous notre table. Je le tirais sur mes genoux et, laissant ces messieurs causer, je le feuilletais à la recherche de terres à explorer. Je flairais les îles. Je suis tombé sur l'Islande.

Sous la neige, je viens de retrouver ce pays que j'étais allé parcourir avec quelques amis après le baccalauréat, à pied, en hydravion, à cheval. Démunis comme des rats, la tente au dos, nous avions parmi nous un apprenti financier qui transformait les cailloux en billets de banque. J'avais tenté d'apprendre l'islandais comme le prouvent les gribouillis studieux que j'ai retrouvés dans un manuel que je fis venir d'Oxford; mais à Reykjavik, aujourd'hui, plus moyen de commander un gigot de mouton à l'Hôtel Borg. Les déclinaisons grecques et latines sont trop simples et bonnes pour les ânonneurs. En islandais, ce n'est pas la terminaison qui change à chaque cas mais le mot entier. Exemple: le fjord, mot utile. Nominatif singulier: *fjördur*. Là déjà je passe sur un traquenard alphabétique parce que le *d* est en réalité un *d* barré, lettre inconnue dans nos latitudes. Si vous êtes dans le fjord, c'est *firdi*. Si vous aimez les fjords, c'est *fjardar*. Et ne croyez pas que le paysan-pêcheur, au fond de sa crique, passera sur vos fautes de syntaxe. Les Islandais sont fous de poésie et rien ne les indispose davantage qu'un individu qui malmène leur langue. Ils sont en tout et pour tout 220 000 personnes à la parler, sans compter quelques cousins émigrés au Canada. Un peuple perdu à 1500 ou 2000 kilomètres du reste de l'Europe, mais européen jusqu'au bout des ongles et si fier de sa littérature, avec de si bonnes raisons de l'être, qu'il accueille d'une oreille dégoûtée non seulement les bredouillements du néophyte, mais, plus vigoureux encore dans le refus, tout le vocabulaire technocratique du jour.

L'islandais c'est le norois, la langue des Vikings au Xe siècle. Mais alors que les Norvégiens, les Danois et les Suédois ont laissé leurs idiomes s'abâtardir d'allemand, de français et d'anglais, les Islandais, des évêques (aujourd'hui luthériens) jusqu'au dernier des traîneurs de socques, sont restés passionnément fidèles à leur parler médiéval. Dès le début du christianisme, qui est seulement apparu sur l'île au XIe siècle, ils ont préféré le norois au latin, l'inscrivant sur des milliers de peaux de veau, racontant leur histoire, l'histoire des autres, des histoires (des sagas), des mythes, des vies de saint, des poèmes, alors que tous les clercs du continent n'imaginaient pas une seconde qu'on puisse écrire dignement en une autre langue que le latin.

Pureté préservée de la langue islandaise, mais pas celle, grands dieux, de la race. Des Norvégiens, dès 874, sont venus coloniser l'île boréale déserte, harponner la baleine et le phoque, pêcher la morue et le hareng et pousser leurs vaches, leurs brebis, leurs petits chevaux dans les pâturages marécageux épargnés par les glaciers et les volcans. Mais on trouvait avec eux des Danois, des Suédois, souvent venus des îles Britanniques que ces Vikings des trois origines avaient pillées, rançonnées et finalement labourées. Pirates-paysans. En Islande même, ils avaient trouvé quelques rouquins, ermites irlandais en méditation qui s'enfuirent devant les Scandinaves musclés, mais qui, aidés par le ciel, ont tout de même laissé dans l'île d'aujourd'hui pas mal de chevelures flamboyantes.

Les nouveaux pionniers, après leur installation, rehaussèrent leur parenté par de nouvelles razzias. Entre le foin de printemps et les battues automnales, quand on part à cheval dans les montagnes pour faire descendre les moutons ensauvagés, ils prenaient la mer, descendaient vers l'Ecosse ou l'Irlande et ramenaient du butin et des esclaves. Hélas, ces maîtres de la mer, si fiers de leur aristocratique parlement qui se réunissait en plein air, ne cessaient de s'entre-tuer pour l'honneur. Ils enrichissaient les thèmes de leurs sagas et continuaient à écrire à longueur de parchemins, mais politiquement, ils s'affaiblirent au XIIIe siècle au point de tomber en état de sujétion, puis de franche misère. Finis les Vikings! Il ne restait plus que des éleveurs miséreux dans leurs huttes de tourbe éclairées au suif pendant les longues nuits d'hiver. L'art de la navigation s'était perdu. L'île dépendait maintenant de la couronne danoise et subissait, jusqu'au pire dénuement, le monopole commercial des marchands de Copenhague. Pendant les siècles d'isolement, les Islandais reçurent cependant la visite de pêcheurs européens; la tempête jetait des Bretons et des Ecossais sur la côte méridionale et ses sables pervers. Ces étrangers venaient parfois faire du troc dans les fjords de l'est et de l'ouest. Les filles faciles sauvèrent les insulaires de l'endogamie. L'Islande n'est pas puritaine, et son peuple est aujourd'hui d'une santé superbe avec ses rousses et ses noirauds. Les enfants illégitimes pullulent encore de nos jours. J'ai vu dans peu de pays des jeunes gens aussi plaisants, des filles aussi jolies.

Mais par un sûr instinct, cette nation minuscule a compris qu'elle serait perdue comme fétu dans la houle humaine si elle ne tenait pas ferme sur le vocabulaire et la syntaxe. Vous débarquez à Reykjavik et vous cherchez un téléphone. Dans toutes les villes du monde, téléphone se dit téléphone, ou telefon, phone, telefoon, etc. Partout sauf en Chine et en Islande. Le peuple le plus nombreux du globe et l'un des plus petits ont des raisons identiques, littéraires, linguistiques et viscérales, de ne pas se laisser marcher sur le ventre. En Islande, téléphone se dit *simi*, ce qui vent dire «cordon» dans la langue viking. D'ailleurs Laxness, le Prix Nobel qui incarne toute la force de la littérature

Sur le lac Tjörn, au centre de Reykjavik, les oies, les cygnes, les canards, dans une bousculade emplumée où se mêlent les palmipèdes de passage et les oiseaux policés.

islandaise du XXe siècle, raconte que sa grand-mère avait pour principe de ne jamais croire un mot de ce qui lui avait été dit par téléphone. Il faut se défier des machins.

Une commission linguistique propose des mots norois pour les systèmes importés, les matières artificielles et les procédés industriels suspects. J'ai parlé avec l'ingénieur de l'usine islandaise d'Alusuisse, un Allemand. Il m'a confirmé qu'il devait soumettre à ces experts son vocabulaire technique. Il sortira de leurs travaux des mots neufs et très vieux que les ouvriers des fours pourront utiliser dans leurs poèmes. Car tous les Islandais, ou presque, écrivent des vers. Mais nous nous promenons parmi leurs mots comme en un brouillard. Dans les journaux, sur les affiches, en vitrine des librairies plus nombreuses que les bistrots, nous cherchons vainement les mots vilains et charitables, les phonèmes cosmopolites — comme *parking*, *magazine*, *electric* — par quoi on peut tenter de percer le sens d'une phrase. «Electricité», en islandais, se dit *rafmagn*.

Je cherchais un téléphone, aussitôt débarqué à Reykjavik, parce que j'avais hâte de retrouver Bjarni Bjarnason. Le nom de ce vieil ami islandais peut se traduire par Ours fils d'Ours. Ils étaient une vingtaine d'homonymes dans l'annuaire. Dans tous les pays, la lecture du Bottin local est passionnante. En Islande, il vous réserve une énorme surprise et vous dévoile sur-le-champ le caractère insolite de l'île. Tous les abonnés, à part quelques originaux, y sont inscrits dans l'ordre alphabétique de leurs prénoms. Votre camarade Jean Tartempion, vous le trouvez sous Jean et d'autant moins sous Tartempion que les noms de famille, en fait, n'existent pas. Nous sommes reportés au temps de la Bible, en Grèce, à Rome. Si David était le père de Jean (en islandais : Jon) celui-ci se nomme simplement Jean fils de David : Jon Davidsson. Sa sœur Kristin aurait, elle, pour second nom Davidsdottir (fille de David). Si elle se marie, elle ne portera pas le nom de son époux puisqu'elle demeure à jamais la fille de son père. En résumé, sur les quatre membres d'une famille, papa, maman, le fils et la fille, il n'en est pas deux qui portent le même «second nom».

Vif embarras pour les couples légitimes islandais qui se rendaient à l'étranger. Dans les hôtels, ils étaient mal vus avec leurs passeports dont les noms ne concordaient pas, surtout à Zurich qui a longtemps lancé la police aux trousses des conjoints douteux, à cinq heures du matin. Pour se prévenir contre ces gardiens véreux de la moralité publique, les autorités de Reykjavik ont fait une entorse aux règles de leur langue, non sans qu'il leur en coûtât, et délivrent maintenant aux dames de faux passeports adaptés aux barbares bigots : elles y inscrivent le nom de leur mari. Cette confusion apparente des patronymes n'empêche pas les Islandais d'être exaltés par la généalogie. Les décès du jour, dans cette île, sont annoncés à la radio, après les informations politiques. Un murmure parcourt alors les fjords, car tout le monde se connaît, ou prétend trouver, après réflexion, les tenants et aboutissants des défunts. Tout le monde sait que dans nos journaux la rubrique la plus lue est la page des morts. Mais l'attention fébrile avec laquelle nous nous précipitons sur les trépassés n'est rien à côté de l'enthousiasme islandais. Qui est ce gaillard? disent-ils à chaque annonce du présentateur, et c'est à qui identifiera le plus vite le père, la mère, le grand-père, les cousins qui ont mal tourné, les homonymes à écarter. Il est crucial de trouver la ferme d'origine, car le citadin le plus urbanisé de Reykjavik peut retracer ses racines paysannes. Un peu de concentration, et nous voici qui remontons le cours des générations jusqu'à l'époque des sagas, qui consacrent elles-mêmes des chapitres entiers à prolonger les filiations jusqu'aux premiers colons du IXe siècle. On néglige généralement les discrètes greffes esclavagistes qui ont alimenté ces beaux arbres familiaux, non moins que les pollens de plantes étrangères. Mais on dit volontiers qu'en telle paroisse, les gens ont de longues têtes d'Anglais, après un certain naufrage, ou que tel fjord, connu sans doute des pêcheurs de Pierre Loti, manifeste une vivacité méridionale.

Il m'a fallu dix appels de *simi* pour tomber sur un Ours qui avait entendu parler du mien. Deux heures plus tard, mon ami poussait la porte tournante de l'Hôtel Loftleidir. Quelle joie de le revoir! Mais son histoire est trop belle. Elle mérite un nouveau chapitre.

II
Ours fils d'Ours

Qu'avait-il donc, Bjarni, qui le distinguait des autres? Nous étions étudiants dans les forêts de Suède. Il suffisait d'un autobus pour quitter la rivière Fyris, le château, la cathédrale rouge, l'université d'Uppsala qui nous disait sur le linteau de sa porte de penser juste plutôt que de penser librement, et nous filions sur les lacs enneigés, les skis glissaient, les traces pataudes des élans et de leurs veaux graciles nous conduisaient autour des rochers, où la mousse était rongée et les rameaux cassés. Quelle solitude, si près des salles de cours et des usines, dans les bois profonds de l'Upland. Bjarni était Islandais et trois ans plus tôt, venu de Suisse, j'avais traversé son île à pied. Il faisait bon parler d'elle. Les forêts de Suède, leur mélancolie enrobante, nos itinéraires de taupes, de rivages en clairières, vers l'horizon perpétuellement ensapiné, faisaient contraste avec l'ouverture radicale de l'Islande sans arbres, la plénitude brute des landes, les pentes nues lignées par le basalte, l'horizon qui fiche le camp sans obstacles jusqu'aux montagnes bleues, jusqu'à la mer qui scintille et aux glaciers étalés au milieu du désert.

Bjarni était différent des autres et je ne savais dire pourquoi. Je le trouvais épique et paysan, prudent dans l'expression de sa pensée et vif comme un pétrel pour saisir celle des autres, drôle et d'un candide appétit pour les mystères du monde. Les étudiants suédois, à côté de lui, étaient des savants fatigués. Ils s'enlisaient et se spécialisaient. Bjarni voulait tout savoir et sa fraîcheur aurait dû, si j'avais été perspicace, m'orienter vers son secret. J'ai mis plus d'un quart de siècle à le percer. Il m'a enfin parlé. Mais à l'âge que nous avions, nous n'étions pas d'humeur à nous raconter nos courtes vies. Nos regards nous précipitaient hors de nous, vers les livres, vers les pays, vers les vérités et les farces. Une nuit, avec quelques filles, nous avions dormi dans une cabane, en pleine forêt. Attends! me dit Bjarni en s'éloignant du feu dans l'obscurité. La solitude était plus oppressante qu'elle peut l'être en montagne: aucune lumière à l'horizon et la nuit toute dentelée de la pointe des conifères. Soudain, la cabane entière se mit à trembler. Un ébranlement spectral par spasmes réguliers. Chaque poutre gémissait. Bjarni fut soudain de retour parmi nous, en bras de chemise. Dehors, il faisait moins vingt degrés. Le tremblement avait cessé. Les filles angoissées s'interrogeaient. L'Islandais me permit de guigner au fond de sa main: un morceau de colophane. Il lui avait suffi de frotter une corde attachée au coin de la cabane pour qu'elle résonne tout entière.

Dans son île, on aime les histoires qui font peur. Les sagas sont pleines de revenants. Une enquête universitaire a montré que deux Islandais sur trois ont eu des contacts avec le surnaturel. Une personne sur trois a été une fois ou l'autre consciente de la présence d'un défunt, une sur trois a connu par télépathie des événements lointains. L'existence de nains et de nixes est reconnue par un Islandais sur deux et c'est un bien curieux citoyen de Reykjavik celui qui ne croit pas aux fantômes. J'ai vu moi-même près du port, dans une maison isolée et abandonnée, la porte d'entrée s'ouvrir et se fermer régulièrement sans raison saisissable.

Mais le mystère de Bjarni n'était pas là puisqu'il me clignait de l'œil et me montrait sa colophane. La furia viking le poussait vers le Sud, et quand l'été s'approcha, qui vient dans ces pays nordiques immédiatement après l'hiver, à la fin mai, il souhaita travailler dans un pays de langue française. Je pus trouver pour lui une ferme amie à Cheseaux, dans la campagne vaudoise, où les muscles d'un Islandais n'étaient pas de trop pour les moissons.

Le Sud, pour Bjarni, commençait à Copenhague. La Suisse, c'était le Sud profond. L'esprit latin, pour un Scandinave, c'est le mystère des mystères. Quand nous nous sommes retrouvés à Reykjavik, et que je lui ai fait boire avec ses coquilles Saint-Jacques du Breidafjördur une bouteille de Johannisberg de Sion, qui figurait sur la carte de l'hôtel comme un sommet d'exotisme, il s'est penché vers moi, presque suppliant, avide de comprendre comme au temps d'Uppsala, et il m'a dit: «Explique-moi comment fonctionne la tête d'un Français. Je comprends la manière de penser des autres Nordiques, des Allemands, des Anglais. Mais quand je rencontre des Français, je suis interloqué, je me heurte à un barrage de mécanique mentale. Je tourne autour d'un principe central qui m'échappe. Dis-moi ce que c'est! L'ancien monde romain? La latinité? La Méditerranée? Les Celtes? Les rois de France? L'héritage d'un certain nombre d'écrivains?»

L'un des premiers esprits latins que scruta l'Islandais fut Armand, maître vacher. Mais peut-être, chez ce Vaudois, le sang burgonde, qui vient après tout de la Baltique et des Scandinaves, avait-il tempéré les étrangetés méridionales. Bjarni conserve le souvenir de sa tranquille autorité. A l'inverse, certains parlent encore à Cheseaux de l'Islandais au visage allongé, aux cheveux châtain foncé, qui lisait Pascal en conduisant le tracteur.

Son enthousiasme fou aurait dû me mettre sur la piste. On ne se jette pas sur les *Pensées* en pleines moissons sans un appel qui vient des profondeurs. Je ne vis pas beaucoup mon ami, cet été-là, car j'avais passé les mois clairs en Laponie. Mais à mon retour en Suisse, nous sommes allés nous baigner dans le Léman, du côté de la Pichette. Ses brasses dans l'eau que Bjarni jugeait translucide et tiède avaient la vigueur lyrique de Byron. Un jour, nous sommes allés poser un pied en France, cette France singulière qui longe l'Allondon, dans le Genevois. Il entre dans le courant, s'y ébroue sous les saules et les aunes, il plonge, se débat, me demande de lui pousser les reins jusqu'à ce qu'il parvienne à se couler jusqu'à une roche immergée. Il réapparaît une truite à la main.

«Oh là là, Bjarni, tu es extraordinaire mais tu viens de commettre un crime!»

Il avait saisi sa seconde truite. Je tremblais. Il était habitué à la surabondance des poissons, en eau douce et en eau de mer, dans son île de cocagne.

La vie était belle, il suffisait de la saisir. Ours fils d'Ours, en écartant les buissons, faisait irruption dans le pays de Voltaire. A côté de lui, les jeunes gens de nos pays me paraissaient usés. J'aimais le pas de Viking qui nous conduisait, d'un même souffle, dans les forêts et dans les livres, dans les déserts de cailloux et les steppes de la Faculté. Quelques balades dans les Alpes, encore, et il dut repartir pour Uppsala finir ses études; moi je repris mes cours à Lausanne. Nous nous sommes écrit un peu, puis plus du tout.

Un quart de siècle n'est rien, pour deux amis. Nous voici qui courons Reykjavik ensemble. Jusqu'à Nouvel An, l'air a été doux et la neige couvrait à peine les herbes jaunes entre les nouveaux locatifs. Dans les prés marécageux où je plantais ma tente lors de mon premier voyage s'élèvent un quartier universitaire, un cinéma plus grand qu'un temple, l'Hôtel Saga. De beaux clochers inconnus piquent le crépuscule de midi. La vieille ville, au-dessus du port, est pimpante sous le vol des goélands. La tôle ondulée qui couvre les façades de bois est peinte aujourd'hui en rose, en bleu de Prusse, en jaune crème. De longues avenues, illuminées dès quatre heures, conduisent à des banlieues qui paraissent joyeuses et immenses. Mais soudain l'espace est rendu à la lande. Quelques poneys velus se concertent près d'une ferme de béton.

La neige, absente à fin décembre, a fini par tomber en paquets. Bjarni, dans sa guimbarde, roule très lentement dans le paysage nu et blanc, encadré de pentes sans arbres, vers la vallée de Mosfell où Halldor Laxness va nous recevoir.

Mais son secret?

Un soir, mon ami se met à me parler de son enfance.

«Je suis né dans une ferme du sud. Mon frère tient encore le domaine.»

Le sud de l'Islande, au climat moins rude bien qu'on soit à la latitude d'Arkhangelsk, est un pays où des fleuves, élargis en cent bras, ont ouvert des campagnes humides entre les sables, les volcans, les champs de lave et les glaciers. Les pommes de terre y sont bonnes et les choux-raves, à la chair ocre, uniques légumes, y parviennent à maturité. Le drainage a ouvert les prairies de fauche. Le lait coule. Les brebis sont lâchées pour la belle saison dans les montagnes. Longtemps, les poneys assurèrent les transports de foin, les déplacements, le rare courrier et la traversée des gués.

J'ai passé mon enfance isolé du reste du monde, dit Bjarni. Mon père est mort quand j'étais petit, ma mère s'est remariée. La seule référence extérieure à la paroisse, dans nos conversations, était le roi du Danemark, notre souverain d'alors. On le saluait comme un mythe. Je n'ai pas été à l'école avant l'âge de dix ans.

— Tu ne savais pas lire?

— Si, si.

Qui pourrait soupçonner un Islandais, fût-il en bas âge, de ne pas savoir lire? Ecoutez plutôt ce qu'il lisait, Bjarni! Il apprit l'alphabet à la maison avec sa mère, sa sœur, ses frères, et dès qu'il put affronter un bouquin il se jeta sur ceux qui se trouvaient à la ferme. C'étaient la Bible et les sagas. Les récits épiques des paysans vikings étaient lus par un gamin né en 1928 dans la langue même où ils avaient été écrits, du Xe au XIIIe siècle.

«Je passais rapidement sur les généalogies et me plongeais dans les aventures.»

Elles étaient d'autant plus roborantes que les querelles de clans, les meurtres, les bannissements, les vengeances, étaient racontés sans une ombre de romantisme, dans une inimitable netteté de langue qui vous étend un ennemi en trois mots, raide mort. L'honneur, à la moindre entorse, vous précipite à cheval dans les vallées battues par la bise, la hache à la main. Les paysages sont le plus souvent ceux de l'Islande même, et les fleuves troubles qui descendent des glaciers, les montagnes en promontoire, les prairies où les ancêtres réglaient inlassablement leurs comptes, sont ceux-là mêmes qu'on peut voir, lorsqu'on part à cheval à la recherche des moutons.

La vie, au sud des grands déserts centraux de l'Islande, landes, caillasse, calottes glaciaires et lave, n'était même pas celle d'un village. Les fermes sont dispersées et les paroisses vastes pour très peu d'habitants.

«Mais lorsque j'eus dix ans, un instituteur vint s'installer dans une des fermes, et rassembla les enfants de la région. Il nous faisait l'école quelques semaines, puis il s'établissait ailleurs. Il revenait. Telle a été mon instruction primaire. Elle a duré deux années.»

Agé de douze ans, Ours fils d'Ours avait terminé sa scolarité et plus que jamais se nourrissait de sagas, entre le fumier et la traite. Mais on lui parlait du séminaire de Laugarvatn, école au pied des montagnes. Ses frères l'avaient fréquentée. «Tu y rencontreras des copains, on s'amuse bien, tu verras.»

Bjarni n'avait pas aimé l'école, si bref que fût son programme. Mais il avait dix-huit ans, et l'idée abandonner pour quelque temps les soins monotones au bétail le détermina. Or, le directeur de l'école de Laugarvatn, au lendemain de la guerre mondiale et de l'Indépendance islandaise (1944), avait une ambition. Pourquoi ses élèves, ces ruraux que les gens de Reykjavik regardent de haut, ne pourraient-ils pas se former ici, en pleine campagne, jusqu'au baccalauréat? Il résolut d'en faire l'expérience et, prenant un groupe d'élèves doués, Bjarni parmi eux, leur administra, par potions intensives, l'islandais, la géographie et l'histoire, les mathématiques et le danois, l'anglais et l'allemand, peut-être du latin, et je crois même une pointe de français sans quoi je ne sais comment mon ami a pu lire Pascal à Cheseaux et me parler, pour son plaisir, dans ma propre langue.

«Je ne savais rien, je n'avais rien vu du monde, j'ai englouti tout ce qu'on m'enseignait.»

Au bout de deux ans, Bjarni et ses camarades furent envoyés à Reykjavik, la grande capitale qui ne comptait pas à cette époque 60 000 habitants, et ils affrontèrent le baccalauréat. Il passa l'examen. Et voici que le jeune paysan des glaciers, qui avait encore les bottes pleines de la bouse de ses vaches et la tête farcie de ses combats vikings, vit de graves messieurs lui offrir, comme sur un plat d'argent, des bourses pour les grandes villes du monde. Voulez-vous étudier à Oxford? A la Sorbonne? Pas Marburg parce qu'il ne reste pas grand-chose de l'Allemagne, mais une bourse pour Copenhague, peut-être? Ou Uppsala?

La Suède lui parut rassurante en cet instant où la tête lui tournait. Il étudiait à Uppsala lorsque nous nous sommes rencontrés.

J'ai enfin compris le secret de sa fraîcheur.

III

Les sagas

Le dernier livre de Laxness s'est vendu en Islande à plus de 10 000 exemplaires. Résultats ordinaires dans son pays. Or, ces ventes correspondraient, en proportion de la population, à un tirage de 2 500 000 en France — chiffre impensable. Il y a un miracle islandais. Mais nous n'avons là que la petite pointe de l'iceberg. La merveille, ou la folie, Laxness la décrit lui-même:

«Il faut imaginer que la littérature classique des peuples germaniques a été produite sur une île de l'Atlantique fort éloignée du continent européen, à une époque où n'y vécurent jamais à la fois plus de soixante ou quatre-vingt mille personnes... Plus de 15 000 œuvres littéraires y ont été créées ou inlassablement copiées; de toute évidence ce sont de simples gens, paysans, petits fermiers, valets, pêcheurs, originaux et vagabonds qui ont fait la littérature islandaise depuis l'introduction de l'écriture dans l'île par le christianisme vers l'an mil.»

Auparavant, les caractères runiques des Vikings ne s'étaient pas prêtés à de longues rédactions. Et n'oublions pas, poursuit Laxness, ceux qui ont élevé tous les veaux dont la peau a donné les parchemins. Une seule œuvre pouvait exiger plus de cent bêtes! Ni ceux qui étaient capables de broyer une encre qui résistait, ceux qui recueillaient les plumes, avec quoi on a composé, par exemple, la *Saga de Njals!* Un chef-d'œuvre.

Cette portion de la grande littérature européenne du Moyen Age est tellement ignorée des lecteurs de langue française, mélangeant dans un brouillard boréal l'Edda, les sagas et les scaldes, qu'il faut tenter, en quelques lignes, et en simplifiant beaucoup, de dresser l'inventaire.

L'Edda est un ensemble de longs poèmes — tout ce que nous possédons de la littérature germanique préchrétienne. Ils ont été écrits, pense-t-on, vers 1200, dans une Islande qui, toute convertie qu'elle était alors au christianisme, avait recueilli passionnément une tradition légendaire et mythique venue du continent. Chaque poème est une œuvre en soi; il est composé de dialogues et de monologues issus sans doute d'un très ancien théâtre religieux; il est un peu comparable à une tragédie grecque, mais ne saurait être attribué à *un* auteur.

Quatorze poèmes ont des sujets mythologiques et restituent notamment toute la cosmologie des Germains et la vie de leurs dieux, des origines chaotiques du monde à son engloutissement final dans les eaux et le feu. Vingt et un poèmes ont des sujets légendaires. L'histoire de Gunnar, par exemple, n'est autre que celle de Gunther (ou Godomar), roi des Burgondes vaincu par Atli (Attila) en 437. Tandis que les Burgondes étaient déplacés par les Romains du Rhin aux régions rhodaniennes et lémaniques, le drame de Gunnar, par la bouche des poètes de cour et les légendes populaires, se répandait dans tout l'espace germanique, de Vienne à la Scandinavie, se modifiant et se mêlant à d'autres légendes. Un poème oral cohérent avait pris forme vers l'an 800, que les Islandais transmirent dans leur île où, après quelques siècles, il fut inscrit sur des peaux de veau.

Mais qui recueillait de tels poèmes? Les scaldes! C'était leur métier de les connaître et d'en composer de nouveaux. De même que les villageois du Sottoceneri tessinois furent du XVe au XIXe siècle les constructeurs d'une partie de l'Europe, de Rome à Saint-Pétersbourg, comme urbanistes, architectes, stucateurs ou humbles maçons, — nous les retrouverons à la fin de ce livre! — et de même que les Savoyards étaient traditionnellement ramoneurs, les Islandais étaient des paysans qui s'expatriaient comme poètes professionnels. Ils étaient entretenus dans les cours médiévales du Nord européen pour louer les rois ou les distraire. Leurs vers étaient d'une invraisemblable complication rythmique et syntaxique — un artisanat national que l'Islande du XXe siècle pratique encore. Ce ne fut pas une grande littérature, ou pas toujours. Néanmoins, de tels exercices rompaient tout un peuple à l'usage intensif et permanent de sa langue viking que les autres pays scandinaves abandonnaient peu à peu; en Islande, nous l'avons vu, elle fut préférée au latin pour les documents écrits, et maintenue intacte jusqu'à nos jours. C'est la langue de Laxness. Les poètes islandais, outre leurs vers compliqués, ont écrit sur tout, notamment sur la Suisse, que le scalde Nikulas Bergthorsson traversa vers 1150, en route pour Rome, Byzance et Jérusalem. Il a laissé un guide de voyage. L'Islande était devenue, jusque dans ses fermes de tourbe, une centrale d'informations sur l'Europe et un haut lieu de création.

Les sagas furent les œuvres où le génie insulaire s'exprima dans sa plus forte originalité. Le mot *saga* désigne tout à la fois l'Histoire et des histoires. Par opposition aux poèmes de l'Edda, produits d'une vieille tradition européenne finalement couchés sur les parchemins islandais par des mains anonymes, les sagas sont manifestement des œuvres d'écrivains, pas toujours connus. Ce sont des romans, parmi les premiers de la littérature européenne du Moyen Age. Les sagas les plus fameuses traitent de la vie quotidienne et des luttes de grandes familles islandaises du Xe et du XIe siècle, ou même de l'époque des auteurs, sur un mode héroïque, d'un réalisme sombre et serré. La matière fut apportée par des récits qui couraient l'île, par exemple sur la colonisation du Grœnland par Eric le Rouge, ou la découverte par son fils du Vinland, pays du vin de baies qui n'était autre que l'Amérique. Autres sources: les annales islandaises ou scandinaves, souvent norvégiennes, revues et corrigées selon des nécessités littéraires, ou encore les témoignages directs des scaldes sur les événements décrits; leurs poèmes, composés deux ou trois siècles plus tard, sont souvent incorporés dans les récits.

Les «sagas des Islandais» qui nous sont parvenues, notamment celles de la grande époque, la première moitié du XIIIe siècle, ont fait l'objet, à Reykjavik, d'une édition savante en douze volumes de 400 à 500 pages. Jusqu'au-delà du XVIe siècle, l'Islande continua d'écrire des histoires à la pelle et de rimer à tour de bras, reprenant avec un génie décroissant, mais dans une exaltation littéraire insubmersible, les thèmes venus de la France des chevaliers, des Anglo-Saxons, de l'Orient ou du fonds chrétien, vies de saints et homélies. Les Islandais qui ne créaient pas furent pour le moins copistes, jusqu'au jour où la misère et le plus noir isolement les obligèrent à transformer les parchemins en chaussures. Ils allumaient leur feu avec le papier de leurs poèmes quand Arni Magnusson (1663-1730), Islandais devenu professeur à Copenhague, sauva la littérature de son pays en passant dix ans de sa vie à recueillir les manuscrits de ferme en ferme. En 1720, il chargea 55 caisses de littérature sur des bateaux dont quelques-uns sombrèrent. Il rassembla cet inestimable trésor à la bibliothèque de Copenhague qui, en 1728, fut détruite aux deux tiers par un incendie.

Les œuvres dont j'ai parlé sont ce qui reste.

IV
Vie et mort de la colonie grœnlandaise

1er Janvier — Un noir nuage à neige bouche le Breidafjord, vaste baie qui découpe le nord-ouest de l'Islande. Les îlots rocheux s'embrument sous la rafale. Un goéland dérive, les ailes obliques. Il est trois heures de l'après-midi et déjà l'obscurité revient. Une jeep aux vitres encroûtées de givre nous a conduits vers la prairie extrême, glacée, suspendue sur l'encre grise de la mer, où une ferme de béton porte un nom historique: «Champ de l'Assemblée». Quelle assemblée? Le Thing. Quel thing? Pas le grand parlement viking où tous les chefs paysans du pays se réunissaient chaque année entre des rideaux de basalte, mais l'un des parlement régionaux, celui du cap de Thor. En plein vent, on y rendait une justice de première instance. On me montre la pierre des exécutions, plate et noirâtre dans la neige. Ici même, en l'an 982, un siècle après la colonisation de l'Islande, Eric le Rouge fut condamné.

Son passé était lourd. Plusieurs sagas islandaises racontent en détails épiques sa destinée de virulent. Né en Norvège, il en avait été banni pour meurtre. Le Breidafjord accueillit ce nouveau colon comme tant d'autres bourlingueurs; après leurs coups fumants, ils ne rêvaient que d'agriculture, de verts herbages. Eric était donc devenu paysan islandais, mais crac! La saga décrit les événements compliqués qui le conduisirent à commettre un nouveau meurtre. Traduit devant le thing, il bénéficia de circonstances atténuantes et fut condamné à trois années d'exil.

Des goélands aux ailes sombres miaulent sur un récif. Les brebis piétinent dans l'étable couverte de tôle. Je pense, la nuit tombée et debout dans le vent glacé, aux circonstances qui ont provoqué la découverte du Grœnland. Nos nuques sont mordues par un froid qui vient de là-bas, de l'île immense sous sa carapace de glace. En fait: la plus grande île du monde. Mais quelle solitude dans le franc nord de l'océan! L'Islande, distante de 800 kilomètres, mais égarée elle aussi aux confins de l'Atlantique, est forte d'un peuple vigoureux, de tradition européenne, indépendant de la couronne danoise depuis 1944, disposant de son gouvernement, de son drapeau, de son sort. Et le Grœnland? 40 000 habitants, surtout des Esquimaux métissés de sang danois, tournés par la langue et les coutumes vers l'Amérique boréale; ils sont encore sous la tutelle de Copenhague. Mais en janvier 1979 ils ont voté, non pour se libérer — est-ce imaginable? les Danois veillent paternellement sur la sécurité sociale et les gisements de pétrole côtier tandis que le Pentagone couve ses bases en pleines glaces — mais pour affirmer formellement la volonté propre d'un peuple arctique. Une assemblée grœnlandaise dispose maintenant de compétences financières et législatives, ce qui est sans précédent parmi les petites ethnies de l'Extrême-Nord à

1er janvier, au port de Stikkisholmur, sur la principale baie du nord-ouest de l'Islande, le Breidafjördur. Il est trois heures de l'après-midi.

culture dite primitive. L'île géante que l'on croyait vouée aux igloos a pris ainsi une couleur politique.

Quelques eiders barbotent dans la crique, au bas du Champ de l'Assemblée. Ils plongent vers les algues que la forte marée vient de noyer. Je vois en transparence leurs ailes blanches, à moitié déployées, qui rament au fond de l'eau. Mais la nuit s'épaissit. L'agriculteur du lieu, pour nous réchauffer, nous conduit à l'écurie regarder ses vaches laitières. Machine à traire Alfa-Laval. Je pense aux hasards, aux souffrances qui ont fait du Grœnland la terre des chasseurs-pêcheurs aux yeux bridés, vêtus longtemps de peaux de bêtes, plutôt que la patrie de paysans-pêcheurs au regard bleu, éleveurs de vaches, de chevaux, de moutons. J'évoque les cinq siècles — oui: cinq siècles — durant lesquels les côtes grœnlandaises ne furent habitées que par des Scandinaves et je tente de surprendre, dans le gémissement d'un vent descendu du nord-ouest, leur dernier râle. Je songe à l'arrivée et à la victoire discrète des Esquimaux, plus primitifs peut-être, mais qui survécurent par leur science intime du froid. Dites-moi: quelle civilisation fut supérieure à l'autre?

Eric le Rouge, banni, hissa la voile sur le fjord que je ne parviens plus à voir maintenant, entre les flocons nocturnes. Au lieu d'aller pirater du côté des îles Féroé, de la Grande-Bretagne, de l'Europe, il eut l'audace de mettre le cap sur le couchant, avec quelques compagnons. Des nagivateurs égarés avaient raconté qu'ils y avaient aperçu des terres neuves. Sa barque viking aux pointes légères, proue et poupe gravées de têtes d'animaux mythologiques, gagna sans boussole la côte orientale du Grœnland. Glace et roche, elle était inhospitalière. Eric longea vers le sud cette rive et son archipel hostile, rigoureusement désert. Il passa la pointe sud qu'on nomme aujourd'hui le cap Farewell et, remontant la côte occidentale, découvrit aussitôt un labyrinthe d'îles où la faune abondait. Il pénétra, solitaire, dans des fjords qui rappelaient l'Islande et la Norvège. Entre l'eau et la masse redoutable des glaciers, à l'horizon, déversant leurs séracs entre les nunataks, s'étendaient, pour la joie des explorateurs, des prairies et d'assez douces collines. Les moustiques sifflotaient par milliasses. Un pays vert! Grœnland!

Pendant les trois années de son bannissement, Eric et ses compagnons marquèrent les sites où l'on pourrait, sous leur autorité, construire un jour des fermes. Il repérèrent des animaux que l'Islande ne connaissait pas: les ours polaires, les caribous, les petits bœufs musqués. Une infinité d'oiseaux permettait au printemps la récolte des œufs et les banquets de volaille. Personne n'avait encore pêché dans ce paradis des poissons, sinon des hommes mystérieux, des sauvages évanouis qui avaient laissé quelques traces, des fragments de bateaux, quelques outils de pierre. (Il s'agissait, pensent aujourd'hui les archéologues, des reliques d'une incursion temporaire, 800 ans plus tôt, d'Esquimaux de la culture de Dorset.)

Qui donc réapparaît en Islande, plein d'enthousiasme, en 985? Eric le Rouge, sa peine purgée. Ohé les amis, j'ai découvert un nouveau pays, un pays vert, une terre vide! Bienvenue aux colons dans l'Eiriksfjördur, le fjord d'Eric! On y chasse, on y pêche. Et de l'herbe pour le bétail et du foin pour l'hiver et du bois de dérive apporté par les courants du sud.

La propagande est efficace. Vingt-cinq barques, avec bêtes et gens, filent vers l'ouest et le nouveau monde. Au Grœnland (ce nom lui reste), après le tournant du cap Farewell, voici une première colonie scandinave. Elle comptera un jour près de deux cents domaines agricoles, douze églises, une cathédrale que Rome bénit (sans doute un monticule de tourbe), deux monastères. Les Vikings continuent à longer cette côte occidentale et créent une seconde région agricole à la latitude où se trouve maintenant Godthaab. Près de cent fermes et quatre églises. Le christianisme suit de peu la création de la colonie.

Ces nouveaux occupants sont paysans, pêcheurs, et leur sang de navigateur ne s'est pas encore affadi. Le fils aîné d'Eric le Rouge, Leif, est le premier Européen à débarquer en Amérique avec les siens, aux environs de l'an mil. Mais le contact avec les Indiens est mauvais. Des morts. Les colons du «Vinland», après quelques années, regagnent leur patrie couronnée de glace.

Comment expliquer que les Grœnlandais aux yeux bleus aient disparu, après 500 ans? Pourquoi les explorateurs polaires des temps modernes n'ont-ils découvert d'eux que les ruines de leurs fermes et un squelette tordu sans sépulture?

Après deux siècles de prestige, d'élevage actif, de commerce, les insulaires furent laissés à eux-mêmes; leur suzerain norvégien se désintéressa de leur sort et négligea de les ravitailler. Leur poisson séché, leurs fourrures, leurs câbles en cuir de baleine ou

30 ISLANDE

Reykjavik. Leif, fils d'Eric le Rouge, dévouvreur de l'Amérique. Né en Islande, il appartenait à la colonie viking du Grœnland, d'où il navigua au début du XIe siècle jusqu'au « Vinland », sur la côte américaine.

de morse cessèrent d'attirer les marchands, qu'effrayait un nombre croissant d'icebergs. Le climat du Grœnland, après 1200, s'était en effet aggravé. Les descendants des Vikings perdirent l'art ou les moyens de naviguer en haute mer et furent condamnés au plus atroce isolement. Les glaciers descendaient. Le froid les enserra. Aux maladies, à la dégénérescence, à l'accablement s'ajouta l'apparition d'une nouvelle vague d'Esquimaux, descendus de Thulé et du Grand-Nord, qui furent les plus forts. Eux n'avaient besoin pour survivre ni de fer, ni de laine. Ils se passaient de lait.

Aucun bateau européen ne mouillait plus dans l'Eiriksfjördur. A la fin du XVe siècle, les abandonnés aux yeux bleus, épuisés, s'éteignirent.

Les électeurs grœnlandais qui ont voté pour l'autonomie sont les descendants des Esquimaux de la deuxième vague, venus dans les temps les plus reculés d'Asie et peut-être apparentés, racialement, aux Japonais du Nord. Parmi eux vivent les Danois qui, au XVIIIe siècle, ont placé sous leur suzeraineté la côte occidentale; la côte orientale, dont les explorateurs norvégiens avaient voulu s'approprier les espaces à peu près déserts, fut disputée entre Oslo et Copenhague jusque devant la Cour de La Haye; celle-ci trancha pour le Danemark en 1933.

Le Grœnland fut une colonie de 1721 à 1953, puis un territoire intégré au Royaume. L'autonomie politique a été instaurée le premier mai 1979.

Les Dano-Esquimaux ont donc voté pour la reconnaissance d'un fait national grœnlandais. L'événement est comparable à l'accession récente des îles Féroé à une plus large liberté de gestion, dans un même cadre danois, mais il intéresse aussi, tout autour du globe, d'autres peuples proches de la nature, les Lapons, par exemple, qui, politiquement, ne sont pas parvenus aussi loin comme nous le verrons. Ces hommes prennent conscience de leur solidarité. Car, s'ils ont créé des cultures qui leur ont permis de résister aux climats les plus féroces, ils craignent de ne pas survivre aux assauts de l'industrie, du commerce et du tourisme.

Le paysan islandais du Champ de l'Assemblée, dans le blizzard, nous poussa vers sa ferme. A l'entrée, nous nous défîmes de nos bottes pour ménager la moquette. La cuisine était vaste et claire. Salon. Fauteuils profonds, télévision, bibliothèque. La tourmente s'écrasait contre les grandes baies vitrées. Des gâteaux? Du café pour nous réchauffer? Bien volontiers, merci. Mais je pensais encore au monde d'Eric le Rouge. Les petits peuples ne peuvent compter que sur eux-mêmes. Qu'ils perdent leur ressort, personne ne leur viendra en aide. La mort les guette.

V

Sous le volcan

L'enfer est-il brûlant? Est-il glacé? Peut-on dire qu'il est utile?

Il souffle une bise acide, descendue de l'Islande vers l'archipel des Westmann, lorsque le Fokker Friendship de Flugleidir se pose sur l'île de Heimaey. La Volkswagen qui m'attend refuse de démarrer. Je peux me distraire en regardant l'océan.

— Vous voyez l'autre île, là-bas? me dit Paul, guide volubile. C'est Surtsey. Elle n'existait pas quand j'étais enfant. Elle est née en 1963. Une éruption volcanique qui dura trois ans et demi.

— Vous aviez peur?

— Pas du tout.

Paul Helgason n'est pas homme à souffrir d'un estomac contracté. Remorqués à la corde par un véhicule qui vient de monter du port, nous roulons maintenant à tombeau ouvert sur la glace et la cendre.

— Vous voyez la montagne, au-dessus de nous? C'est le Helgafell. On nous apprenait à l'école que c'était un volcan éteint depuis 5000 ans. Il était devenu vert et beau. Les moutons y broutaient. Pourquoi nous inquiéter?

Il ricane.

Un quartier de villas. Chacun ici possède la sienne. Paul freine en dérapant sur la neige. De son garage qui pourrait contenir des déménageuses, il sort une deuxième Volkswagen. J'aperçois d'autres véhicules. Les Islandais nous surprennent par un usage épique du matériel. Ces autos étonnent d'autant plus que l'île de Heimaey offre au maximum dix kilomètres de routes. Le port, c'est vrai, est l'un des plus riches du pays, en pleine eau poissonneuse. Avec 5000 habitants, il donne 15 pour cent des exportations islandaises.

Paul m'ouvre la porte de la VW N° 2. En fusée, il gravit le Helgafell.

— Ici, raconte-t-il, en pesant brusquement sur le frein, j'ai vu le pâturage se fendre et la lave gicler. C'était la nuit du 23 janvier 1973, peu après l'alerte. Et cette grosse montagne noire qui fume, devant nous, n'existait pas. Une partie de la ville est enterrée dessous.

Il s'esclaffe et roule maintenant à flanc de coteau dans les scories. Une chaleur montée du sol a fondu la neige par endroits. Paul insiste pour escalader le nouveau volcan en voiture. Il se rue contre la pente, patine, dérape, recule en trombe en mutilant ses pneus dans les laves, plus tranchantes et tordues que des éclats d'obus. Le véhicule reste suspendu sur un becquet. J'obtiens que nous marchions. Mon visage est frigorifié mais une curieuse fièvre du sol me surchauffe la plante des pieds.

La vue, au-delà des pentes de lave, plonge à l'ouest, sur la petite ville, les pavillons blancs, les gendarmes rocheux qui protègent le port et ses usines.

— L'île était noire de cendre. Nous venons d'achever de la nettoyer. Les enfants ont balayé les pâturages, les falaises. L'été, nous avons des centaines de milliers d'oiseaux qui nichent ici. Les macareux, nous en avons plein nos congélateurs.

Les fumerolles se sont épaissies. Nous pénétrons dans un brouillard sulfureux. On n'y voit goutte. Nous sommes peut-être dans le cratère. Deux formes saucissonnées de windjacks, de bottes et de bonnets, apparaissent dans une éclaircie, penchées sur des seaux de plastique.

— Mais que fait-il?

Avec ses lunettes, son teint d'alpiniste, ses longues oreilles de fourrure, Thorleifur (les Islandais, nous le savons, s'interpellent par le prénom) fut le stratège de la lutte contre la lave. Une éruption volcanique, sous d'autres cieux, aurait provoqué la panique et des morts. La catastrophe de Heimaey, en 1973, a fait une seule victime, me dit Paul. Un homme surpris par les gaz.

Toute l'Islande, y compris l'archipel des Westmann où nous nous trouvons, est posée sur un stock d'explosifs. Je ne sais si les habitants se vantent en affirmant que le tiers de la lave crachée sur la planète Terre depuis l'an 1500 est sorti des cratères de leur pays. Deux cents volcans ont témoigné de leur vitalité depuis l'ère glaciaire et les Islandais, qui occupent la région depuis le IXe siècle, ont vu de leurs yeux 150 éruptions. Mais ce peuple, loin de fuir les montagnes qui lui soufflent périodiquement au visage le feu de l'enfer, ruse avec les puissances chthoniennes comme allaient le prouver les seaux en plastique de Thorleifur. La seule précaution visible que j'aie observée est la dispersion des livres en plusieurs bibliothèques nationales, aux quatre coins du pays. Ainsi les trésors de la culture islandaise, des sagas sur parchemin aux poèmes du XXe siècle, qui leur sont plus chers que les pneus de leurs Volkswagen, ne risquent pas d'être engloutis d'un coup sous une marée de lave.

L'analyse des secousses telluriques permet à Thorleifur d'affirmer que l'éruption de Heimaey commença à 20 000 mètres de profondeur. Le magma central de notre globe parvint à forcer son chemin à travers la croûte terrestre le dimanche 21 janvier à 8 heures du soir. Après une poussée verticale, la masse en fusion fit une pause, le lendemain, à moins 5000 mètres. Le lundi à 22 heures elle reprit son ascension. La nuit de mardi, à 1 heure 40, le flanc du Helgafell se fendit et des jets enflammés

Un document historique, pris par un photographe islandais le 23 janvier 1973 : l'île de Heimaey, lorsque le Helgafell s'ouvrit dans une explosion de lave. La coulée menaça de couper l'entrée du port.

furent projetés à deux fois la hauteur de Notre-Dame de Paris, hors d'une fissure, par un collier de cratères long d'un kilomètre et demi.

Réveil brusque des 5273 habitants du port! Par chance, le gros temps avait ramené tous les bateaux de pêche à quai. Ils permirent un départ rapide des femmes, des enfants, des vieillards.

La bave rouge fut vomie, durant les premières heures, par une cinquantaine de bouches. Des pierres incandescentes giclaient et retombaient en s'aplatissant comme des galettes, sauf quand elles volaient si haut qu'elles avaient le temps de se refroidir, explosant alors comme des bombes. Il plut une cendre fine sur la ville, dix centimètres le premier jour sur certains toits. Le mercredi, la crevasse s'était raccourcie et concentrée en deux cratères d'une violence accrue. Les matériaux étaient maintenant lancés à 250 mètres de hauteur. Une nouvelle montagne se dressait désormais à côté du Helgafell, là où, l'été, s'était étendue en faible pente une prairie d'émeraude contre l'océan. La lave était dégorgée sous un dais de fumée. De jour en jour, la petite île s'agrandissait de promontoires inconnus et de neuves plages funèbres. 250 millions de mètres cubes venus du centre de la terre furent déversés sur Heimaey.

Le 25 janvier, dans la ville endeuillée de tèphre, substance cendreuse, vingt maisons furent incendiées par des brûlots. Mais les toits épargnés commençaient à céder sous le poids de l'averse noire. Puis le vent, qui avait éloigné les pires retombées, tourna contre le port. Les équipes de secours et les pompiers se battirent pour chaque villa, chaque magasin. Ils pellaient la cendre des toits, éteignaient les parois enflammées. Plus de trois cents maisons étaient maintenant enfouies. En trois jours, il neigea 2,5 millions de mètres cubes sur la ville.

Sans affolement les sauveteurs descendaient vers le port les meubles et le contenu des armoires. Des charpentiers, venus de toute l'Islande, vinrent clouer des tôles sur 14 000 fenêtres qui demeuraient à l'air. La fumée du volcan dressait sa colonne à 9000 mètres. L'air grondait.

La lave descendit longtemps vers les rivages inhabités, qu'elle poussait au large dans des explosions et des jets de vapeur. Du côté de la ville, elle s'était accumulée en une bordure rougeoyante qui, le dimanche 4 février, commença à s'effondrer. Si la coulée coupait la passe qui menait au port, le seul au sud de l'Islande et l'un des meilleurs du pays, c'était la mort de Heimaey.

L'homme aux oreilles de fourrure était présent. Thorleifur le vulcanologue était le dompteur cherchant à tenir tête à une bête infernale et démesurée. Sa méthode? L'arrosage. Il mobilisa les pompes et il en fit venir d'énormes d'Amérique. Par des jets, disposés le long du front mouvant de la lave, il s'efforça de la figer, transformant la masse elle-même en ce mur qui barrerait son avance.

De jour en jour, l'accès au port s'était rétréci. On vit avec effroi une colline de 200 mètres de long qui glissait lentement vers la ville: «Arrosez! arrosez!» disait le géologue. On trouvait la méthode dérisoire et coûteuse. Le 18 mars, une brèche s'ouvrit dans la digue de lave et d'un coup soixante-dix maisons furent écrasées et cuites. De nouvelles langues incandescentes attaquèrent le port. Elles brûlèrent l'une des usines.

Le 4 avril, le volcan se calma, mais saignait encore d'une lave fluide qui cascadait comme un torrent.

Le 26 juin, après 155 jours d'éructation, le monstre s'apaisa. Mais il gardait la panse chaude. Thorleifur, au moment où 4600

Le vulcanologue Thorleifur Einarsson, stylo en main, surpris six ans après l'éruption de Heimaey dans les laves encore chaudes. Il contrôle la température de l'eau injectée dans le cratère apaisé. De ce savant, qui conduisit la bataille pour protéger la ville et le port, vint l'idée d'utiliser cette source de chaleur pour chauffer les maisons.

habitants sur 5273 revenaient creuser la cendre, refusa de laisser perdre l'énergie de la bête.

Que fait-il donc devant nous, dans ce cratère, avec ses seaux de plastique ridicules?

Il contrôle les installations, me dit Paul.

Il injecte de l'eau dans la masse du nouveau volcan qui va bien mettre une trentaine d'années à se refroidir. Cette eau rapidement bouillie permet à la ville de se chauffer à bon compte.

Je vis une fable. J'imagine, hors de toutes proportions avec la vie humaine, le magma en fusion sous la croûte terrestre. Et je vois cet homme discret, aux grosses moufles et aux chaussures longuement lacées sur les tibias, un petit crayon à la main, mesurant avec l'aide d'un étudiant la température d'un litre d'eau, précautionneusement tirée d'un tuyau enfoncé dans la cendre.

Un homme, un nain, un puceron est bel et bien parvenu à dompter le diplodocus apocalyptique. Il l'a laissé cracher son feu en le douchant un peu. Mais aujourd'hui, en compensation de ses méfaits, Thorleifur s'est avisé de le traire. Doucement. Les fournaises d'en bas sont commodes pour entretenir une exquise tiédeur dans les maisons reconstruites à la surface de la croûte...

VI
Les chevaux de la liberté

Le car roulait dans la tempête de neige le long de la baie de Flaxafloi. Du chaud de la paume, j'essayais de dégivrer la fenêtre. Le pays ne connaît pas les trains. Naguère, il chevauchait. Aujourd'hui, il vole. Et chaque jour, des chauffeurs d'autobus à gros pull-overs affrontent les routes graveleuses qui font le tour de l'île. Même au plus fort de l'hiver, ils sinuent entre bise et vagues autour des fjords, ils font halte au bout des chemins verglacés qui descendent des fermes, toujours solitaires dans le blanc sans forêt. Ils ouvrent la portière, jettent le courrier.

L'ouverture que j'avais pratiquée me permit de voir les prairies sous les rafales, au pied du basalte. Et j'aperçus enfin, parmi les rochers, ces petites formes vaillantes, ébouriffées, rondouillardes dans leur poil épais, le mufle dégoulinant de glaçons : les petits chevaux! Si résistants, à deux pas de l'Arctique, qu'ils passent toute l'année dehors, rongent les touffes mortes sous la neige comme les rennes, et se rassemblent en colloque transi, près du tas de foin que leur maître vient tout de même leur jeter au coin du pâturage. Ils existent donc encore, ces compagnons prodigieux! On me dit qu'ils sont quarante mille, bien qu'ils ne servent plus aux éleveurs qu'en automne, quand ils recherchent leurs moutons. Les paysans ont drainé les prés marécageux et ne rentrent plus les foins sur des bâts. Des ponts ont été jetés sur les rivières qu'on traversait autrefois à gué. Les jeeps relient les fermes entre elles. Mais comment les Islandais pourraient-ils abandonner les caracoleurs de leurs sagas, débarqués avec les premiers Vikings au IXe siècle, et nets de race autant que leur langue bien-aimée? Aucun cheval étranger n'a été importé depuis le Moyen Age et si un sujet est envoyé sur le continent pour un concours, il n'est plus autorisé à revenir.

La première fois que j'avais vu les «poneys» islandais, pas si petits que ça, leur vivacité et leurs mouvements m'avaient

Sur la route côtière longeant la baie de Flaxafloi, les montagnes basaltiques dominent les pâturages où les petits chevaux islandais, à l'épaisse fourrure, paissent en plein hiver.

rappelé les frises du Parthénon. J'aurais gardé pour moi cette réflexion pédante si les Islandais eux-mêmes n'évoquaient volontiers leurs affinités avec la Grèce classique. Leur Parlement, à Thingvellir, de même que les cours de justice régionales siégaient, nous l'avons vu, à ciel ouvert. Les bancs? De roche naturelle, comme chez les Athéniens. On m'a aussi révélé le *tölt*, la cinquième vitesse du cheval d'Islande; en plus du pas, du trot, de l'amble spectaculaire et du galop, il a gardé le secret de la course rapide où le corps de l'animal, comme celui du cavalier, bouge à peine: il ondoie moelleusement dans un quadruple et prodigieux battement: arrière gauche, avant gauche, arrière droit, avant droit, toujours un sabot au sol et trois levés, et les connaisseurs affirment qu'ils reconnaissent cette position des pattes sur les vases helléniques et les bas-reliefs.

Je rêvais maintenant dans le car, le front contre le froid. Ces formes noires sous la neige, ces couples en tête-bêche qui se grattaient le dos du bout des dents, c'étaient de vieux amis. Ils m'ont offert un bonheur intense. Je me souvenais d'Oskar.

— Les foins, nous avait-il dit cet été-là, sont un mauvais moment pour partir en course. Je pourrais vous conduire au centre de l'Islande en jeep. Il y a une piste, ce sera vite fait.

Nous ne voulions pas aller vite. Il se laissa convaincre. Un matin, à Geysir, où crachait le vénérable jet d'eau bouillante stimulé par des potions de savon mou, Oskar était apparu avec ses bêtes. Son chandail brun où s'accrochaient des herbes serrait jusqu'aux genoux son corps maigre. A ses selles pendaient des courroies rapiécées, des cordes noirâtres, des anneaux rouillés. Il équilibra longuement nos sacs sur le bât de ses trois chevaux de somme. L'un d'eux, un noiraud qui n'était pas encore bien dressé, rua, se roula dans les cailloux, se débarrassa de sa charge et disparut à l'horizon. Pas d'inquiétude: il retrouverait sa ferme, le nerveux. Parfois un poney qu'on a vendu parcourt la moitié de l'île pour regagner son premier domicile.

Notre caravane, réduite à sept bêtes, marcha vers le centre de l'Islande. Il faut voir le pays à ce rythme-là. Les pluviers de la lande, perchés sur les mottes, nous regardaient en penchant la tête. Ils sifflaient doucement en baissant d'un quart de ton si mélancolique qu'à réentendre en moi cet appel-là, la nostalgie me fiche la chair de poule. Nous levions des courlis, le bec en arc, qui glougloutaient en battant des ailes. Au fond du ciel jaune des nuages promenaient des averses, et ces lessives, aussi minutieuses et limitées qu'un passage d'arrosoir, lavaient l'horizon et révélaient, dans un lointain paysage de Bosch, des concrétions noires et tourmentées.

Nous passions des marais dont les sabots s'arrachaient comme d'un baiser baveux. Parfois, des champs de lave braquaient contre les chevaux des mains crochues et il fallait les voir, les animaux, le mufle au sol, chercher où poser les pattes. Une intelligence d'alpiniste. Leur principe était de regarder avec circonspection où ils plaçaient les pieds avant, et contrairement à nos chevaux à nous, de mettre les sabots arrière exactement au même endroit. Le vent levait des colonnes de sable qui ondulaient et parfois venaient nous aveugler. L'intérieur de l'île est menacé par l'érosion éolienne; nous chevauchions entre des champignons de terre, couverts d'une dernière touffe d'herbe. Les Islandais protestent contre le nombre excessif des moutons qui passent l'été dans l'arrière-pays — 2,3 millions de têtes! — et des avions de la protection de la nature larguent sur les landes les plus menacées des engrais et des semences d'herbes.

Les chevaux gravissent maintenant les cailloutis du Bláfell feuilletés d'une mousse verdâtre. A notre gauche, la longue croupe d'un glacier. Il n'est pas suspendu dans une haute vallée comme dans les Alpes, mais posé en plein désert, en calotte. Puis un canyon barre notre route. Nous mettons pied à terre et dévalons. Les poneys varappent pour leur compte. Les chevaux de nos pays ne suivraient plus. Pour la traversée de la rivière, nous tentons de nous remettre en selle et nous battons l'écume, cramponnés aux crinières. Une pente volcanique. Les sabots glissent dans un bruit de porcelaine pilée. Le soir tombe. Nous sommes au mois d'août quand revient déjà l'obscurité. Une inquiétude paraît saisir la caravane. Je voudrais regarder de loin ces chevaux qui défilent dans la nudité du pays comme des pensées dans l'angoisse métaphysique, mais ma bête ne supporte pas d'être séparée des autres et tire violemment sur le mors. Si fatiguée qu'elle soit, elle galope maintenant, la queue en bataille, pour rejoindre les compagnons.

Oskar, que fortifient le mouton fumé et la gnôle, est ferme en selle, les reins droits, la casquette de travers. On lui a demandé le nom d'une montagne et il n'a cessé de le répéter, en mélopée, depuis une demi-heure :

— Rjupnafell, Rjuuuu-pnafell...

Il se retourne vers moi. Mon poney s'est planté des quatre et ne bouge plus. Je le talonne. «Lat hana pissa!» gueule Oskar, et je m'aperçois soudain, pendant que ça mousse dans la pierraille, que je comprends l'islandais.

Puis je reçois l'ordre de chanter. Chanter? «Jo (prononcez yooou), syngja.» Pendant la conversation, les chevaux fatigués ont ralenti. Mais à peine avons-nous entonné un petit air que le pas s'allonge.

Les bêtes, ce jour-là, et jusque dans la nuit, ont marché pendant quinze heures. Pour finir, leur épuisement était tel qu'elles n'avançaient plus sans musique. Les fesses en sang, les pieds gelés dans l'étrier, la tête dodelinante, nous devions, tour à tour, pousser la chansonnette d'une voix qui, dans l'immensité minérale, n'était plus qu'un filet. Aussi n'avons-nous pas remarqué tout de suite un murmure étrange au fond du soir.

La lune s'était levée sur des montagnes naïvement pointues. Le glacier, avant de s'éteindre, avait eu des couleurs de pêche, et il se rallumait faiblement. Nous avancions dans un monde clos aux eaux mouvantes. Une rivière avait brillé comme de l'or dans un dessin d'encre. Nous nous approchions du lac de Hvitarvatn où flottaient des icebergs, détachés de la cascade glaciaire. Le sol mollissait sous les sabots. Les chevaux avaient peur. Nos têtes tombaient. Nous nous savions seuls quand le murmure devint, au fond des eaux, le bruit d'une fête. Des rires flûtés, des gloussements complices, des bouchons qui sautaient. Une confidence, un râle, et de nouveau le brouhaha, des reproches de fond de gorge, des allusions sifflées.

Nous écoutions, les chevaux s'arrêtaient, nous frissonnions. Nixes nicettes aux cheveux verts et naines, c'est donc ici que vous êtes aimées? Par terre, tout à coup, de petites formes blanches dans le noir. Des messages. Nous sautons de selle. Des plumes!

La fête était proche: les cygnes sauvages!

En deux jours, rochers, marais, sable et lave, les petits chevaux nous firent parcourir cent vingt kilomètres. Oskar nous déposa dans une cabane au centre de l'île, entre deux glaciers, et de lui nous n'avons plus trouvé sur la table, après nos quinze heures de sommeil, qu'un fond de café froid. D'une traite, en changeant régulièrement de monture, il regagnait déjà le sud avec les bêtes.

Notre marche fut longue jusqu'à la première ferme du nord, et les rivières sans pitié. Le courant trouble et glacé était si violent que la peur nous saisissait. Nous suivions les rives en désespérant de trouver un gué. Sans cheval, l'homme écrasé par son sac titube dans les galets, et les eaux du glacier pèsent sur ses cuisses nues.

En quatre jours, nous avons atteint la vallée verte et marécageuse que peu de voyageurs abordent par l'amont. Les premiers paysans furent surpris. Ils habitaient encore une ferme de tourbe comme au Moyen Age. L'un des pans du plafond de poutres était ouvert d'une lucarne. Pas d'autres fenêtres. On prenait place sur les lits qui faisaient partie de la charpenterie. J'ai bu du lait, j'ai même renversé du lait dans ma fatigue et mangé les meilleures crêpes de ma vie. Nous avons dormi dans la grange, sur ce foin mouillé que les Islandais, aujourd'hui, récoltent en tracteur, baignent de produits de conservation et entassent dans les silos.

A quoi servent leurs chevaux? Dans la dernière région habitée d'Islande où les véhicules n'accédaient pas, sur les sables torrentiels du sud-est entre les glaces du Vatnajökull et la mer, on vient de bâtir des ponts et une route. Et chaque matin, à

Reykjavik, vrombissent les cars qui désormais font en toute saison le tour complet de l'île, et l'été, des cargaisons de touristes traversent par les pistes le désert central, dont je connais, de la fesse, du pied, du cœur, chaque kilomètre sauvage.

Les Islandais ne peuvent abandonner leur rêve équestre. A la porte des villes, ils ont construit des écuries où les nouveaux bourgeois de la mer, rentrés de leur pêche, de leur bureau ou de leurs conserveries, viennent en fin d'après-midi caresser leurs chevaux de selle. L'été, c'est la galopade aux solitudes.

Sorti de l'autobus, je suis allé vers les enclos où les bêtes s'ébrouaient dans la neige. J'ai réchauffé mes doigts dans leur laine et j'ai pensé aux siècles où les Vikings de l'île, abandonnés à mi-chemin des glaces et de la famine, se fortifiaient de la vigueur musclée de leurs chevaux. Les battues de moutons n'étaient que prétexte. C'est la liberté pure qu'ils traquaient dans le haut pays.

VII
La zibeline de Laxness

Un hiver, m'arrêtant pour un jour à Copenhague, je tombai sur un petit livre qu'un libraire offrait à ses clients pour les fêtes, *Nouvelles islandaises*. Je ne connaissais rien alors de la littérature de l'île. Je lus, en traduction danoise, mon premier texte de Halldór Laxness, *Le Hareng*. La vie d'une communauté de pêcheurs, suspendue à l'apparition ou à l'éclipse du poisson, était exprimée avec une telle force d'épopée, un tel mélange de drôlerie et de compassion, qu'avant son Prix Nobel de 1955, cet écrivain devint l'une de mes lectures indispensables. Pendant mes mois d'études à Uppsala, je remontais le cours de la rivière Fyris pour gagner la bibliothèque municipale où je découvrais, par rayons entiers, les œuvres majeures du Nord. Je ne ressortais jamais plus heureux, le long des rives glacées où les colverts gonflaient leurs plumes, que les bras chargés de bouquins de mon nouvel ami. Il me parut que le plus beau était *Sjàlfstaett Folk*, «Des hommes indépendants», l'histoire de Bjartur, paysan défricheur dans ses landes solitaires. Laxness m'a donné un rythme intérieur. Il m'a libéré de l'embarras morose qui frappe parfois un pays marginal tel que le mien. Il a personnifié pour moi le défi à l'isolement, le combat du petit face aux grands, l'humour opposé aux coups, la musique naissant au fond de soi dans les déserts, qui peuvent être d'Arctique aussi bien que d'Afrique, avec l'appel des oiseaux, les bonds du chien compagnon, la silhouette d'une jeune fille rêvant devant les dunes. C'était la nature saisie sans que fussent oubliés l'histoire, le mouvement social et la dramatique du destin.

Mais allez vous enthousiasmer pour un livre devant vos amis de langue française qui, privés de traduction, ne connaissent ce génie ni d'Eve ni d'Adam! Pourtant *Des hommes indépendants*, écrit au début des années trente, inconnu à Paris, a paru en vingt-deux langues. Les Ukrainiens l'ont aimé. Il a été publié à la Nouvelle-Delhi et aux Etats-Unis où il fut un «Livre du Mois». La France serait-elle trop fine pour s'intéresser à une épopée rurale? Knopf, l'éditeur américain, avait trouvé la réponse en disant à l'Islandais: «Des milliers de paysans vont vous lire à New York.»

En URSS, la publication de ce roman fut une affaire aux rebondissements si cocasses qu'il est temps d'écouter l'histoire de la zibeline.

Laxness, dans *Skáldatími*, raconte que peu avant la Deuxième Guerre mondiale, il fut invité à Moscou par l'Union des écrivains soviétiques. Une semaine avant son retour, un certain Anisimov, joyeux camarade et seul éditeur connu de l'Islandais qui ne prît pas la peine de se raser le matin, le reçut aimablement dans les bureaux des Editions d'Etat. Traduire en russe *Salka Valka*, son premier roman, était impensable: on y voyait un militant marxiste, Arnaldur, qui se conduisait mal. En revanche, le cas du paysan islandais, dans *Des hommes indépendants*, illustrait la misère des moujiks d'Occident. Excellent! Anisimov tendit à Laxness un contrat de traduction, honneur rare de la part d'un pays qui n'a pas signé la Convention de Berne.

L'Islandais fut invité à passer immédiatement à la caisse, et reçut, comme avance, la somme de 10 000 roubles. Une fortune! Mais la générosité soviétique n'alla pas jusqu'à permettre à Laxness de convertir cet argent en une monnaie occidentale. Il était strictement interdit, bien entendu, d'exporter ces billets, dont la valeur, de toute manière, aurait fondu sur le marché libre.

L'écrivain, bousculé par l'imminence de son départ, écuma les magasins de la capitale sans trouver, dans les étalages lugubres et les mornes devantures, un seul objet dont il ne souhaitât pas s'abstenir d'être le détenteur. Il demanda conseil. Des Russes bienveillants lui recommandèrent d'acquérir une fourrure.

Il en acheta une, dont j'imagine qu'elle avait les dimensions d'une armoire, lui encapuchonnant la tête et traînant derrière ses bottes. Et l'animal était l'un des plus chers. La zibeline. Avec ce trésor, il prit le train pour regagner l'Ouest.

A la sortie de l'URSS, les douaniers tombèrent en arrêt devant ce monstre poilu. Exporter ça sans autorisation? Il n'y pensait pas! Incident de frontière. Le train partit sans l'Islandais. Que signifiait ce trafic d'objets soviétiques de grande valeur? Laxness pensa peut-être que le manteau serait confisqué et lui pendu. Mais pas du tout. Un officier qui s'était mêlé à la discussion examina les contrats et les quittances. Il se chargea de renvoyer la zibeline à Moscou, à l'adresse de l'Union des écrivains soviétiques.

Six mois passèrent sans nouvelles des Russes. Puis tomba un beau jour dans les docks de Reykjavik un ballot solidement cousu. Quand toutes les coutures sautèrent sur la table de la douane islandaise, que vit-on apparaître? La masse puissante du manteau de zibeline! Son prix n'était pas un mystère, la déclaration soviétique le précisait. La somme, traduite en couronnes islandaises au cours officiel, aurait permis à l'écrivain de s'acheter une villa, et les droits qu'il était invité à payer atteignaient la valeur d'une seconde maison.

Menacé de banqueroute par ses droits d'auteur soviétiques, l'écrivain, contre une caution, obtint la permission de sortir le colis des entrepôts, et, durant pas mal de temps, qu'il aurait préféré consacrer à l'écriture, chercha d'improbables amateurs. Les fourreurs ricanaient. Ils affirmèrent que la peau avait été mal préparée et ne valait pas grand-chose. Quant aux dames de Reykjavik assez fortunées pour acquérir un manteau de ce standing, elles se moquaient de la coupe et déclarèrent qu'elles ne voulaient pas même le recevoir en cadeau.

«Une fois de plus, j'étais ridiculisé à cause des Russes», dit Laxness, à qui ses compatriotes n'avaient pas encore pardonné son voyage à Moscou. Que faire? Chaque mois qui passait voyait augmenter la facture d'entrepôt. La zibeline, recousue dans son ballot, fut ajoutée aux bagages de l'écrivain lors de son prochain voyage à l'étranger. Il débarqua à Copenhague. De marchands pelletiers en modistes, il finit par tomber chez les fripiers, qui lui montrèrent, en écartant les poils, que le manteau grouillait de bêtes. On pouvait tout au plus découper ici ou là quelques carrés pour des raccords ou des réparations.

Ecœuré, Laxness remballa ces frusques, confectionna un gros paquet et l'expédia, avec les vers, à l'adresse de l'Union des écrivains soviétiques, Moscou.

C'est mal connaître les Russes de croire qu'ils prirent l'affaire à la légère. Forts de l'appui de diverses organisations étatiques, les correspondants de l'Islandais entreprirent de longues démarches auprès de l'Institut national de la fourrure. Ils agirent avec tant d'habileté qu'ils obtinrent un remboursement intégral de la zibeline. Ainsi Laxness reçut un beau jour à Reykjavik, alors qu'il était parvenu à se débarrasser l'esprit de cette affaire embrouillée, un message qui disait en substance: «Bonnes nouvelles de Moscou. Somme entière à nouveau à votre disposition. Déposée ici à votre compte».

Le couronnement de la farce? Le livre qui avait valu à Laxness cette fortune fuyante fut interdit en URSS. En cette sombre période de terreur stalinienne, *Des hommes indépendants*, titre suspect, ne put franchir le barrage de la censure. Mais on prétendit que les stocks avaient été incendiés par les bombes allemandes.

Et l'argent? En 1949, quand l'Islandais put se rendre à Moscou, il apprit que les comptes restés sans mouvement depuis dix ans avaient été confisqués. Devait-il, lui qui se croyait riche comme Crésus du côté du Kremlin, payer son séjour de ses pauvres couronnes? Sur le conseil de ses amis russes, il intenta un procès. Il le gagna. Pour la troisième fois, il détenait une fortune en URSS. Inexportable.

Quand Staline mourut, le dégel entraîna la parution, enfin, des *Hommes indépendants*. A Moscou comme à New York, l'accueil fut enthousiaste, suscitant cinq traductions en diverses républiques soviétiques, des centaines de milliers d'exemplaires dont 13 500 en ukrainien. Et d'énormes droits d'auteur.

Deuxième partie
ÉCOSSE

L'île de Skye et les monts Cuillin, sur la côte occidentale de l'Ecosse. Janvier.

« Toutes nos affaires, depuis l'union des couronnes, ont été conduites selon l'avis des ministres anglais, et les principaux offices du royaume occupés par des hommes que la cour d'Angleterre avait soumis à leurs desseins: par ces moyens, ils exercent une si visible influence sur l'ensemble de notre administration que nous sommes apparus, aux yeux du monde, davantage comme une province conquise que comme un peuple libre et indépendant. »

Andrew Fletcher

VIII
Journal des Highlands

Wick, 28 décembre. — Hier, nous avons pris l'express de Londres à Inverness. Dans la rampe du premier col de l'Ecosse, 300 m d'altitude, nous avons été immobilisés pendant une heure. Devant nous, un train de marchandises patinait sur la glace. La nuit était tombée quand nous avons débarqué dans la capitale des Highlands.

— Cette voiture est d'un beau rouge, ai-je dit ce matin à l'agence de location. Mais l'avez-vous équipée de pneus à neige?

La secrétaire a ri:

— Ici, c'est inutile.

— Et ces terribles vallées solitaires? Vos glens, vos straths, vos bens? Que faire si les flocons se mettent à tomber par paquets?

— Vous vous inquiétez comme un continental. Ici, on attend que l'air marin les fasse fondre.

Instruits sur la méthode à suivre, nous avons gagné aujourd'hui d'une traite, par la côte orientale, le coin extrême de l'île britannique. La météo est bizarre. Tandis que nous gagnons le nord, la température s'adoucit. La mer est d'un bleu tendre.

A cette haute latitude, on ne trouve plus que deux petites villes, proches l'une de l'autre, dans un paysage herbeux: Thurso, sur l'Atlantique, face aux Orcades, et Wick, sur la mer du Nord, bourg où pèse encore le XIXe siècle, avec un pont et des bâtisses de pierre noirâtre. Nous venons d'y arriver. Cris de goélands et pas d'hôtels ouverts. Si! Voici le Mackay aux fenêtres sans lumières. Nous sommes les seuls clients. Je vois de notre chambre, dans la rivière caillouteuse qui descend au port, un huîtrier au bec rouge. Il fouille la berge.

Nous sortons. Les magasins? Des antres. Le papetier, à qui j'achète les journaux, dégage d'une couche de poussière d'anciennes cartes postales. Elles montrent le port au temps de la prospérité, des tonneaux de harengs en pyramides, des forêts de mâts. En 1874, le chemin de fer poussa une ligne jusqu'à Wick pour que le poisson pût en un jour gagner Londres. Mais le hareng, tous les Nordiques le savent, est un être capricieux. Disparaît, reparaît. Richesse ou misère des pêcheurs, les yeux sur la vague. Dès le début des années soixante-dix, l'alerte fut plus grave. La surexploitation, par des flottilles industrielles, réduisait l'animal à l'effacement définitif. Espèce en voie de disparition. Requiem pour le hareng saur. *In articulo mortis*, la capture fut interdite par accord international. Nous en reparlerons quand nous serons en Norvège. Aujourd'hui, me dit-on, ce poisson fondamental semble surnager. Et Wick?

— Quarante pour cent de chômage, me révèle dans un pub un ouvrier qui brandit une pinte de bière rousse.

Un soûlon dort sur un banc, en casquette et couvert d'un manteau carrelé. Les boules s'entrechoquent sur le billard vert.

— Alors de quoi vit-on à Wick?

— Un peu d'électronique. Osprey, les caméras sous-marines, vous connaissez? Ça appartient aux Américains, mais d'un jour à l'autre, ils vous lâchent. Ce qui les excite, c'est plutôt le pétrole de la mer du Nord. Les Texans roulent les épaules à Aberdeen.

— Que font les chômeurs qui ont épuisé leurs droits?

Un retraité s'étonne de ma question. Il se ravise:

— C'est vrai! J'ai vu à la télévision que chez vous, sur le continent, on limite les allocations. Curieux! Ici, on peut les toucher pendant des années. On subsiste de ça.

On the dole. Dès le premier jour, j'entends beaucoup cette expression qui signifiait autrefois «vivre d'aumônes». Elle ne suscite plus de honte.

Près de l'Hôtel de Ville, nous poussons la porte de Mister Banks, marchand d'habits. On s'introduit à coups de coudes, de genoux et bientôt à quatre pattes, dans une meule de pull-overs, de blousons, de duffel-coats, de duvets *made in Korea*, de canadiennes. La barbe du commerçant se disperse en étoile sous un visage rouge et rond, son œil est vif, son verbe ardent, son anglais rocailleux.

— La reine mère a son château de Mey à deux pas d'ici.

— Elle descend à Wick?
— Dans mon magasin? Ah, je voudrais bien! Mais notez que je la connais. Quand elle fait une partie de pêche, nous nous donnons le mot, à quelques-uns, et nous poussons le poisson vers une crique où on dirige son yacht. Elle n'a plus qu'à plonger sa botte dans l'eau!

Wick, chef-lieu du district de Caithness, 8000 habitants. La ressource, c'est peut-être l'administration. Et un peu de réparation pour les pétroliers de la mer du Nord. On me signale une industrie de produits laitiers. Aux alentours, j'ai vu du bétail d'élevage, des moutons. Mais pas moyen de manger. *Closed, closed.* Par bonheur, il existe des Chinois qui, sitôt qu'ils ont racheté un vieux bistrot au bout du monde et suspendu des lanternes au plafond, ne ferment jamais. Pour eux, la pointe de l'Ecosse, c'est loin de quoi?

Repas aux baguettes. Dehors, nuit noire et pluie.

John o'Groats, 29 décembre. — Nous avons acheté des fleurs à Wick. Elles venaient de Londres, à 800 km à vol d'oiseau. Nous atteignons maintenant le cap écossais qui fait face à Stavanger — à 540 km, en Norvège. Le paysage broche sur la mer du Nord comme une pièce de puzzle, entièrement vert. Sur les pâturages aux bords sinueux, je vois quelques moutons sous le vent. John o'Groats n'est pas un village mais un semis de fermes de pierre, une petite cheminée plantée sur chaque pignon. Un port? Une pauvre jetée! Le bac pour les Orcades n'y accoste pas en hiver. Un modeste hôtel à tour octogonale. Fermé. Par un chemin courant dans l'herbe détrempée, nous gagnons le phare de Duncansby Head, sur l'ultime falaise. La mer du Nord a creusé en pointes et en arche une table calcaire de 70 mètres. Le ressac gronde. Peu d'oiseaux.

Les fleurs sont pour Mrs. Margareta Gunn, ancienne institutrice et fervente Ecossaise. Sa maison, dans le vert délavé, nous la repérons à son toit rouge et à ses fenêtres jaunes. Des couleurs aussi vives sont rares en ce pays.

On fait aux gens d'ici une absurde réputation d'avarice. Cette femme a le cœur sur la main. Nous nous asseyons près d'un feu de charbon. Elle nous sert du sherry et du *black bun*, gâteau écossais où l'on n'a pas lésiné sur les raisins. Cette vieille per-

Mrs. Margareta Gunn, chez elle, à John o'Groats.

sonne, qui se déplace en se tenant aux meubles, éclate à tout bout de phrase d'un rire juvénile et surprenant.

— On nous dit calvinistes. Mais ça veut dire quoi? Je ne me sens pas revêche! Les Anglais? Je ne les déteste pas. Mais j'aime l'Ecosse...

Le 1er mars 1979 fut pour elle une date fatale. Après une montée régulière de la vague nationaliste, les citoyens furent invités, par référendum, à dire s'ils voulaient disposer d'une plus grande autonomie politique au sein de la Grande-Bretagne. Depuis 1707, Edimbourg est frustré de son Parlement, qui s'est dissous dans celui de Westminster. L'Ecosse possède dans plusieurs domaines sa propre législation, mais paradoxalement elle n'a pas de législature. Toutes les décisions qui comptent sont prises à Londres, où la majorité anglaise est écrasante.

Aux compatriotes de Mrs. Gunn une occasion historique fut offerte de substituer au folklore du kilt et de la cornemuse une réelle maîtrise de leur destinée. Proposition: une assemblée qui leur fût propre.

Trente-trois pour cent de l'électorat vota oui, trente et un pour cent non. C'est surtout le troisième chiffre qui fut atterrant: trente-six pour cent d'abstentions.

— Londres, nous dit Mrs. Gunn, nous avait égarés par des déclarations qui ont embrouillé l'enjeu.

Il avait été décidé d'enterrer l'affaire si les « oui » n'atteignaient pas quarante pour cent.

L'averse bat les carreaux de la fenêtre où croît une plante verte. Quand nous traversons sa petite véranda, Mrs. Gunn nous montre à travers le vitrage, dans la brume, en pleine mer, la torchère d'un gisement pétrolier qui brûle nuit et jour devant John o'Groats.

— Quel gaspillage, maugrée-t-elle.

Leur pétrole inspire aux gens de la région des sentiments très mitigés. Au large des côtes, des plates-formes flottantes portent de jolis noms. Près d'ici, c'est « Béatrice ». Je me suis déjà aperçu que les Ecossais, avec une amertume souvent diluée dans le whisky, comparent leur sort à celui de la Norvège, où l'Etat s'est assuré un contrôle beaucoup plus strict du pactole. Londres pompe l'or noir de l'Ecosse pour sauver l'économie chancelante de tout le Royaume-Uni, ce qui ne l'empêche pas, ajoute-t-on, de faire la part trop belle aux géants américains et internationaux, Conoco, Amoco, Texaco, Shell-Esso. Quinze, vingt ans, et les gisements seront épuisés. Les Américains repartiront. Qu'est-ce qui nous en restera ? Mais notre hôtesse n'entre pas dans les arcanes de la politique pétrolière. Elle dit sobrement, avec un sourire :

— On parle beaucoup de la Norvège, ici.

Elle poursuit avec des souvenirs :

— J'ai enseigné dans les Orcades. Là-bas, tout le monde se pique de descendre des Norvégiens.

Elle repart d'un bon rire.

Il est vrai qu'après le temps des Picts mystérieux, les Vikings ont dominé ces côtes, mais avec une prédilection pour l'ouest où ils retrouvaient, comme chez eux, des fjords et un archipel.

L'Ecosse est un pays complexe. Pas trace d'unité ethnique pour fonder la revendication nationale. Aucune tradition n'a été assez forte pour dominer les divisions entre les Highlands, terres rudes que nous parcourons aujourd'hui, et les plaines industrielles entre Glasgow, Edimbourg et Dundee. La pénétration anglaise a été incessante au cours des siècles. Au vieil apport gaélique, qui maintient la langue celte en vie sur les îles, s'est ajoutée une nouvelle immigration irlandaise et ouvrière qui a revigoré le catholicisme dans le pays même de la Kirk — l'Eglise presbytérienne austère de John Knox que Genève inspira. Dans maintes conversations, ici, je flaire des distances frustrantes dans les classes sociales, la propriété foncière, les entreprises. Ceux qui possèdent et décident sont toujours d'autres gens, ailleurs.

Nous sommes arrivés à Thurso, la ville la plus nordique d'Ecosse. Après le XIXe siècle assez sinistre de Wick, le bout du monde paraît ici plus amène et presque gai, avec un quartier commercial aménagé pour les piétons et de bons magasins. L'hôtel Pentland, qui porte le nom du détroit nous séparant des Orcades, est excellent. A nouveau, nous nous y trouvons seuls.
— Le plus gros employeur de la région, me dit-on dans une boutique, c'est Dounreay.
La centrale nucléaire sur la côte nord, à quinze kilomètres.
— L'atome, c'est bon pour nous! remarque un client.
Je sens son ironie et l'interroge.
— En 1954, quand ils ont construit le premier réacteur expérimental ici, c'est parce qu'ils se moquaient du sort de ceux qui vivent à l'extrémité du pays. On plaçait le pétard dans le vide.
— Mais tout s'est bien passé?
— Oui, je l'admets. Nous sommes aujourd'hui bien contents de l'avoir.
Un nouveau réacteur géant fonctionne depuis dix ans. Le courant est envoyé très loin, au sud.

Rhiconich, dimanche 30 décembre. — Ce matin, comme nous commençons à longer la côte qui trace l'extrême nord de l'Ecosse, le temps se dégage, l'air s'adoucit. Pour la Saint-Sylvestre, l'été indien. Nous abandonnons l'auto rouge près d'une ferme pour une course sur un gazon alpin au-dessus de l'océan. Pas d'arbres en vue. Un champ. Il est enclos par des dalles de pierre, pareilles à celles que la ville de Thurso exportait autrefois dans toute la Grande-Bretagne. Un sentier dévale une combe, passe un petit pont de fer. La rivière est engloutie entre les récifs par l'écume avide de la houle. Sur la vague, à distance, une flottille d'eiders au bec droit.
Nous trouvons, à reprendre la pente, le bonheur d'un sentier de montagne. Nous nous baladons jusqu'à la très vieille église de Crosskirk, qu'on dit «romane» et dont il ne reste que de

caverneux monceaux de pierres. Ce n'est pas la Bourgogne. Dans l'enceinte, les tombes de villageois noyés. La colline, contre le ciel, est tendue de quelques centaines de mètres de toiles d'araignée. Une baraque. Un drapeau américain. C'est une station d'écoute des forces navales des Etats-Unis.

En reprenant la route, nous avons passé le centre nucléaire de Dounreay. Une sphère, des cubes et le cylindre d'une cheminée sans panache contre la mer. On ne saurait se montrer plus discret pour dégager une puissance de 250 mégawatts.

Les prairies du district de Caithness, que nous avons parcourues depuis deux jours, nous ont paru monotones. Une lande, à l'approche de Melvich Bay, nous fait changer de monde. District de Sutherland. Tous les cinquante mètres, le panneau blanc d'une aire de croisement car la voie est très étroite. Aux pâtures semblent avoir succédé les bruyères vertes, les fougères rousses, les herbes jaunies. Mais dans les buissons, nous découvrons un mouton, deux moutons, cent, mille moutons solitaires, chacun sous sa carapace de laine qui semble peser lourd sur des pattes en allumettes. Le regard, sur leur nez noir, est bête, fixe, impérieux.

Nous sommes entrés dans l'âpreté des Highlands. Des fjords creusent si profond dans les terres qu'on ne sait plus, après les hauts plateaux spongieux, si l'on tombe sur un lac ou un bras de mer. Notre entrée dans le royaume des bruyères est marquée par la vision fabuleuse de cygnes sauvages, au bec jaune vif, qui glissent sur un marais, devant l'océan. Je pense à leurs frères d'Islande. J'écoute. Mon approche les dérange. Mes bottes s'enfoncent entre les buissons comme dans une éponge noire. Ils s'envolent. Ils sont sept. Ils tournent. Ils se disposent en V, comme sur la couverture d'un livre de contes, leurs longues ailes battant et se pliant dans les rayons ocres du soleil bas.

Descente sur les criques de Bettyhill, petites plages de sable transies, à nouveau de hautes landes, encore une plongée sur un bras de mer, Kyle of Tongue, serré entre les montagnes désolées, coupé d'une digue. Ecume des embruns jusqu'au fond du fjord. Nous perdons toute notion du temps, du lieu et des saisons. Retrouver des habitants est une grâce exceptionnelle qui rassure. Encore ne voyons-nous que des maisons d'un autre âge, dans un isolement qui a son grain de tragique, murs de pierre passés à la chaux, moignon de cheminée sous le vent, mouchoir de champ dans son muret, sorbier tordu, parfois une roulotte jaunâtre dans le jardin, sans doute louée l'été aux touristes. Sur les fjords, pas de bateaux. Déréliction. Nous sommes au pays des *crofts*.

Cet habitat dispersé et parfois crevotant, qui donne certes une grandeur inouïe au paysage, demeure comme un monument à l'une des périodes les plus cruelles de l'émigration européenne. Le drame des Highlands remonte au XIXe siècle, lié à un régime de propriété foncière qui s'est maintenu jusqu'à nos jours. Un petit nombre d'aristocrates et de nantis possèdent encore non pas des domaines mais des territoires. A une date récente, lord Lovat était seigneur et maître de 80 000 hectares, quelque peu gêné aux entournures par de nouvelles lois foncières, sociales et agricoles. La duchesse de Westminster: 70 000 hectares. La comtesse de Sutherland: 60 000 hectares. Certaines familles nobles ont vendu à des industriels plus riches qu'elles.

Tout voyageur traversant cette partie de l'Ecosse entend parler des *clearances* et constate leur résultat. Expliquons ces événements historiques par un exemple. Nous trouvons, vers 1860, un aristocrate détenant en biens héréditaires une bonne portion d'Ecosse dont chaque habitant doit s'acquitter d'une redevance. Il calcule. Ces paysans-montagnards, crottés, primitifs et buveurs, ne cultivent et n'élèvent pas plus qu'ils ne consomment en famille. Ils ne disposent pas d'argent liquide. Ils paient mal. Or la recherche agricole, à la pointe du progrès, signale les mérites d'un nouveau mouton, le *cheviot*, qui résiste aux intempéries et donne une excellente laine. Le propriétaire compare le revenu qu'il touche des villageois à ce qu'il pourrait tirer de la nouvelle option ovine. Décision est prise de vider les vallées, oui, de chasser leurs habitants et d'y mettre du mouton sous la garde d'éleveurs spécialisés venus du sud.

Fiction? Cas exceptionnel? Non, hélas. C'est ainsi que bien des régions des Highlands furent nettoyées, *cleared*, par la persuasion, l'aide à l'émigration outre-mer, la bastonnade et finalement par l'incendie des fermes. Villages rasés dont j'ai vu encore quelques traces à l'intérieur du pays.

Ainsi le mouton devint-il le prince frisé de ces territoires solitaires. Et les gens? On leur construisit ces petites maisons de pierre dispersées le long de la mer, ces *crofts* qui permettent de subsister mais non de vivre. La population a dû partir, comme de beaucoup d'autres régions pauvres d'Europe, mais avec plus

Le mouton «cheviot», roi des Highlands. Pour lui, des vallées entières ont été vidées de leurs habitants.

d'amertume. Et ceux qui restaient? Chercher un emploi, gagner de l'argent. Trouver de quoi payer la redevance. Celle-ci n'a disparu ni du droit ni des mœurs. Elle s'est seulement dévaluée. Elle ne représente plus, dernière relique du Moyen Age, qu'une ou deux livres par an, et ne suffit même plus à rémunérer l'avocat qui la perçoit pour le *laird*. Les temps sont durs pour les aristocrates.

Nous descendons la mince route qui conduit au fjord Eribol. Les belles pentes sont réservées aux *cheviots*, les animaux. Les mauvaises, en face, aux *crofters*, les hommes. Ceux-ci se font vieux et n'ont plus guère d'enfants. A défaut de révolution agraire, la sécurité sociale veille sur leur fin de vie. Je médite sur ce pouvoir exorbitant et féodal, qui survit sans plus faire la fortune des propriétaires. Je me demande si les Anglais, au moment de l'absorption de l'Ecosse, n'ont pas concédé, puis maintenu ces privilèges aux lords pour les dissuader de prendre la tête de nouveaux mouvements de révolte, pour éviter toute résurgence nationaliste dont ces puissants personnages auraient pu, selon la tradition, être les meneurs.

L'enthousiasme de la reine Victoria pour l'Ecosse sauvage entraîna un second triomphe de l'animal sur l'homme. Les magnats fonciers ont éliminé le mouton de territoires immenses pour le sport. Ils les ont convertis en «forêts de cerfs» — sylve sans arbres, vallées nues. Au total, en Ecosse: 320 000 hectares voués exclusivement à la chasse. Le souci dévorant des lords, c'est d'éliminer les braconniers. Encore une présence humaine qui ne cause que de l'embarras et des pertes.

Il n'a pas été facile, en cette veille de Saint-Sylvestre, de trouver où dormir. A Durness, après 16 heures, la nuit est tombée. Nous avons coupé la péninsule du cap Wrath par une nuit si noire que la route, à travers la lande, est devenue effrayante. Un vent violent s'est levé. Il était chaud. A Rhiconich, débouchant sur le premier fjord de la côte ouest, nous avons vu une bâtisse laide et blanchâtre, épicerie ajustée contre un garage et gardée par deux oies. L'auberge du lieu était contiguë.

Un feu de charbon et de tourbe flambait dans la cheminée d'une grande pièce vide entre des fauteuils pelés. Un gros chien affectueux nous bouscula. Un homme encore jeune, qui avait la tranquillité hirsute d'un gardien de cabane, nous servit du thé, du whisky. La télévision nous ramena sur-le-champ aux affaires anglaises. La bourrasque océanique secouait les vitres.

Lundi 31 décembre. — Nous descendons maintenant du nord par la côte occidentale de l'Ecosse, d'un fjord à l'autre. L'un d'eux coupe notre route. Le bac de Kylesku? N'existe plus! Remplacé par un pont de béton qui vient d'être construit avec des crédits de la Communauté européenne. C'est la seule trace que j'aie notée jusqu'ici de la politique continentale. La solitude des bruyères, les vallées sans hommes, les pâturages à moutons sous les goélands continuent à nous tenir à l'écart, semble-t-il, des affaires du monde.

La route regagne les landes, se perd et, en fin d'après-midi, s'abaisse vers la baie lumineuse d'Annat et ses îles. La mer s'insinue encore entre les montagnes par un fjord qui a l'étroitesse pittoresque et le miroir d'un lac de Suisse centrale. Mais j'y découvre, éminemment maritime, bien ancrée, une flotte étrange. Les navires dispersés au large du port d'Ullapool m'ont l'air bien rouillé.

Cette petite ville à la blancheur bretonne a été implantée en 1788 dans ces côtes des Highlands, qui ignorent ailleurs toute concentration urbaine. Les paysages intimes de criques et d'archipels, non moins que les horizons immenses de montagnes et de landes, déserts et poignants, attirent les touristes, l'été. On s'embarque ici pour les îles Hébrides.

Le port d'Ullapool a bénéficié, dans les années soixante-dix, du désastre économique qui a frappé la côte orientale de l'île britannique avec la disparition du hareng. Les pêcheries furent transférées massivement vers les fjords de l'ouest. On se mit à puiser dans les réserves du Minch, la mer qui nous sépare des Hébrides. Bien vite le bon hareng fut là aussi menacé d'extinction. L'espèce, mise à ban, a retrouvé un peu de vigueur, mais on s'est tourné surtout vers le maquereau.

Ce soir, pourtant, Ullapool a congé et s'apprête à se claquemurer pour le Nouvel-An. Les jours fériés d'Ecosse sont la misère du voyageur. En nos pays, les restaurants se remplissent pour les fêtes. On nous annonce ici la fermeture hermétique des établissements publics. Pour nous, pas de chambre. L'idée que nous puissions espérer, demain, nous faire servir un repas, fût-ce une tasse de thé et un sandwich, suscite un ricanement chez les gens que nous questionnons. Vous n'aurez rien, nous dit-on au

*« Crofts » dans la région de la baie de
Gruinard ; fjords de la côte occidentale.*

bar de l'Hôtel Royal qui ne veut pas de nous. Les habitués se
hâtent de lamper leurs derniers whiskies. Une nuit prématurée,
d'un diamant noir, tombe derrière les vitrages sur notre bras de
mer, le Loch Broom, et sur sa flotte fantôme dont chaque unité
s'éclaire maintenant de quelques projecteurs.

Notre sort, par bonheur, émeut notre voisin qui a l'embonpoint cordial de John Bull. Il boit, son épaule contre la mienne.
Il arrose de bière son double scotch. Il a le front large, le menton
capitonné, le nez fleuri, les joues énormes et rouges, l'œil d'un
bleu pertinent, le ventre superbe sous le pull-over qui retient mal
les pans de sa chemise. Le chapeau, qu'il ne quitte pas, a l'arrondi
colonial et le tissu écossais.

« Je vais vous trouver quelque chose. On ne va pas vous
laisser tomber comme ça. Présentons-nous. Je suis Duncan
Stuart. »

Après l'indifférence du personnel de l'hôtel, cette sollicitude
nous touche. Mr. Stuart tient parole avec des clignements de
paupières, des incursions chaloupées vers le téléphone du corridor, des borborygmes d'encouragement quand la dernière auberge et le quatrième *bed and breakfast* ont refusé de nous loger.

«Vous verrez! Vous verrez!» dit-il. Je me demande, avec une méfiance stupide, si nous ne perdons pas notre temps avec un ivrogne. Aucun sentiment d'urgence n'interrompt son désir de nous offrir encore un verre ou deux auxquels il me faut bien répondre par les miens. Cette générosité réciproque me permet d'apprendre, en subissant son haleine, un peu chargée, les secrets du lieu.

«Vous voulez voir les phoques? Je vous y mènerai. Et vous pourrez, n'est-ce pas, me conduire, c'est à deux pas, à la villa de Lady S. Oui, une amie de la famille royale.» C'est du moins ce que je crois comprendre dans un brouillard. Chez Lady S.? «Oui, parce que j'y cuis un jambon. Et je vous présenterai aux Roumains. Ce sont des amis. Les Russes? Il y en a plein. Mais ils se promènent à Ullapool, hommes et femmes, en groupes surveillés.»

Il délire, le compagnon! me suis-je dit.

Pourquoi doutons-nous toujours? Il est rond comme une quille, mais tout ce qu'il affirme est vrai. Toutes ses promesses sont tenues. Il nous fait ouvrir, à un kilomètre de là, le Motel des Quatre-Saisons. C'est le patron en personne, le lendemain, qui nous fera des tartines. Dans le bar de ce havre providentiel, il importe à Duncan de célébrer ce succès. Je ne comprends plus

Une flotte de l'Europe de l'Est mouillée à Ullapool dans le Loch Broom. Les équipages, qui attendent le poisson anglais pour le conditionner, sont demeurés à bord, en congé de Nouvel An.

un mot à ce qu'il raconte au buveur qui est à notre droite, plus bourré encore que nous. Je m'inquiète et j'ai de nouveau tort: ils parlent en gaélique. Sur quoi, dégringolé du tabouret, je conduis notre ami sur le coteau, à la villa de Lady S. Elle est absente. Duncan, gardien des lieux, dispose des clés. Je le suis sur la pointe des pieds dans un living élégant. Par le bow window, la vue nocturne sur le fjord, avec les bateaux illuminés, me ravit. Le *Who's who* est tiré de la bibliothèque pour que me soient confirmés, avec des abréviations très britanniques et insaisissables, les qualités, titres et distinctions officielles multiples de notre invisible hôtesse. Quelqu'un de très bien, vraiment. Enfin, preuve définitive de l'exactitude de Mr. Stuart, un jambon énorme mijote dans la cuisine de la dame. Il ne reste qu'à sceller notre fraternité en maniant quelques goulots sur le plateau des rafraîchissements.

Mardi 1er janvier. — Nouveau miracle, nous nous sommes retrouvés ce matin, avec Duncan Stuart, au rendez-vous fixé, l'œil frais. Notre but? Le port et les amis roumains. A la lumière de l'aube de 10 heures du matin, les rafiots me paraissent plus oxydés que la veille. Ils sont dix, tous venus des pays communistes. « Et vous ne voyez pas les Russes, dit Duncan, parce qu'ils ancrent plus loin, dans la baie d'Annat. » Toujours cette crainte viscérale des Soviétiques de se mêler aux autres.
— Que font-ils là, tous ces communistes flottants?
— Pas de panique!

Stuart esquisse d'un index espiègle devant ses lèvres peu rasées le geste de la confidence. Nous sommes au port où vient de se mettre à quai le *Rodna*, issu d'un port de la mer Noire, Constanta. Quatre-vingts hommes à bord. La plupart dorment encore. Duncan est un familier de leur tillac. Nous montons par la passerelle. Un aide-pilote en chandail, un matelot à col de fourrure et un mécano en jeans nous accueillent, nous sourient, nous promènent d'un pont à l'autre. Ils nous racontent leur vie. La voici.

Cette flotte d'URSS et des démocraties populaires, ce sont des bateaux-usines. Un temps, ils ont travaillé au large des côtes africaines. Depuis plusieurs mois, me dit l'aide-pilote, ils mouillent en Ecosse. Ils achètent aux pêcheurs britanniques leur poisson, du maquereau surtout, le vident, le coupent, le congèlent,

A bord du « Rodna », bateau-usine roumain à Ullapool. Un aide-pilote en conversation avec Duncan Stuart.

l'empaquettent et le revendent à des sociétés anglaises qui le commercialisent au Nigeria ou Dieu sait où.

Le mécanisme de cette discrète coopération paneuropéenne est curieux. Les autorités des pays dits socialistes se tamponnent de l'inconfort de leur personnel enfermé comme harengs en caque pendant des mois sur leur usine clapotante, recevant à peine quelques livres pour se payer, rarement, une bière à terre. L'aide-pilote me dit qu'il n'est pas rentré chez lui depuis vingt-trois semaines, et prend d'ailleurs la chose avec philosophie. L'Est encaisse des devises fortes pour sa peine. Et les entreprises britanniques, elles, à la barbe d'une Ecosse ravagée par le chômage, font exécuter la préparation du poisson hors de toutes les normes sociales et salariales du Royaume-Uni. Pensez donc, à Ullapool, des salaires roumains ou polonais! Personne ne s'émeut. La présence des bateaux-usines de Tallinn, Gdansk, Rostock ou Constanta ne surprend plus sur ces côtes. Alors buvons! Sortons des réserves du *Rodna* le sec et tonique saucisson de Braïla, ville de Panaït Istrati bien connu de nos hôtes. Ils sont touchés que je l'évoque. Soyons frères!

Je visite les installations intérieures. Le tapis roulant usé sous le plafond bas, l'étêteuse peu ragoûtante, les tables du nettoyage à la main, les bacs pour congeler d'un coup douze kilos de maquereau, bref, un équipement décati coincé sur une sorte de bateau-lavoir. Mais aujourd'hui, c'est congé. Mélancolique fainéantise du Nouvel-An! A minuit s'est élevée une symphonie cosmique et lugubre entre les montagnes solitaires, le mugissement de toutes les sirènes de la flotte fantôme.

Une nouvelle année se lève sur l'Europe et ce matin la Dobroudja, les Alpes et les glens saucissonnent dans l'amitié à Ullapool.

IX
Journal des Hébrides

Stornoway, île de Lewis, 2 janvier. — Aucune nouvelle du ferry-boat pour les île Hébrides. Ullapool demeure fermé à double tour depuis le Nouvel-An, maisons, hôtels, gargotes de

Sur l'île de Lewis, dans les Hébrides extérieures.

marins, bureau de la compagnie maritime. Vers 14 heures, pourtant, une demi-douzaine de voitures surgissent de nulle part et se rangent pour l'embarquement. Le bateau, le *Suilven* de Glasgow, apparaît.

L'île de Lewis, en ligne droite, n'est qu'à 40 kilomètres de la côte écossaise. Mais nous devons nous dégager de l'étroit Loch Broom, puis de la baie d'Annat et de son archipel. Navigation sous les montagnes chauves, poudrées d'une neige légère qui prend les teintes beurrées du couchant. Tandis que la nuit tombe, nous traversons le Minch, qui est donc la mer intérieure. Le voyage prend trois heures et demie.

Débarquement dans le noir à Stornoway. Les trottoirs sont couverts de verglas. Nous glissons dans les petites rues nettes qui nous conduisent à un port naturel. C'est lui qui a fait de cette ville une discrète capitale insulaire.

Tout est fermé, ici encore, à l'exception d'un supermarché, fort bien tenu par un Pakistanais. Ses riches étalages flamboient dans les ténèbres. Seul restaurant, un snack chinois.

Lewis est la plus nordique des Hébrides extérieures, déployées comme un bouclier contre l'océan. Sur cette terre éloignée et fidèle à son quant-à-soi gaélique, je suis étonné que l'activité nocturne soit l'affaire de deux Asiatiques. A la réflexion, ceci explique peut-être le crève-cœur de lord Leverhulme. Les habitants de l'île refusent d'en faire trop. En 1918, cet Anglais, devenu à Londres le magnat du savon, acheta Lewis, 60 kilomètres de long, 30 de large. Les 25 000 habitants, avec leurs moutons et leur tourbe vivotaient sur leurs *crofts*.

L'industriel tint un raisonnement impeccable. Votre richesse, dit-il aux insulaires devenus ses fermiers, n'est pas l'agriculture. C'est la mer. Vous n'avez pas su tirer parti de votre situation géographique inouïe. Je propose de créer avec vous et de financer une flotte moderne de chalutiers, une usine de conditionnement pour vos pêches futures et des poissonneries qui commercialiseront votre production dans tout le Royaume-Uni.

L'aventure, portée par le savoir-faire et l'élan généreux du lord, s'acheva comme maints projets dans le tiers monde aujourd'hui. La population n'eut pour réaction qu'un scepticisme dont les racines plongeaient au fond des âges. Ces paysans voulaient rester paysans. Ils ne se seraient pas relevés la nuit pour empaqueter du poisson à l'usine. D'autres, avant Leverhulme, avaient cherché à les bousculer. En 1597, Jacques VI, fils de Marie Stuart, avait décidé de «développer les ressources extraordinairement riches de l'île de Lewis, jusqu'ici très barbare». Pour y apporter *civility and policy*, il y envoya 500 colons qui moururent promptement. On dit que certains furent mangés.

Avant de mourir, lord Leverhulme reconnut qu'il s'était heurté à plus têtus que lui. Généreux jusqu'au bout, il offrit à ses fermiers la pleine propriété de leurs domaines et donna à la ville de Stornoway le château que j'aperçois vaguement sous les étoiles, derrière le port.

Tarbert, île de Harris, jeudi 3 janvier. — Sitôt quitté Stornoway, ce matin, nous roulons sous le ciel bleu dans une lande tourbeuse. Ainsi parvenons-nous sur l'autre côte, celle de l'Atlantique. Dans les pâtures, un labyrinthe de clôtures. Petites fermes de pierre, d'allure bretonne, chaulées de blanc, une cheminée à chaque pignon, des chambres mansardées dans le toit. Au jardin, les briquettes de tourbe en meule, la lessive et le bélier. Ces habitations dispersées n'ont pas l'air de pauvreté et d'isolement qui m'avait frappé dans les *crofts* du nord des Highlands.

La communauté est d'un tissu serré, quoique rude, comme il convient au pays du tweed.

Causette avec un éleveur de moutons. Nous sommes debout, moi d'un côté du portail, lui de l'autre, accoudé.

— Oui, les maisons sont bien entretenues parce que nous recevons des prêts de 25 ans à taux très bas. Les bêtes paissent sur la lande qui est communautaire. Ici, près de l'océan, on a drainé, transformé les tourbières en prairies familiales. On fait aussi la pomme de terre et l'orge fourrager.

— Vous possédez combien de moutons?

— Une soixantaine. En octobre, on les ramène pour la tonte. En avril, il y a les agneaux.

— L'élevage suffit-il à vous faire vivre?

Le soleil de janvier éclaire ses traits bonasses et ses sourcils qu'il hausse:

— Je travaille un peu sur les routes. Mais les emplois, ici, ça manque.

Nous poussons jusqu'à la pointe ultime, le Butt of Lewis, où les prairies se décomposent en falaises. Au-delà des eaux, bien calmes aujourd'hui, c'est le Grœnland ou le Canada. Sur les récifs, une frise de cormorans. M'impressionne l'énorme trompe à brume, corne rouge vif à l'air libre, prête à mugir.

Aux confins de l'Ecosse, près du phare de Butt of Lewis, «à la corne de l'île de Lewis». Janvier, le temps est radieux.

Le nord atteint, retour au sud. Le paysage s'y convulse, tourmenté de rochers, de combes stériles, de lacs gelés. Cet itinéraire finit par nous conduire à un spectacle qui nous saisit d'un tremblement sacré. Dans des pâturages à nouveau apaisés, sur un coteau, une forêt de grandes pierres contre le ciel. Elles sont dix-neuf, disposées comme le long bras d'une croix, qui mènent à un cercle de treize autres autour d'un puits à sacrifices. Silence. Quelques moutons broutent dans les prairies qui descendent vers la mer. On s'interroge sur cette île où, vers 2000 ou 1500 av. J.-C., des hommes furent capables de dresser de tels menhirs, à l'affût des vérités astronomiques. Comment, au temps où des constructions cyclopéennes faisaient la réputation de Mycènes, parvint-on jusqu'aux sillages du lointain océan Atlantique?

Entraîné par le flux des siècles, je suis frappé aussi de lire que bien plus tard certains des Celtes qui gagnèrent l'Ecosse vinrent, semble-t-il, du centre de l'Europe. La langue gaélique que j'entends parler autour de moi, les Helvètes n'auraient-ils pu la comprendre? Ils appelaient le Léman «loch», on le sait d'une manière certaine, du mot dont on désigne ici les grands lacs, ou ces bras de mer que je vois, derrière les mégalithes, dans la lumière du soir.

Au VIIIe siècle arrivèrent ensuite les Vikings. Quatre villages sur cinq ont à Lewis des noms d'origine scandinave. Une église est dédiée à saint Olaf. Mais le fonds gaélique fut tenace, avec cette touche d'indolence, ou de sagesse, qui n'appartient pas aux mœurs dominantes de l'Occident.

Le sud de l'île est carrément montagneux, rochers, cols, petits lacs, raidillons. La tradition veut qu'en cette région, sans quitter terre, on passe de Lewis à Harris. Deux îles en une. Les routes, si on joue à prendre les plus petites, deviennent folles entre les criques, les étangs, les petits pâturages suspendus, les fermes fumantes contre la mer. Un isthme étroit, séparant l'Atlantique du Minch, annonce le port de Tarbert, où l'on pénètre par une rue en corniche. Les magasins sont plus que jamais des antres où les pull-overs, tricotés dans le voisinage, sont si épais et si rêches qu'ils tiennent debout tout seuls.

Cordiale réception par les buveurs du Bar McLeod. Avec un large usage du Tartan Ale et du whisky McKinlay, ils forment l'aile libérale d'une communauté par ailleurs tenue dans la poi-

Les «standing stones» de Callanish, sur l'île de Lewis. Le plus haut de ces mégalithes de 4000 ans atteint une hauteur de 5 mètres.

gne calviniste. L'Eglise, la Kirk, visse les écrous que l'alcool desserre. Le dimanche est ici redoutable. Sermons, rideaux tirés, chaque famille chez soi, pas question de pêcher la truite. Mais on chante bien.

Les entretiens du bar m'apportent une information curieuse:

— Qui donc, ai-je demandé, sachant qu'on se trouve dans l'Ecosse des *lairds*, les grands propriétaires fonciers, oui, dites-moi, qui possède aujourd'hui l'île de Harris?

La réponse vient avec un accent du cru qui me fait douter que j'aie bien entendu:

— L'île de Harris appartient à Mister Panchaud. Il habite en Suisse, près de Lausanne.

(C'était vrai, j'ajoute ces lignes après coup à mes notes de voyage. Ce descendant d'un horloger vaudois, qui émigra à Londres au XVIIIe siècle, s'est puissamment engagé dans l'acier. Il a renoué avec sa terre vaudoise d'origine, habite le Chalet-à-Gobet et une société qu'il dirige à Lausanne a fait l'acquisition de Harris, 24 000 hectares. Ainsi, le port de Tarbert lui-même appartient à un Lausannois. Mille cerfs hument les airs marins sur son territoire, qu'il a grand mal à défendre contre les braconniers. Quelques gardes veillent par ailleurs sur ses rivières où remontent, dès avril, le meilleur saumon d'Europe en chemin pour le lac Langavat. L'été, un château restauré, au nord-ouest de l'isthme, accueille du beau monde.)

Un mouvement d'amateurs de chasse et de pêche, et le passage des visiteurs estivaux donnent un peu de travail à des insulaires qui ne le recherchent guère et n'ont pas l'intention de se déboutonner pour le tourisme. Le célèbre Harris Tweed n'est plus tissé à Harris même que par une seule femme, à deux pas d'ici. Cet artisanat survit en revanche à Lewis et son centre est Stornoway.

Pendant ce temps, au Bar McLeod, on boit. Mon compagnon s'appelle Douglas John. C'est un jeune pêcheur de la petite île voisine de Scalpay. Il me confie qu'il n'est pas facile de trouver femme. Les jeunes s'en vont. Vit chez sa mère. Voudrait nous inviter. Regrette de ne pouvoir le faire. Trouve mes questions troublantes et somme toute pleines d'intérêt. Salue une bonne année pour les langoustines. Ou veut-il parler des crevettes? Marque à l'égard des Anglais une distance infinie. Progrès? Projets? Une lumière de fine intelligence s'allume dans les vapeurs du bar de Tarbert, puis s'efface au huitième whisky, me persuadant que les choses, aux Hébrides extérieures, ne vont pas être bouleversées de sitôt.

Troisième partie
DANEMARK

Kierkegaard, dans le jardin de la Bibliothèque royale de Copenhague. (Photo Pedersen, Politiken.*)*

« Car ta fidèle fraîcheur, ô source aimée, n'est pas sujette au changement. Dans la rigueur de l'hiver, si elle t'atteignait, tu ne serais pas plus froide, mais resterais exactement aussi fraîche. L'eau de source ne gèle pas. »

Kierkegaard

X
Escales à Copenhague

Comme ces amis d'occasion, rencontrés chez les autres, mais souvent, et qui finissent au fil des ans par devenir des proches, j'aime le Danemark que j'ai traversé et retraversé tant de fois, en route pour un Nord plus lointain, ou de retour par avion d'Asie ou de Los Angeles par le Grœnland. C'est un voyage raté, dans le haut de l'Europe, celui qui ne m'offre pas au moins pour un jour, ou même pour quelques heures, la bouffée d'air baltique et les détroits balançant trains et voitures sur des bacs joyeux vers les grandes îles paysannes.

Le Danemark, après le poids de l'Allemagne, je l'ai ressenti comme un allègement, un bonheur, un rêve d'enfant, depuis les étés où l'auto-stop me menait encore du Jutland à Copenhague par le Petit Belt et le Grand Belt, isthmes dont les noms semblaient de personnages d'Andersen. Les fermes blanches au gréement de chaume naviguaient elles aussi sur la houle des blés ou se protégeaient du vent derrière une digue de sorbiers tordus. Entre les bois de hêtres, des filles claires à casquette blanche bordée de rouge pédalaient contre le souffle marin qui retroussait leurs jupes, des nuages joufflus s'échelonnaient au-dessus de la mer, on s'arrêtait en rase campagne devant les kiosques où lécher des glaces couronnées de crème fouettée et de confiture dans des cornets gaufrés.

Le Nord où je me rendais, c'était l'immensité austère des forêts, la solitude des fjords, la toundra lapone, les récifs des îles Féroé où devait m'emmener, d'un quai de Copenhague, le bateau de ligne, *Dronning Alexandrine*, qui poursuivait sa navigation jusqu'aux laves d'Islande. Mais pourquoi, semblaient dire ce pays et ces gens, s'en aller si loin? Pourquoi ne pas goûter, au moins le temps d'une escale, au lait de la douceur humaine, à la cocasserie des facteurs vêtus d'une veste rouge vif, à la surprise d'un taxi qu'il faut appeler *taxa*? Les banlieues étaient de toutes petites maisons de brique jaune autour d'une petite place avec une petite banque, et cet urbanisme aurait sombré dans la mignardise si la vieille capitale ne corsait soudain le Danemark de ses ambiguïtés, de ses éclats d'humour et de génie, de sa Bourse en cuivre vert-de-gris, dominée par les queues tressées de quatre dragons. Architecture hollandaise sur la Baltique, mais parmi les constructeurs qui mirent la dernière main au chantier se trouvait un Tessinois, Domenico Trezzini. L'ambassadeur de Russie l'envoya à Moscou, où l'attendait Pierre le Grand. Nous le retrouverons à Leningrad à la fin de ce livre. Cet artisan, né à deux pas de Lugano et recruté au Danemark, fut, dans les marais de la Neva, le constructeur de Saint-Pétersbourg.

Quelle plaque tournante que ce Copenhague entre Sud et Nord, entre l'Atlantique et la terre des tsars, mais aussi quel don inattendu, en cette ville, de l'intimité, du confort amical. Les marins se font peloter de bonne grâce par des conseillers d'ambassade. Les dames, du fond de leurs blocs locatifs, appellent leurs visiteurs par petites annonces et les reçoivent comme des amis. Il existe en ce pays un lien étrange, que j'ai voulu comprendre, entre le beurre et la liberté sexuelle.

J'ai cherché l'homme qui est à l'origine d'un double progrès agricole et charnel. Je suis tombé sur un évêque. Son esprit, un siècle après sa mort, exerce encore sa forte influence.

Nicolas-Frédéric-Séverin Grundtvig est né en 1783. Il est décédé en 1872 après avoir métamorphosé sa patrie. Cet homme chauve, dont le visage était entouré d'une collerette de barbe blanche, fut prêtre luthérien, psalmiste plus fécond que David, réformateur social, historien. La cathédrale de brique jaune élevée à sa mémoire, achevée en 1940, est l'un des monuments les plus visités de Copenhague. Raconter ce que fut sa vie de théologien laxiste, d'éducateur du peuple et de nationaliste romantique dépasserait mon propos. Retenons que son luthéranisme était à l'opposé de la doctrine de Calvin, indulgent, souriant, porté par un optimisme social. Grundtvig, démocrate ardent, inspira la création des universités populaires où la culture et les sciences furent mises à la portée des garçons de ferme de la Fionie ou du Jutland.

Vous devinez déjà comment beurre et sexualité peu à peu se rapprochent; éveillés à des intérêts nouveaux, hostiles aux anciennes mœurs, les paysans danois se sont unis en coopératives dont les porcs furent toujours plus roses et le lait plus crémeux, et puisque les tabous économiques et culturels étaient vaincus dans la joie active et le bien-être, pourquoi les cours du soir et les petits manuels populaires ne les auraient-ils pas instruits, finalement, sur l'hygiène, l'équilibre mental et les formes les plus gratifiantes de l'accouplement?

Rien de sournois, ni même d'ouvertement révolutionnaire, dans le mouvement danois d'émancipation. Ses prophètes, à l'époque contemporaine, n'ont pas été des écrivains tourmentés et démoniaques. Ce n'est pas Georges Bataille qui leur donna leurs références. Leur philosophie du plaisir gentil s'exprima cependant avec une terrible insistance et il n'est pas de sexologues au monde qui se soient acquis l'audience de Sten et Inge Hegeler. Leur rubrique d'information populaire a longtemps paru plusieurs fois par semaine dans les plus grands quotidiens scandinaves.

Après le temps de Grundtvig, on s'est aperçu en effet que son nationalisme était un peu pompier. Dieu, pas plus que les anciennes mœurs, ne devait gêner les hommes en leurs câlineries. Aussi l'hédonisme danois devint-il laïque. Son principe: «Tout est licite et louable, si vous et votre partenaire y prenez du plaisir sans que personne n'en soit lésé.»

Sans cesse aiguillonnés par les deux conseillers, lecteurs et lectrices ont raconté par le menu, dans la presse du Nord, comment ils prenaient leur plaisir. On fut saisi d'un tourment nouveau, la crainte de faire moins bien que les autres. La technique des solitaires, que Talleyrand pratiquait comme une salubre discipline ecclésiastique, n'était plus réservée à l'élite. L'habitude fut chaudement recommandée à tous les âges et aux deux sexes. Sur le point de mettre en page, sous un titre de quatre colonnes, une réponse d'Inge et Sten à une femme de 60 ans qui se plaignait de n'avoir jamais joui, un rédacteur ne put s'empêcher, dans un bref commentaire, d'admirer que cette rubrique eût amené la sexagénaire à espérer encore.

Les attitudes fondamentales de cette «philosophie danoise» ont été une tolérance totale, le goût d'instruire activement les masses et l'horreur de la métaphysique.

Par métaphysique, entendez le soupçon qu'il puisse y avoir dans l'amour un mystère et dans la souffrance une vérité. Autant dire qu'un réactionnaire fieffé comme Léon Bloy, qui avait épousé une Danoise et vécut dix-sept mois au pays de sa belle-famille, se déchaîna contre l'influence de Grundtvig, «poète vomitif». L'université populaire était pour le Français «le foyer du bavardage grundtvigien, le frigidarium des âmes, la fente à punaises». L'écrivain catholique résumait son opinion sur Copenhague: «Un manque inouï d'absolu.» Avait-il raison?

Un seul jour, ou quelques heures, comme elle fut brève chaque fois, pour moi, l'escale en cette ville; pourtant ce temps m'a suffi pour manger du poisson au Krogs, sur le quai de Gammel Strand, derrière le Parlement, ou pour me promener quelques pas plus loin, dans le jardin clos de la Bibliothèque royale, et regardez donc qui est là, sur son socle orné de boîtes de Tuborg vides, avec un capuchon de neige et un côté du visage noirci par les intempéries — Sören Kierkegaard!

Bonjour, philosophe, fiancé tourmenté de Régine! Tu écris sur tes genoux le regard tourné vers l'intérieur, mais j'ai compris depuis ma jeunesse ton message. Je t'ai lu et relu. J'ai su par toi qu'il est un autre Danemark. L'absolu est tombé comme l'éclair sur la petite sirène d'Andersen et le long du quai de Langelinie il n'est resté qu'un trou noir. L'homme n'a plus été soudain qu'un nageur, sur l'océan de l'incertitude. Pauvre Grundtvig! Que reste-t-il de ses bontés sociales? Le chrétien nage, solitaire, «au-dessus de 70 000 brasses de profondeur». Il nous faut, écris-tu, l'expérience de ce vide pour nous apprendre à ne pas douter de Dieu. «Faites ce qui vous fait plaisir, je vous bénis», disait, paraît-il, le bon évêque, mais l'autre théologien, sans doute moins aimé des foules et peu compris des siens, tenait un autre langage:

«On sait qu'il existe des insectes qui meurent au moment de la fécondation: ainsi en est-il de toute joie. Le moment de la jouissance suprême, le plus riche de la vie, est frère de la mort.»

Ainsi ai-je découvert un Danemark qui n'était plus celui des enfants. La guirlande de jours bénins jusqu'à l'absurde peut aussi conduire au désespoir; la bonhomie peut laisser le cœur à mi-chemin, dans le gris d'une tristesse fine, d'un tragique secret. Certains romans ici, parmi les plus beaux, ont la tonalité discrète et déchirante de la plus haute musique de chambre. Pour lire J.-P. Jacobsen, son *Niels Lyhne* et *Madame Marie Grubbe*, Rilke apprit le danois.

Je n'ai pas dû faire un tel effort. La parole de Kierkegaard, de Jacobsen et des écrivains que je me suis mis à acheter à chaque passage, était assez proche du suédois pour que je puisse la pratiquer comme un noble sous-produit de la langue de ma mère, en m'initiant simplement à quelques centaines de mots bien spécifiques; et je le lus dès lors sans peine, même si, dans le pays, je continue à mal comprendre ses nuances orales, toutes en remontées de fond de gorge, en terminaisons allusives.

Le *rödgröd* ou l'*ölebröd med flöde* n'offrent pas seulement à l'étranger l'onctuosité gutturale du gruau rouge ou de la soupe à la bière enrichie de sucre et de chantilly. Cette gastronomie sert d'initiation linguistique, car c'est à l'instant même d'avaler ces bouillies qu'il faut prononcer le *gr*. Votre bouche délicieusement envasée et parfumée de houblon peut commencer à émettre alors le *öd*. Jamais la consonne ne doit se clore avec netteté, et si vous ajoutez un accent populaire à cette pâte, vous obtenez une conversation comme celle-ci, citée par Herbert Hahn dans *Du génie de l'Europe* :

Va' ae' ha?
Ha' ae' bu!
Va' ae' u?
Ae' o' bu'!
Va' bu'?
Bla'-bu'.

Ce qui signifie :

Hvad er han?	Qu'est-ce qu'il est?
Han er bud.	Il est porteur.
Hvad er du?	Qu'est-ce que tu es?
Jeg er ogsaa bud.	Je suis aussi porteur.
Hvilken slags bud?	Quel genre de porteur?
Blad-bud.	Porteur de journaux.

Quelle distance entre ces monosyllabes qui contiennent encore le grommellement d'une très vieille paysannerie, et la prose de Jacobsen, d'une telle subtilité qu'on dirait une mélodie née de l'archet le plus délicat. Ce n'est pas le gosier et la panse que flatte alors la langue danoise, mais l'extrémité des sens et la pointe de l'âme.

Je traduis une page de Kierkegaard trouvée avec ravissement dans *Etapes sur le chemin de la vie*:

«Certaines gens de mon pays estiment que la langue maternelle est inapte à l'expression de pensées compliquées. Cette opinion me paraît étrange et irrecevable, tout comme il me paraît étrange et outré de vouloir s'enflammer pour elle au point d'oublier d'y prendre du plaisir, de défendre l'indépendance avec tant d'ivresse que celle-ci semble indiquer presque une dépendance déjà et que la parole rebelle devient finalement le tendu et non la joie rafraîchissante de la langue. Je me sens heureux d'être lié à ma langue maternelle, lié comme peu le sont peut-être, lié comme Adam à Eve parce qu'il n'existait pas d'autre femme, lié parce qu'il me fut impossible d'apprendre quelque autre langue et dès lors impossible d'être tenté de me montrer fier et méprisant envers l'inné, mais heureux aussi d'être lié à une langue maternelle qui est riche d'intime originalité, quand elle ouvre l'âme et de bonne grâce fait retentir sa douce musique à l'oreille; une langue maternelle qui ne s'exténue pas en un gémissement dans le raisonnement ardu, aussi d'aucuns la croient-ils inapte à exprimer le difficile puisqu'elle le rend aisé du seul fait de le dire; une langue maternelle qui ne s'essouffle pas et qui n'a pas l'air en peine lorsqu'elle affronte l'indicible, mais qui s'en occupe avec humour et sérieux jusqu'au point où il est formulé; une langue qui ne trouve pas au loin ce qui est proche et qui ne cherche pas profond ce qui est sous la main, car en sa relation harmonieuse avec l'objet, elle entre et sort comme une elfe et le met en lumière, comme l'enfant a des bonheurs d'expression sans le savoir; une langue qui est ardente ou émue chaque fois que le véritable amant s'entend à susciter virilement la passion féminine des mots, résolue et triomphante dans le combat d'idées chaque fois que le véritable chef sait le conduire, leste comme un lutteur chaque fois qu'un véritable penseur se saisit d'elle et ne lâche pas sa pensée; une langue qui, semblerait-elle pauvre en de simples occasions, ne l'est pas, mais qu'on minimise seulement comme une amante réservée qui bien sûr est celle qui compte le plus et surtout n'a rien de défraîchi; une langue qui, sans manquer de tournures pour le grand, le décisif, le dominant, manifeste une gracieuse, une charmante, une merveilleuse préférence pour les pensées de transition et les notions connexes et les qualificatifs et les bavardages d'atmosphère et les fredonnements de liaison et l'intimité des flexions et les réserves débordantes d'un bien-être caché; une langue maternelle retenant ses enfants avec une chaîne, qui ‹est légère à porter — oui! mais lourde à briser›.»

Kierkegaard citait par ces derniers mots un classique danois. Quelle arabesque!

Vous vous souvenez de Nils Lyhne, qui met délicatement en mouvement, sur son fauteuil à bascule, la femme qui vient de lui annoncer son mariage avec un autre. Vous parcourez au centre de Copenhague la Vesterbrogade et cherchez des yeux les héros sans panache d'un écrivain de ce siècle, Knud Sönderby: l'étudiant de *Deux êtres se rencontrent*, sous la pression de son origine bourgeoise, sent se creuser lentement un abîme entre lui et sa petite amie, vendeuse toute simple, et peut-être monosyllabique comme les porteurs de journaux de tout à l'heure, mais tendre dans les gestes quotidiens, et voici qu'elle dérive, rejetée par un milieu qui n'est pas le sien. Rien de plus et c'est toute la vie.

Que de personnages je croise, heureux et mélancolique, entre Tivoli et Christiansborg. Mais à l'achat d'un journal ou d'une pochette de tabac je suis ramené au réel par le piège des nombres. Clac, me voilà pris! Je n'y comprends plus rien.

— Ça fait combien?

La réponse pourrait être traduite par «cinq et la moitié de la quatrième». Les Danois ont une manière stupéfiante de compter. Allons-nous leur jeter la pierre, nous qui pratiquons une langue où septante se dit soixante-dix, huitante quatre-vingts et où nonante s'exprime par la formule emberlificotée de quatre-vingt-dix?

Il se trouve que vingt est aussi la mesure du Danemark. *Snes* c'est la vingtaine, venue sans doute, comme en France, de l'époque où l'on faisait ses comptes avec les doigts des mains et les orteils. Du côté de la Baltique, il s'agissait surtout de dénombrer les harengs, qu'on pendait semble-t-il à une branche. *Snes* est lié à un vieux verbe norois, *snida*, «tailler un support de bois».

Jusqu'au chiffre 49, la langue d'Andersen et de Kierkegaard offre peu de difficultés, sinon celle d'inverser comme en allemand les unités et les dizaines, ce qui déjà, franchement, vous embrouille. Trente-trois, c'est trois et trente. Dès 50 on vous envoie perdre. Les Danois disent: «moitié de la troisième». Sous-entendu: deux séries complètes de vingt (40) et la moitié de la troisième (10). Total: 50. Il fallait y penser. *Fire og halvtreds* couronnes, c'est cinquante-quatre. *Treds*, où vous croyez reconnaître 3, c'est 60. *Firs*: 80. *Halvfjerds* (et pas *halvfirs* comme vous l'auriez cru) c'est 70. *Fems* n'existe pas, car cinq vingtaines font cent, *hundrede*, mais gare à *halvfems*: la moitié de la cinquième série. Donc 90. Est-ce clair?

Mes séjours n'ont jamais été assez longs pour que je puisse me sentir à l'aise en cet exercice et sortir à coup sûr ma monnaie. Mais l'obstacle du quantitatif ne m'a jamais empêché de choisir dans les librairies de Copenhague, les payant au hasard, des livres qui ont fait grandir en moi un Danemark profond et familier, non seulement philosophique et prodigieusement ciselé avec Kierkegaard ou finement douloureux avec Jacobsen, mais épique et prolétarien avec Nexö, de géniale acuité critique avec Georg Brandes, ironique et picaresque avec Pontoppidan dont le nom déjà m'avait séduit, ou fabuleux, colonial et gothique avec Karen Blixen. Je porte de l'affection à Johannes Jensen, Prix Nobel en l'année 1944 où toute l'Europe s'occupait d'autre chose, mais dont je n'ai lu, à vrai dire, pour admirer son talent narratif, que *La chute du roi*. Mon édition est illustrée à la plume en un clair-obscur où plongent désormais pour moi, avec des cavaliers dans la tempête, des dunes, des comploteurs à torches et des filles sensuelles, tout le passé du Royaume.

XI
Vie de Château

Elle m'avait dit: «Passe nous voir.» Le temps de Noël était venu. Par un hiver sans neige qui figeait l'Europe dans le gris, j'étais reparti pour le Nord. On mangeait de la wurst à travers l'Allemagne. J'avais une veste de bûcheron finlandais, des souliers de ski, un rucksack usé et la valise de livres qui m'arrachait le bras. En ce temps-là le train ne passait pas encore par Grossenbrode et le bac de Gedser. Il pénétrait au Danemark par le Jutland, franchissait le Petit Belt par le pont et traversait l'île de Fionie. A Nyborg, les wagons étaient chargés sur un bateau.

Je lui avais écrit. Elle était comme une sœur, directe et discrète, brune de peau et de cheveux. En vérité pas simple du tout. Il suffisait de voir son écriture, tordue vers l'arrière, avec des boucles qui s'enroulaient sur elles-mêmes. Elle m'avait répondu :

« Descends après le Grand Belt, quand le train sortira du ferry. Nous viendrons te chercher. Le château de Lerchenborg est presque sur ta route. »

Je l'avais vue essuyer la vaisselle, elle qui était l'héritière d'un grand propriétaire foncier, rire comme vous et moi, embrasser ma mère comme si c'était la sienne, pousser des cris d'indignation incrédule devant sa grammaire française. Un jour, elle avait reçu un coup terrible, et je l'avais trouvée debout, dans l'escalier de bois, avec sa robe pudique, les yeux hagards, une lettre bleue à la main :

— Mon père est mourant.

Il était mort. Je l'avais vu pleurer, elle, si secrète.

Malgré mes vingt ans, j'étais le vrai bourgeois, assis sur la banquette rembourrée d'un wagon pour franchir la frontière de Flensburg. Dans mes voyages précédents j'avais passé plus aventureusement d'Allemagne au Danemark, ou vice versa, à pied ou en levant le pouce, et quels bouchons, quelles grappes de rivaux rusant autour des automobilistes m'attendaient aux postes de douane! Ce goulet, c'était la peste. J'avais horreur de ces bousculades d'autostoppeurs, et sac au dos, je préférais partir, marcher, tant pis pour les autoroutes, mais au moins me retrouver seul, libre. Ici même, je m'étais enfoncé un soir sur une route secondaire lugubre — l'Allemagne ténébreuse après le Danemark familier — quand un pauvre type à casquette molle de sergent, avec une trogne de paysan de Van Gogh, m'avait invité chez lui « pour manger des pommes de terre ». Elles m'avaient réchauffé. J'avais dormi dans un appentis, entre des fourches. Alors quel luxe, ce billet de chemin de fer qui vous donne le droit de rouler à l'aise. Voici le Petit Belt et la mer entrevue. Voilà Odense, Nyborg, le port, et le va-et-vient des voitures qu'on charge, sous l'étrave relevée, dans la panse blanche du bac.

A l'arrivée, le train se reconstitua sur terre ferme, dans la confusion des cordes, des rails, des pontons. Des oiseaux de mer criaillaient sur le toit de la gare. C'était le moment de réunir mes baluchons. Mes chers, dis-je aux compagnons du train, cette fois je vous dis au revoir pour de bon. *Farvel!*

J'avais aperçu à travers le givre sale de la vitre une longue auto noire, aux angles droits. Elle était venue se parquer à côté de mon wagon. Un chauffeur à casquette scrutait les portières.

Soudain mes chaussures de ski me parurent lourdes, et la coupe de mon blouson indécemment prolétarienne.

Sa casquette grise à la main, sans porter attention à ma touche, le chauffeur murmura mon nom. Il se couvrit, saisit mon rucksack, manqua s'arracher le poignet en empoignant ma valise de livres. Je voulus m'asseoir à côté de lui. Oh, Monsieur! Le siège avant n'était pas pour une personne de ma qualité. La porte arrière de l'auto fut largement ouverte sous les fenêtres de mon wagon et mes compagnons, ronds de buée dans le givre, s'interrogeaient visiblement sur mon identité. Je leur fis des petits signes embarrassés tandis que le chauffeur, penché sur moi avec une couverture écossaise, enroulait celle-ci autour de mes jambes.

Nous avons glissé dans le ronron doux jusqu'à une longue péninsule. Les fermes blanches étaient tassées sous le chaume, les bois de hêtres dressaient leurs balais nus. Depuis ce jour, quand je vois une carte du Danemark, je cherche sur l'île de Sjaelland, au nord-ouest, ce long appendice où mon amie vivait sur son territoire. Un coup d'avertisseur, lorsque l'auto pénétra dans la cour, entre les ailes du château, provoqua l'ouverture de la porte d'entrée au sommet d'une volée d'escaliers.

Elle était là, les cheveux bruns, les yeux chaleureux, pareille à elle-même, et moi si lourd, si gourd. Je fus conduit au salon pour présenter mes hommages à sa mère.

Le lendemain matin un majordome sans morgue vint frapper à ma porte.

— Quel habit dois-je préparer pour Monsieur? me dit-il en danois.

Il aurait dû savoir que je n'en savais rien. C'est lui qui, à mon effroi, avait défait mes bagages. J'avais retrouvé mon blouson de bûcheron élégamment suspendu dans une armoire d'époque. Mes godasses de montagne brillaient comme des souliers de bal. Mon amie m'avait dit que cet homme poussait la délicatesse jusqu'à lui suggérer de racheter des sous-vêtements, quand, à son œil exercé, ils trahissaient l'usure.

Jour après jour il m'interrogea en s'inclinant. Hirsute entre mes draps, je bredouillais. Il finissait toujours par suggérer. J'admirais l'art avec lequel il parvenait, pour toute occasion, à choisir parmi mes nippes les moins choquantes.

Un jour, il fut heureux pour moi. Il disposa sur le fauteuil de cuir mon blouson et mes pantalons de futaine. Ils étaient de mise.

— Nous vous suggérons de participer aujourd'hui à une chasse au renard.

Puis un doute altéra la rondeur bonne de son visage:
— Monsieur chasse?
— Euh...

Je savais tirer, vous pensez, après l'Ecole de recrues.
— Le maître de chasse serait heureux de vous consacrer une heure ce matin.

En termes clairs, il mourait de peur pour sa jeune maîtresse. Il imaginait que j'allais la cribler de chevrotine. Dans un tacot, je me suis enfoncé dans les bois avec le maître de chasse. Les feuilles rousses formaient, sous la glace, un tapis craquant. Contre le tronc lisse d'un hêtre, il accrocha la bande de papier vert qu'il avait arrachée à un paquet de munition. A 100 mètres, j'ai déchiqueté la cible. Il était content. Moi aussi.

Un jour entier, avec elle, en vain, j'ai traqué le renard. Les paysans s'inclinaient en la voyant passer.

Quelques mois après, le Rigsdag de Copenhague décida de démembrer les dernières grandes propriétés du Royaume. Au milieu du quadrillage des nouveaux petits domaines agricoles, il ne resta plus qu'une tête sans corps, le grand château inutile au milieu des cultures, les communs désertés. Mon amie se réserva une parcelle au bord de la mer, et sa sœur jumelle, qui était amoureuse, disait-on, de l'intendant, s'isola à la pointe extrême de la presqu'île, face à l'infini.

La résidence fut vendue à un homme d'affaires. Je crois qu'il fabriquait des œufs synthétiques, mais avais-je bien suivi la conversation en danois avec mon oreille inexercée? Je crus saisir que vous élaborez chimiquement le jaune, vous l'enveloppez d'une pellicule de plastique autodégradable, et vous chargez le blanc de plus de vitamines et de fortifiants que n'en contint jamais un œuf de gallinacée. Bref: le progrès. Une enveloppe d'aspersion minéralisée, plus résistante que la vraie coque, d'une forme traditionnelle qui peut être transformée sans peine en un cube par l'usine, selon la demande à l'exportation, et vous avez le produit génial qui vous permet, fortune faite, de vous payer un château sans terres. Moi j'avais vu le Danemark tourner la page.

XII
Un art qui vient du froid

Dans une librairie de Copenhague j'ai découvert un livre de Touma, chasseur et pêcheur de notre temps. Il est né en 1939 à Iginiarfik, dans l'un des fjords occidentaux du Grœnland. De son village, on commence par ne voir que des mamelons sans arbres sous le blanc et des mousses brunâtres où le blizzard a fait voler la neige. Dans le vide se dessinent, si l'on regarde mieux, deux pistes qui se rejoignent, deux cicatrices du mauve le plus léger, traces de patins, pattes de chiens qui ont couru côte à côte devant le traîneau, le tirant depuis l'horizon. Sous le rose et le blanc et le bleu pâle du ciel d'hiver, grâce cristalline de rares heures dans la longue nuit arctique, quelques taches rouges dispersées finissent par signaler des maisons. Près d'un saloir à poissons, hangar de planches grises, des enfants jouent, habillés comme ils le sont en Norvège ou en Islande. Quelques barques à la quille retournée ont été hissées sur la rive. Le fjord est un champ de neige étale, mais dans certaines zones où le courant est vif, la mer demeure ouverte et les eiders au cou mouvant s'y sont assemblés par centaines. Les dorschs hivernent ici mais les hommes, en cette saison, ne pensent qu'aux mammifères, aux phoques.

A l'âge de 15 ans, Touma se met à écrire son journal. Dans un cahier, il tient le registre de ses expériences par des textes d'une douzaine de lignes, en esquimau, chaque fois signés de son nom à la danoise, «Thomas Frederiksen». Il commence à dessiner aux crayons de couleur. La première scène est un chasseur entouré de sa famille qui pose devant le corps d'un phoque. L'œuvre est à peine maladroite, et quelques semaines plus tard, porté par les paysages qu'il connaît de ses cinq sens, par ces étendues désertes où son œil, depuis l'enfance, épie le gibier, il comprend, en un éclair, le secret des formes et des couleurs. Qu'est-ce que le froid? Non pas ces personnages qu'il saisit à l'affût, ces cotres entre les icebergs et ces bêtes sous la lune glacée qu'il définit avec une maîtrise immédiate. Mais autour d'eux, au-dessus d'eux, en lui, c'est l'immense luminosité du Nord, qui est de ce monde et de l'autre. Blancheur translucide des mers où dérivent les châteaux de glace prêts à basculer; ciels écrus où la délicatesse du bleu d'en haut et du rose d'en bas, dans les midis hivernaux, semble s'élargir jusqu'à l'infini diaphane. Les paysages de Touma sont d'une telle justesse que ses pauvres boîtes de crayons sont déjà les instruments d'un peintre authentique.

Mais le chasseur adolescent n'a d'autre intention que de garder mémoire de ses journées, morses vautrés sur un radeau de neige, dressant leurs longues dents incommodes contre le soleil polaire, barque à moteur comme celle de 22 pieds que vient d'acheter son père: d'un trait noir et net, avec la sûreté de Marquet, il la cerne avec ses pêcheurs recroquevillés dans la froidure. Il se souvient de sa première tempête à bord. En compagnie de son aîné, de son petit frère et d'un autre garçon de son âge, il a été surpris par le gros temps monté du sud. L'embarcation a pris l'eau par une écoutille demeurée ouverte. Le récit a seulement quelques lignes, mais le dessin de la vague qui soulève les pêcheurs, grise et verte avec ses crêtes d'écume sous le ciel noir violacé, est d'une force inouïe. C'était le 7 mars 1957. Le lendemain, dans la première lumière de printemps, où baignaient comme dans un rêve transi le cotre et ses reflets, les jeunes gens rampèrent pour surprendre des morses. 10 mars, capture d'une baleine blanche. Le 11, sous la pleine lune, l'embarcation, qui n'était équipée ni d'une sonde ni d'un émetteur-récepteur, se planta sur un écueil et sombra. Les jeunes gens se retrouvèrent abandonnés sur une rive rocheuse et nue. Le grand frère de Touma avait son kayak. Chacun des garçons se fit traîner par lui, à moitié plongé dans la mer, embrassant la mince poupe de peau, jusqu'à un îlot où il fallut attendre du secours, dans des vêtements transformés en croûtes de glace. Courir en rond pour ne pas mourir. Celui qui se couche par ces conditions ne se relève pas.

Journal d'un chasseur-pêcheur de dix-huit ans. 1959, l'été. Mer d'huile entre le Grœnland et le Canada. Les bateaux des Esquimaux semblent posés sur un miroir. Les pétrels, accents noirs sur le ciel clair, signalent les bancs de morues. Les mois passent. Touma note que c'est beaucoup de travail d'offrir des dessins à tous ceux qui lui en demandent. Dans ses paysages, les histoires légendaires entrent parfois sans crier gare, avec les récits que des compagnons lui rapportent des temps anciens, quand on se tient accroupi près d'un feu, sur la rive de la baie de Disko, à guetter les baleines entre les icebergs dans les dernières neiges de mai. Le partage est la règle entre voisins, quand on revient avec une bonne prise. On vend dans les dépôts les peaux et le lard. Le prix des embarcations augmente et Touma s'initie avec espoir à de nouvelles techniques. Il drague les crustacés. Mais il s'inquiète des bateaux étrangers qui se multiplient sur les fonds poissonneux des Esquimaux. Ici comme en Islande, comme en Ecosse, comme en Norvège, monte la crainte du pillage. Comment trouver un nouvel équilibre?

Chasseur, pêcheur, peintre et patriote, Touma est invité, à l'âge de vingt-trois ans, à suivre des cours à l'Université populaire de Godthaab. L'école porte le nom de Knud Rasmussen, l'explorateur. Il dessine son portrait et note: «Il était d'origine danoise et grœnlandaise. Sa stature et son âme étaient grœnlandaises. Il nous encourage pour ainsi dire à poursuivre notre but comme lui.»

Thomas Frederiksen a fini par confier son Journal à un atelier d'art graphique de Godthaab avec un billet: «Espère que ça pourra vous amuser, vous réjouir et vous encourager.» C'est là que le directeur du musée local, Emil Rosing, artiste esquimau reconnu, l'a découvert en 1978, couvert de traces de pouce admiratives. Le plus grand éditeur de Copenhague, Gyldendal, l'a publié. Une édition allemande a paru chez Hoffmann und Campe, à Hambourg, une édition anglaise chez Pelham, à Londres, une édition française chez Garnier, à Paris, traduite par la femme d'Emil Rosing, Française qui vit au Grœnland. Elle traduira peut-être ces lignes à Touma, qui est resté pêcheur et peintre en son pays. Qu'elle lui dise, avec mes bons messages: «Votre livre est un chef-d'œuvre venu du froid.»

Quatrième partie
SUÈDE

Eleveur de rennes à Jokkmokk.

> « *Et toujours le juif, le lapon, l'artiste en moi*
> *cherchera son frère de sang; fouiller l'écrit,*
> *faire un détour par le sentier des hauts plateaux*
> *dans le respect sans mot d'une chose oubliée.* »
>
> Gunnar Ekelöf

XIII
Six drames nordiques

3 janvier — Le train s'arrête. Une maison de bois éclairée par trois lampes est sortie de la nuit. Le contrôleur arpente la neige. Aucun voyageur n'arrive, aucun ne part. Derrière le bâtiment, pas l'ombre d'un village. Nous sommes à Björnfjell, « la montagne de l'ours ». C'est la gare la plus nordique du monde. La voie ferrée sur laquelle nous avons roulé 2000 kilomètres à travers la Suède a fini par franchir une frontière, mais en pleine Laponie aucun douanier n'a signalé que nous entrions en Norvège. Nous roulions dans le noir depuis le début de l'après-midi. Après Kiruna, il ne resta de l'express Stockholm-Narvik que deux wagons, devenus l'omnibus des éleveurs de rennes. Ces passagers-là sont tous descendus, les bottes en pointe, des sacs énormes sur le dos, à des stations qui ressemblaient à des cabanes. Par les petites fenêtres, la lumière d'une cuisine éclairait, près des rails, quelques motoluges entre les bouquets de bouleaux nains. Au-delà, le vide.

Nous repartons. Nous dépassons un train à l'arrêt, wagons de minerai aux barbes de glace qui vont gagner la mer. Nous avons éprouvé la Suède du Nord telle une immensité dépeuplée. La Norvège, approchée par la route du fer, s'annonce comme une chute sur les fjords. Peu avant que les feux de Narvik ne s'allument en contrebas, une aurore boréale suspend soudain dans le noir un rideau verdâtre. Il s'agite d'abord faiblement, enflamme le ciel et retombe en faisceau de flèches électriques.

Seuls voyageurs du train, nous avons éteint dans notre compartiment pour mieux voir et, collés à la vitre, sommes demeurés jusqu'à l'arrivée le cœur suspendu, les yeux levés vers le spectacle cosmique.

Pas un instant d'ennui au cours du long parcours suédois. Plusieurs fois nous avons fait des haltes et des détours. Un jour,

SUÈDE 89

Björnfjell, dans les montagnes de Laponie, sur «la ligne du fer» Kiruna-Narvik, à la frontière entre la Suède et la Norvège.

à midi, non loin du golfe de Botnie, nous changeons de train et nous sommes une dizaine sur le quai, qui attendons sous le ciel clair, chaudement vêtus près de nos bagages. Nos joues durcissent. Un fauve mord nos jambes moins bien protégées. Nous voulons crier et de notre bouche paralysée il ne sort plus que des sons incontrôlés. Les courroies sont raides, cassantes. Température: moins vingt-sept degrés.

Mais quel confort, sitôt que nous prenons place dans les wagons! A l'entrée, un compartiment pour déposer nos valises enneigées. Un vestiaire et des cintres pour suspendre le manteau lourd, le cache-nez et le bonnet. Les sièges sont pourvus, en deuxième classe, d'un dossier mobile, mais nous ne pouvons dormir tant qu'une lueur nous permet de regarder la forêt. Rêver à chaque clairière, remonter chaque fleuve... Des surfaces immaculées s'ouvrent entre les pins: les lacs! Les ramures fines des bouleaux, au-dessus des troncs blancs qui pèlent, font une brume rose. Il n'est de fermes, de hameaux aux bâtiments rouges, qui ne gîtent, très solitaires, dans un cercle de forêt. Sur les cheminées la fumée monte épaisse dans le froid. Derrière les fenêtres, toujours encadrées de blanc et sans volets, brûle encore le candélabre de Noël. Pour les oiseaux, dans le jardin enneigé, une gerbe de seigle pend au sommet d'un mât. Sous les ponts du chemin de fer, une haleine grise s'agite sur les rivières noires.

Avant d'atteindre le Cercle polaire, près du golfe de Botnie, nous avons quitté le train et chaussé des skis. Nous avons glissé entre les pins. Leurs branches sont ici plus courtes, plus droites, plus aiguës que celles des épicéas. Je me suis découvert un petit cousin épatant qui est ingénieur forestier et nous guide. Une sélection naturelle, nous dit-il, a éliminé les arbres aux longues branches qui cassaient sous les amas de neige. Mais cet hiver, la couche n'est pas haute. Les balais des myrtilliers sortent du blanc. Nous passons une colline et peinons dans les éboulis. Cette moraine nous élève au-dessus de l'infini des bois, un coq de bruyère s'envole.

L'aube, ce matin-là — c'était entre Noël et Nouvel-An — avait éclairci le ciel avant huit heures. Jusqu'à deux heures de l'après-midi, nous pouvions voir notre chemin. Mais la lumière était si pâle, en vérité, que nous avions l'impression de nous mouvoir dans une vieille photographie. A peine si les herbes mortes, dépassant la neige, jetaient sur le noir et blanc leur jaune délavé. Nous avons fait halte en pleine forêt, près d'une ferme abandonnée. Le rouge de ses poutres semblait gris, monde deux fois funèbre où la mélancolie l'emportait sur la tristesse. L'eau d'un ruisseau gargouillait sous la glace. Les élans étaient venus brouter l'extrémité des branches dans le clos des petits fruits, et ils s'étaient éloignés. Ils avaient marqué leurs gros pas dans le marais que nous devinions où les arbres s'écartaient. Les animaux s'étaient couchés. Ils avaient laissé des baignoires dans les buissons. Nous avons vu un autre jour, au bord de la route blanche, une femelle noire et difforme, l'arrière-train rachitique, le long mufle levé vers les ramures les plus fines d'un boqueteau. Elle s'éloigna sur un étang. Son veau derrière elle batifolait.

« Je ne veux pas vivre dans le Sud, nous a dit mon petit cousin. Vous n'avez pas d'hiver. »

Il est vrai qu'on se prend à aimer ces régions où le soleil n'est, par beau temps, qu'une boule rougeâtre qui se hisse avec peine au-dessus des pins et répand dans le ciel ses lueurs roses. Il se déplace vers l'ouest et rase l'horizon, jusqu'au moment où le crépuscule du matin devient sans transition celui du soir. Puis, au milieu de l'après-midi, l'obscurité monte et triomphe.

Nous avons repris le train vers le nord, pour gagner encore quelques degrés de latitude. Le soleil a disparu tout à fait. Sans lui, midi n'est plus qu'une aube de pastel, aussitôt métamorphosée en couchant. La douceur de ces couleurs-là paraît d'un autre monde.

Nous nous sommes cru très loin, en cette Suède belle et vide. Densité de la population: moins de cinq êtres humains au kilo-

Sur le Rikleå qui coule, noir, dans la pénombre de décembre, des rapides ont donné l'énergie des premières industries de Robertsfors.

mètre carré. Quelle paix de skier dans les forêts sauvages! Quel retour à la nature indemne en cette traversée de la Laponie! Quel réconfort va nous réserver la Norvège du Nord, dans la virile solitude des pêcheurs!

Mais sommes-nous victimes d'un Nord romantique et imaginaire?

D'étape en étape, d'étranges rumeurs nous alertent.

Nous secouons la neige de nos bottes aux portes des maisons, nous nous asseyons, nous écoutons, et c'est un autre Nord, un espace bouleversé qu'on nous décrit. Dans la violence du grand gel, les craquements de notre propre civilisation nous font dresser l'oreille. Les tourments des Suédois ou des Norvégiens n'ont rien d'exotique, hélas. Nous reconnaissons les crises par lesquelles ils participent au sort commun de notre continent, mais elles prennent un relief étrange dans la nuit boréale.

Je décrirai six drames.

Le premier, c'est que le Norrland subit un double choc de structure et de conjoncture. L'urbanisation a précipité la population vers le sud et vers Stockholm. Quelle force permettra de renverser le mouvement? De surcroît, la récession économique, depuis les années soixante-dix, a frappé impitoyablement les régions marginales. Le Nord n'est-il donc plus qu'une vaste marge condamnée? J'ai cherché la réponse à Robertsfors, ville-forêt. Je dirai la lutte discrète de ses sept mille habitants.

A Kiruna, capitale minière de la Suède, au-delà du Cercle polaire, le langage fut plus brutal. «Nous perdons un million de couronnes par jour,» m'a dit la direction. Or le démantèlement de toute la métallurgie européenne s'est colorée, en ces rudes régions, d'un drame idéologique. Les mineurs se sont dressés au cours d'une grève mémorable contre le gouvernement. Les ouvriers ont défié la social-démocratie qui jamais ne s'en est vraiment remise. Quelque chose, dans le Nord, se brisa. C'est le drame N° 2.

A cette révolte ouvrière s'est ajoutée la fronde des écrivains. Plusieurs, parmi les plus brillants, condamnent violemment le parti socialiste et Olof Palme, son leader. Derrière l'évolution politique, j'ai perçu au cours des années quatre-vingt ce changement de climat. Ce coup de froid, parmi les intellectuels suédois, ce doute sur la voie suivie par leur pays, c'est le drame N° 3.

Nous avions cru admirer, des fenêtres du train, les paysages indemnes du Norrland. Par une automotrice régionale, j'ai gagné, non loin des montagnes de Sarek, le bourg de Jokkmokk, d'où j'étais parti un été, sac au dos, avec Maurice Chappaz, pour quinze jours de solitude. A pied, nous étions parvenus jusqu'à l'arrière-pays de Narvik. Au cours de notre longue errance, nous avions croisé celle des rennes. Nous avions rencontré leurs maîtres à l'affût, Lapons que j'ai retrouvés en plein hiver. Ils étaient amers et angoissés.

Depuis des siècles, ils ont parcouru ces régions avec ce gibier qui est leur bétail. Nomade, l'éleveur connaît par la qualité des sous-bois, par les lichens, les sources, les mares, les vallons, chaque kilomètre carré de ces espaces déserts. «C'est notre pays à nous, m'a-t-on dit, et on nous l'arrache. » Des barrages ont mis les vallées sens dessus dessous. Le tourisme affole les rennes. La route construite récemment le long de la voie ferrée, entre Kiruna et Narvik, porte un nouveau coup aux troupeaux. Les forêts sont arrosées d'engrais ou empoisonnées par hélicoptères. Les sociétés forestières éliminent les bouleaux « qui ne rapportent rien ».

Si ce territoire continue à être attaqué, rongé, réduit, ce ne sont pas les Lapons individuellement qui vont mourir, mais le peuple lapon, sa langue, ses gestes, sa liberté.

Tel est le drame N° 4.

Les deux derniers bouleversements, je les observerai en Norvège: disparition du poisson dans l'Atlantique Nord et surgissement, à sa place et dans les mêmes eaux, du pétrole fabuleux et menaçant. Aucun pays d'Europe n'a vécu, dans les vingt dernières années, un renversement plus radical de ses ressources.

XIV
La ville-forêt

Les sujets de Sa Gracieuse Majesté portaient leurs entreprises dans les Indes et en Amérique. Robert Finlay, noble Ecossais né en 1719, n'alla pas chercher si loin l'aventure et le profit. En qualité de banquier, il trouva ses assises financières à Dublin, après quoi il s'établit en Suède avec son associé John Jenning. Les mines de fer, au centre du long royaume, étaient d'un excellent rapport, mais les hauts fourneaux exigeaient tant de bois que les forêts, si vastes fussent-elles, s'épuisaient.

Finlay eut l'idée astucieuse de remonter les côtes du golfe de Botnie et, parvenu dans une région de sylve compacte et d'agriculture assez misérable, s'arrêta aux bouches du Rikleå, rivière que les marécages rendaient brune. Une crique proche permit la création d'un port. Il fit monter le minerai par caboteurs, non sans alimenter ses espoirs industriels de quelques traces de fer découvertes dans l'arrière-pays. Il construisit des hauts fourneaux, baptisa le lieu de son prénom: Robertsfors, les rapides de Robert. Les paysans se terraient dans leurs clairières. Il les envoya couper des pins en abondance.

Robertsfors, dans le Norrland, est né du projet industriel d'un Ecossais au XVIIIe siècle. En 1985, une exposition sur cette ville enfouie dans la forêt a été présentée en Chine. Elle illustre le bonheur suédois.

L'affaire fut vendue ensuite à un Français, Jean-Henri Lefebure, huguenot anobli par le roi de Suède en 1762. A la fonte du minerai, il ajouta une forge. Mais où trouver les forgerons? Les quarante-six ménages qui constituaient alors la population de Robertsfors connaissaient le bois, la terre, mais n'avaient aucune expérience industrielle. On fit monter jusqu'à ces solitudes boréales quelques maîtres du marteau qui étaient d'origine wallonne; ils avaient travaillé dans les forges de la Suède centrale et on leur avait donné des noms du cru, Hammarström, torrent du marteau, ou Forsmark, terre des rapides.

La communauté s'enrichissait d'ouvriers d'élite, de messieurs musclés et sans complexes qui se mirent, soufflant et frappant, à produire des pelles, des fourches, des fers à cheval, des haches. Un siècle plus tard, sur une photographie datée de 1874, je les ai vus groupés comme des seigneurs, renforçant de leurs amples poumons la fanfare locale. Le maître de forge avait ouvert un domaine agricole, le plus vaste du nord de la Suède. Il fut confié en 1863 à un agronome. Chaque ouvrier possédait une ou deux vaches et un arpent de forêt où couper ses bûches.

La commune connut des hauts et des bas. Le fer de Robertsfors était médiocre. On avait tenté de mêler du minerai local à celui qu'on faisait venir du sud. L'enthousiasme de l'Angleterre pour les bois de construction scandinaves contribua à l'établissement d'une scierie. Dans la crique entourée de bois impénétrables, un chantier naval avait été ouvert en 1811. De 1865 à 1886, on construisit dix-neuf bateaux dans ce petit port solitaire. Les rapides, à Robertsfors même, faisaient tourner la scie, alimentaient la forge et permirent de créer en 1904 une fabrique de cellulose. Peu après, on adjoignit au complexe une usine électrique.

Rien n'est jamais acquis. Les hauts fourneaux avaient disparu depuis longtemps, le chantier naval périclita, la forge se survivait, la scierie tint bon jusqu'en 1937 et la fabrique de cellulose fut fermée en 1948.

Quand la concurrence devient vive, quand la crise monte, c'est toujours dans le Nord qu'elles frappent en premier.

Vous rêveriez pourtant de vivre à Robertsfors, dans ses maisons nettes, dispersant leurs couleurs dans une vaste clairière, ou cachées déjà parmi les troncs. La nature n'est pas à proximité des hommes, elle est parmi eux, en eux. La rivière hivernale coule, noire, entre les bancs de glace. L'église est belle sur sa colline, à l'écart, flanquée d'un campanile, l'école est grande et neuve, le car apporte au petit kiosque les journaux du jour; quelques magasins, deux supermarchés, le long d'une route enneigée, se tiennent à distance par crainte de l'incendie, par goût du quant-à-soi ou pour occuper l'espace. Les femmes, pour éviter la chute sur le verglas, tiennent ferme aux poignées de curieuses trottinettes: des chaises de bois montées sur de longs patins métalliques. Ici vivent deux mille personnes, parées contre le malheur par une panoplie d'institutions sociales, très humaines à l'échelle d'un si petit bourg. La commune, qui s'étend sur 50 km de diamètre dans la forêt, et comprend le petit port et deux autres localités, compte au total 7500 habitants; trente-cinq pour cent sont ouvriers industriels, vingt pour cent paysans et bûcherons (quinze ans plus tôt, ils étaient deux fois plus nombreux) et quarante-cinq pour cent ont une activité artisanale ou de service. Le signe des temps, c'est que le principal patron se trouve être la commune elle-même.

On parle beaucoup d'étatisme, à propos de la Suède. L'exploration d'une petite communauté permet de nuancer.

Le gouvernement a tenté de renverser la concentration de la population dans les grandes villes et particulièrement à Stockholm. Il procéda par des actes autoritaires qui ont peu d'équivalents en Europe. En 1952 les communes suédoises, qui étaient au nombre de 2281, furent réduites à 850, puis en 1971 à 271.

Comme le pays n'est pas loin d'atteindre la vaste superficie de la France (449 000 km^2 au premier, 550 000 km^2 à la seconde), le petit nombre des nouvelles communes indique que leur territoire devint considérable.

Cette concentration municipale a répondu à d'autres pressions: des milliers d'entreprises, dans l'industrie, le commerce et l'agriculture, ont disparu, souvent par fusion. La part des dépenses publiques, dans le produit national brut, qui se situait entre 25 et 30 pour cent dans les années cinquante, atteint environ 70 pour cent dans les années quatre-vingt. Mais attention! Le secteur public n'est pas seulement l'Etat. Ce sont les communes aussi, qu'on a rendues assez grandes pour qu'elles puissent occuper à plein temps une administration. Dans une période-charnière de dix ans (1963-1973), le nombre de personnes travaillant pour le commerce et l'industrie, en Suède, a diminué d'un quart de million. Et les employés des services publics ont augmenté d'un demi-million.

Au cours des années soixante-dix, les agrariens, dans les pays nordiques, rebaptisés parti du Centre, ont connu un regain de faveur étonnant, qui mit la social-démocratie sur la défensive. La diminution dramatique du nombre des agriculteurs rendait incompréhensible ce succès si on ne l'interprétait pas comme une condamnation d'une bureaucratie arrogante et comme un retour aux valeurs que symbolisent la terre et la région. Chez les écrivains, nous allons découvrir en rendant visite à Lars Andersson, au chapitre XVI, la nouvelle mystique de la Suède périphérique dans une expression qui n'a rien de rural. Dans le domaine scolaire, le parlement, en 1976 déjà, paya son tribut à la décentralisation. Il concéda aux communes une somme équivalent au quart des salaires des enseignants, en laissant au pouvoir local — chose inouïe en Suède — la liberté d'en user à sa guise.

Je pensais à ces chiffres, à ces renversements sociaux en me promenant dans la neige, autour de Robertsfors, le long de sa rivière. La glace, cherchant à se former dans les eaux noires malgré le courant, avait l'aspect gélatineux des œufs de grenouilles. Dans le petit port, la crique était gelée. La couche est ferme, en hiver, jusqu'en Finlande. J'ai vu un renard qui filait sur la glace, comme le chante un vieil air populaire suédois. La bête se dirigeait vers les grands entrepôts de bois où jadis on empilait les rouleaux de cellulose. Le flottage est la seule activité qui subsiste. Des camions roulent sur la glace et déposent des troncs qui sont enchaînés en fuseaux. Les remorqueurs viendront les prendre en traîne après la débâcle. L'école primaire du port est à l'abandon.

Mais la commune, fortifiée par ses plus grandes dimensions, dispose d'hommes qui veulent se battre pour survivre. Stockholm a fait une concession historique à la régionalisation en expédiant aux quatre coins du royaume un bon nombre d'institutions qui étaient groupées dans la capitale. Les hautes écoles, les laboratoires nationaux, il faut les chercher aujourd'hui dans les villes moyennes ou petites et jusqu'à proximité du cercle polaire, tel l'institut forestier, qui se trouvait à Stockholm et qui a été transféré à Umeå, première ville universitaire du Norrland, à 60 km de Robertsfors.

Ces organes publics rassurent les petites villes. La crise ne peut les faire disparaître, mais elle a déséquilibré en revanche les entreprises industrielles. Beaucoup, après 1973, ont été menacées de mort. Un exemple parmi cent: en Dalécarlie, avec la faillite d'une petite aciérie, à Barlänge, cette localité aurait été rayée de

Une mère de Robertsfors part faire ses courses sur la trotinette des neiges, le sparkstötting. Ses bottes se terminent en pointe, à la lapone.

la carte si le gouvernement, qui était alors bourgeois, n'était intervenu par des mesures de sauvetage.

Les anciens quartiers «des usines», à Robertsfors, ont le charme des vieilles gravures, aménagés comme des parcs, avec des logements ouvriers, des maisons de bois rouge à deux étages du XVIIIe siècle, quelques bâtiments en briques de scorie, le vieux pont, les biefs pris dans les glaces, la propriété du maître de forge et l'ancien dépôt où la nourriture était distribuée au personnel. L'une des grandes sociétés forestières de Suède, Mo och Domsjö, a racheté la forge, y a maintenu une fonderie, mais voue surtout de l'intérêt aux vastes propriétés boisées que s'étaient taillées les pionniers d'autrefois. La fabrique de cellulose, rachetée par Asea, produit des pièces de machines.

La commune veut davantage de cordes à son arc. Bravant la loi, qui interdit aux municipalités une activité industrielle ou commerciale, Robertsfors dispose d'un fonds modeste qui lui permet, comme initiateur et partenaire, d'amorcer de nouvelles entreprises. «Quand elles marchent bien, on les vend et on continue ailleurs», me dit l'homme chargé du développement communal. Il a ouvert un atelier qui propose aux paysans isolés du travail sur bois à domicile. Un contact est maintenu de cette manière avec les fermes dispersées.

Mais la surprise, en cette ville-forêt, fut pour moi l'usine appelée Scandiamant. Deux cents ouvriers peut-être. On eut quelque mal à m'expliquer par quelles cascades boursières cette entreprise, porteuse de la tradition du Suédois Gustav von Platén, l'inventeur du diamant artificiel, avait été vendue par Asea à une firme irlandaise, Synthetic Diamond, qui dépend à son tour d'une société belge où l'Afrique du Sud a la main. Dieu et les capitalistes s'y reconnaîtront, mais moi je regarde le petit laboratoire où, dans la nuit de l'après-midi, travaillent une quinzaine d'ingénieurs.

Leur activité mystérieuse nous concerne. Leur technique porte un nom qui peut se traduire en français par «extraction hydrostatique», si j'ai bien recueilli les confidences. Il s'agit, pratiquement, d'inventer des substances artificielles, d'une résistance à toute épreuve — comme le diamant — mais susceptibles de prendre n'importe quelle forme moulée. Par exemple, celle d'un conteneur pour déchets radio-actifs.

Toute l'Europe n'est-elle pas à la recherche de poubelles nucléaires sûres?

XV
Kiruna
et la révolte des mineurs

La chaîne sismique qui avait soulevé les esprits à Pékin et mis feu à la Révolution culturelle, qui avait passé par la Californie et fait exploser Mai 68 en France, parvint en Laponie l'année suivante. La Suède de l'Etat social et du progrès négocié fut stupéfaite, un matin de décembre 1969, d'apprendre qu'une grève sauvage avait éclaté à la LKAB, initiales qui désignent les mines de fer de Kiruna.

Tout le pays savait que les mineurs sont de rudes personnages. J'ai remarqué, en me faisant conduire dans les galeries, que la langue de travail est le finnois, largement pratiqué aussi dans toute la ville. Cette main-d'œuvre, durcie par la double nuit, celle du front de taille et celle du long hiver, vient de la forêt, des barrages, des fermes pauvres et souvent en effet de Finlande où, dans un chapitre ultérieur, nous allons découvrir à la même latitude que certains sont communistes de père en fils, par une rebellion qui paraît viscérale et comme engendrée par les morsures du climat.

Pourtant la paie était bonne. Le Syndicat des mineurs avait réglé les relations de travail à la virgule près. La LKAB est une entreprise d'Etat. Aussi le patron se trouvait-il être un gouvernement social-démocrate aux idées avancées. Le salaire, à Kiruna, en compensation de l'âpreté du travail, était supérieur de 20 pour cent à la moyenne de l'industrie.

Il est vrai que la marge consentie précédemment avait atteint 40 pour cent. Le conflit éclatait-il pour la sauvegarde d'un privilège?

Nous avions pris une chambre dans la gare même de Kiruna, bâtiment de bois à l'ancienne. Passant de la direction des mines aux officines syndicales, lisant les documents de l'époque et conversant avec les ouvriers, tant qu'ils avaient la bonté de ne pas abuser des bières du buffet, je me suis aperçu que les mineurs, quand ils se rebiffèrent, ne s'expliquèrent pas clairement la force de leur réaction. Un élan irrépressible, lié peut-être à la secousse mentale qui parcourait le globe, avait été déclenché, pratiquement, par un mot maladroit d'un chef de service. Et voilà que la masse de ces prolétaires choyés se dressa brusquement contre la direction.

Avec plus de hargne encore, on attaqua le syndicat, on expulsa ses porte-parole, on condamna le contrat collectif et on refusa les procédures légales de conciliation.

Dans l'étrange ville, éclatée dans le néant et brillant de toutes ses lampes dans l'obscurité de décembre, les rebelles tinrent un meeting à la salle des fêtes et firent naître du brouhaha une vingtaine de revendications. De ce mouvement spontané sortit un comité de grève autonome. Il s'attira l'anathème de la social-démocratie, qui depuis 1932, étroitement liée à l'organisation syndicale officielle, avait été la maîtresse indiscutée de la politique du travail. Un craquement se fit entendre dans le pays, du Nord au Sud. La stupéfaction, à Stockholm, déborda les milieux politiques pour gagner les intellectuels. Des écrivains prirent le chemin de la Laponie pour enquêter sur place. Nous reviendrons, au chapitre suivant, à la crise idéologique qui se dessinait.

Les grévistes parvinrent à susciter un élan de générosité dans le public. Ils récoltèrent plusieurs millions dans la population et refusèrent pendant 57 jours de descendre dans les mines.

Le temps de la grève de Kiruna a marqué un tournant dans l'histoire de la Scandinavie. Olof Palme, âgé de 42 ans, issu de la haute bourgeoisie mais couvé dans le sérail socialiste, connu pour ses options radicales mais tacticien hors pair, avait succédé à Tage Erlander l'année même. C'était la fin d'une gauche conduite par des hommes d'origine populaire, demeurés proches des ouvriers, soucieux d'un progrès dans la négociation et partenaires loyaux du patronat. Le jeune loup avait un goût prononcé pour les grandes manipulations collectives, celles qui, à ses yeux, font avancer la société. Ministre des communications, il présida personnellement au passage de la circulation routière de gauche à droite. Le mouvement d'idées allait bien entendu en sens inverse puisque seul un dressage minutieux de la population permit le succès total de la manœuvre. Ministre de l'éducation, Palme poursuivit le démantèlement de l'enseignement traditionnel dans l'école suédoise. Les réformes étaient dans l'air du temps, mais la vitalité juvénile du politicien mit de l'acuité dans les décisions. Il se passionna pour la mission égalitaire de l'école. La discipline et l'acquisition du savoir continuèrent à céder devant les expériences dites de la communauté vécue. La nouvelle doctrine, soutenue par les grosses batteries de la propagande et des décisions ministérielles, interdisait désormais d'encourager les lycéens doués ou de prévoir pour eux des cours de niveau plus élevé. On fit passer de telles pratiques pour un élitisme odieux.

Au moment où Palme accédait à la tête du gouvernement et se préparait aux élections de 1970, il restait à voir si une telle politique, qui suscitait une inquiétude grandissante dans la bourgeoisie, avait la faveur des salariés. Ceux qui jugeaient la Suède de l'extérieur parlaient volontiers de l'opposition de droite et des contribuables accablés par les impôts. Vous trouviez peu de choses, en revanche, dans la presse du continent, sur un refus qui, en dehors des communistes, s'exprimait à gauche. J'avais été frappé, en visitant des entreprises, par l'assurance et parfois la suffisance des syndicats officiels. Ils obtiennent de l'employeur qu'il retienne sur le salaire non seulement les cotisations fédératives du personnel, mais ses contributions au parti social-démocrate auquel il est d'office affilié. La résistance vint d'abord de groupes anarcho-syndicalistes, liés à des journaux où s'exprimaient aussi des intellectuels. J'avais lu, au début des années soixante, le roman d'un ancien ouvrier du Norrland, Kurt Salomonson, qui avait travaillé dans les mines et sur les chantiers de Laponie. Sous le titre *Le Barrage*, je l'avais traduit, sans d'ailleurs susciter dans les pays de langue française le moindre intérêt pour le héros, tourneur chassé de son usine de Stockholm parce qu'il se posait trop de questions sur les méthodes syndicales. Il retrouvait un emploi dans l'isolement sauvage du Nord où s'édifiait une centrale hydro-électrique et s'y crut en paix lorsque l'Organisation, avec un grand O orwellien, le repéra et procéda derechef à l'expulsion de cet individualiste dangereux. Rien, dans ces pages, qui n'ait été inspiré à Salomonson par des faits authentiques. Or Kiruna me révéla soudain une résistance d'une tout autre envergure au pouvoir syndical.

Je suis allé recueillir le témoignage de Ture Rantatalo (un nom finnois), mineur encore jeune, souriant, la tête froide, qui fut désigné par ses camarades comme chef de la délégation des grévistes en 1969. Les événements étaient anciens déjà, tandis qu'il m'en parlait dans une petite villa transformée en bureau. Passons sur cent détails. La cause de la révolte fut, selon lui, le rythme du travail et l'esprit que les technocrates de l'entreprise avaient peu à peu imposés au personnel. Le cœur a des raisons qu'ignorent les organigrammes. Les rationalisations avaient

102 SUÈDE

Ture Rantatalo, mineur de Kiruna, qui fut porté à la tête de la délégation ouvrière pendant la grève sauvage de 1969. Il revit ici le souvenir de la révolte.

permis, Rantatalo le reconnaît, une hausse de la production. Mais ce progrès fut imposé par des intermédiaires intraitables, les contremaîtres et les permanents du syndicat. Ces derniers n'avaient en tête qu'une stratégie globale convenue au sommet entre leur centrale à Stockholm et le gouvernement. Leurs statistiques en main, ils savaient mieux que l'ouvrier ce qui était bon pour lui.

Les grévistes parvinrent à arracher à la direction, contre la volonté du syndicat officiel, des salaires mensualisés pour tous. Ce type de rémunération se répandit dans toute l'industrie suédoise. Ce fut le fruit de Kiruna. Mais il faut ajouter que la productivité baissa.

Ainsi rejoignons-nous l'une des causes des révoltes de la fin des années soixante. La haine d'un progrès aveugle et harassant, la condamnation de l'alliance des technocrates de droite et de gauche, la résistance à une bureaucratie arrogante, telles furent les réactions communes aux salariés et aux intellectuels, dont nous verrons que les attaques, dans les années quatre-vingt, s'accentuent. On oubliait l'homme, sa dimension irréductible, ses besoins fondamentaux. Kiruna en grève apportait son message à la Suède, une fois de plus. Car la communauté minière avait longtemps passé pour exemplaire. Le fer, découvert en 1730 dans le désert lapon, avait été exploité aussitôt que des rails furent posés jusqu'au golfe de Botnie, en 1899. Le maître de la mine, Hjalmar Lundbom, avait créé une ville pilote, avec plan d'extension, sécurité sociale et participation d'artistes à la décoration des lieux publics. Nous pouvions encore voir, à quelques pas de la gare, comme un dernier témoignage de l'époque des pionniers, «la cabane de Lundbom». Plus loin, l'hôtel de ville audacieux dressait sur un fond de piste de ski illuminée l'emblème d'une réussite urbaine.

Bien au nord du Cercle polaire, le soleil demeurait invisible, mais dans le jour pâle de midi s'élevaient des montagnes blanches où s'étageaient les paliers des exploitations successives.

C'est en profondeur maintenant qu'on cherchait le fer. Mais qui en voulait?

C'était l'autre drame de Kiruna. Longtemps la LKAB avait rapporté gros à l'Etat propriétaire. La société occupait en 1978 encore 5000 ouvriers. Il n'en reste que la moitié en 1985. Mais le vent a tourné dans toute la métallurgie européenne. La Suède, comme les grandes nations industrielles, a vendu son équipement et son savoir-faire outre-mer où des entreprises rivales croissent irrésistiblement. De nouveaux pays minéraliers, comme le Brésil, bénéficient d'une technique de pointe et pratiquent des bas salaires. En outre, ils offrent une qualité de fer pauvre en soufre qui convient mieux aux aciéries que le produit suédois.

Kiruna, pour l'Etat, était une montagne d'or. Au cap des années quatre-vingt, c'était devenu un gouffre.

Aux élections de 1970, Olof Palme arracha de justesse la victoire. Dans le parlement à chambre unique et à 350 sièges créé par une nouvelle constitution, les socialistes en occupèrent 163, les partis bourgeois 170. Les 17 élus du parti communiste, qui entre-temps s'étaient distancés de Moscou, sauvèrent la gauche. La social-démocratie avait chancelé. Elle chuta six ans plus tard. Mais que pouvait faire le premier gouvernement bourgeois que se donnait la Suède depuis 1932? La crise économique de Kiruna s'aggravait. Le textile était aux abois et les chantiers navals si mal en point que le bon Fälldin, premier ministre du Centre, et ses partenaires libéraux et conservateurs, durent nationaliser. Jusqu'à la fin de leur règne mouvementé, ces hommes qui voulaient desserrer l'étau des pouvoirs publics furent contraints, par la crise pétrolière et ses suites, à des étatisations plus nombreuses que durant quarante-quatre ans de pouvoir socialiste ininterrompu. On compta, sous leur administration, quarante-sept types de subventions par lesquelles l'Etat suédois s'appliqua à sauver l'économie et l'emploi. Loin d'être démantelée, la bureaucratie en sortit fortifiée. Olof Palme la mit à nouveau sous son contrôle en reprenant le pouvoir en 1982.

XVI
La trajectoire intellectuelle de la Suède

Dans le Norrland, j'avais vu plusieurs détraquements combiner leurs effets, mettant sur la défensive des hommes attachés à leur indépendance, à leur climat abrupt, à la solitude de leurs forêts. Les gens de Robertsfors incarnaient l'Europe des marges, qui sont les premières à porter le poids des récessions. Mais j'avais aussi perçu en eux la vigueur d'une Suède enracinée et provinciale qui reconquiert aujourd'hui le terrain trop longtemps concédé à la centralisation. Kiruna a été frappée de plein fouet par la crise de la sidérurgie et des mines européennes. Mais ce drame n'était pas le seul. Après sa marche triomphale des années cinquante et soixante, la social-démocratie, conçue comme une réforme bénéfique et permanente de la collectivité, avec toute l'assurance de manipulateurs lointains et leur vue trapézoïde du progrès, avait buté sur la tête dure des grévistes de Laponie.

La nation désarçonnée par la dégringolade de l'économie mondiale, après 1973, handicapée par le coût exorbitant de son bien-être et luttant pour sauver ses exportations et ses entreprises, ne pouvait me cacher une autre Suède en proie à un combat plus intérieur. Ce laboratoire social semblait pris de doutes sur lui-même. L'hésitation fut exprimée quelque temps jusqu'à la caricature par un parlement partagé en deux groupes égaux de 175 députés, qui durent, jusqu'à une retouche de la constitution, tirer au sort ses décisions.

La crise dont il s'agit là relève de l'idée qu'un peuple se fait de la société, de l'homme et de son rôle dans le monde, et je désirais, pour y voir plus clair, parler à des écrivains. J'en ai rencontré quelques-uns, parmi les plus remarquables. La conversation fut orientée vers une analyse de la trajectoire suédoise au cours des quarante dernières années. Que croyait hier l'intelligentsia? Que souhaite-t-elle aujourd'hui? Il n'est de politique, surtout en Suède qui a aimé se donner en modèle, sans métaphysique. C'est elle qui m'intéressait.

La surprise fut de constater que mes questions ne surprenaient pas. Les intellectuels sentent que l'aiguille de la boussole flotte.

Les Suédois sont habitués à dresser collectivement le bilan de leurs décennies. Pour la critique littéraire, les années 50, 60, 70 ou 80 marquent les paliers d'une aventure collective, en contraste avec d'autres pays où chaque auteur semble courir après son œuvre dans la solitude et ne se sent guère lié à une chronologie des événements nationaux.

La vie suédoise est animée en permanence par un grand débat. Les intellectuels ne cessent de s'interpeller dans les pages culturelles des quotidiens de Stockholm. Les courants idéologiques européens jettent évidemment leurs reflets dans ces polémiques, mais le processus est propre à une aire culturelle limitée, au tissu serré, dont on voit nettement la couleur varier au cours des ans. Certains écrivains, qui ont leur chronique régulière au *Svenska Dagbladet* ou ailleurs, sont les donneurs de ton.

Lars Gustafsson est l'un d'eux. Ses romans, ses poèmes, ses essais paraissent à une telle cadence, depuis 1959, qu'ils occupent un rayon de ma bibliothèque. Philosophe de formation, lyrique de tempérament, fasciné par son temps, il voit courir le vent et souvent galope après lui, subjectif, ardent. Comme pour se prouver sans cesse sa liberté, il joue de l'égotisme, de l'algarade, de la méditation, de l'analyse, de l'imaginaire baroque. Les jeunes intellectuels se sont montrés attentifs à ses prises de position.

Lars Gustafsson zigzague à travers l'Europe, étudie à Oxford, tutoie Max Frisch, vit à Berlin quand il n'enseigne pas dans une université du Texas. Je l'ai rencontré à Västerås, à Uppsala, à Zurich. Il est blond, discrètement barbu, petit, vif, fécond. Ses lunettes d'or circonscrivent un regard de connivence fraternelle.

L'itinéraire qu'il décrit fut le sien autant que celui de la Suède et toute l'Europe peut s'y reconnaître.

Pour chacun de nous, en effet, les années cinquante se sont inscrites sous le dais atomique d'Hiroshima. La consigne était l'engagement sartrien. Mais sous cette menace, remarque Lars Gustafsson, le monde prit en fait une tournure assez agréable: «Mon père put s'acheter sa première auto, une Ford Anglia.» Il devint possible, pour les petites gens, de se construire une maison. On rêvait d'un avenir transfiguré par des techniques avancées. On ne peut imaginer, dit-il, l'espoir qui portait alors la Suède.

Max Frisch était une voix caractéristique de l'époque, poursuit Gustafsson. Le Zurichois avait repris à Brecht l'idée de la distanciation, non pour inculquer une doctrine, mais pour enseigner au public à se poser des questions. Il souligne dans *Mein Name sei Gantenbein* que la fiction est une fiction. Dans la littérature suédoise de l'époque, Lars Gyllensten (plus tard secrétaire de l'Académie suédoise et du Prix Nobel) et Lars Ahlin voulurent réagir contre l'état d'absence, d'ivresse ou de rêve auquel le roman abaisse ses lecteurs; Ahlin chercha un dialogue, Gyllensten se glissa derrière les murs.

Le marxisme? Il était alors lié au stalinisme. Jusqu'au discours de Khrouchtchev au Congrès de 1956, tous les rapports sur les camps soviétiques, malgré les révélations de Kravchenko, qualifiées de propagande anti-russe, furent écartés par les intellectuels de gauche. On ne pouvait s'exprimer sans qu'on vous collât une étiquette. Une nouvelle tendance littéraire, en Suède, dans les années cinquante, fut celle de la «réserve». Dans son *Automne allemand*, Stig Dagerman, jeune génie suicidaire de cette décennie, expliqua dans un reportage pourquoi les Allemands avaient soutenu le nazisme. Il enregistra calmement ce qu'il entendait, offrant ce contrepoison dans un débat public où chacun était sommé de prendre position.

Les tenants du libéralisme à la suédoise, dit Lars Gustafsson, ne s'intéressaient pas alors à l'économie. Leurs grands ennemis des années cinquante? Le christianisme et sa morale sexuelle! Dans un pays où l'Eglise luthérienne est une institution d'Etat, ils voulaient empêcher celle-ci de défendre une éthique désuète avec l'argent du contribuable. Au début des années soixante, il se trouva que ces libéraux-là, qui faisaient de la Suède une société aux mœurs d'avant-garde, s'absorbèrent totalement, selon l'expression de Gustafsson, «dans leur campagne pour l'affranchissement génital; mais ce n'est, en somme, ricane le philosophe, qu'une question privée et périphérique.» Paradoxalement, le problème fondamental de la liberté, poursuit-il, fut alors repris en Europe par les marxistes, avec une interprétation anti-autoritaire et anti-léniniste de Marx. Le ton était donné à l'Europe par l'Allemagne et les écrivains du Groupe 47, persuadés que les intellectuels, sans appareil politique, pouvaient affranchir la société. Souvent, raconte le Suédois, je leur ai rendu visite, au début des années soixante, et on ne pouvait se réunir chez Hans Werner Richter ou Hans Magnus Enzenberger, sans qu'une poignée de gens fût occupée à recueillir des signatures sur un manifeste, un appel, une dénonciation.

Ainsi Lars Gustafsson, nommé rédacteur en chef adjoint de *BLM*, magazine littéraire des grands éditeurs Bonnier, put quitter une Suède isolée par sa neutralité et sa quiétude sociale, pour vibrionner dans les stations obligées de l'intelligentsia européenne. Il revenait, chargé d'idées, et il disposa des moyens de les répandre. Il n'était pas seul à ouvrir les fenêtres. La gauche suédoise, longtemps portée par une tradition de syndicalistes pragmatiques, perdait la candeur de ceux qui étaient parvenus à combattre la pauvreté sans faire grand cas des querelles de doctrine.

Les années soixante furent en Suède — jusqu'en 1966 — la période la plus prestigieuse de la social-démocratie. Les écrivains n'avaient qu'applaudissements pour l'expansion rapide du secteur public. La lecture, le spectacle, les arts étaient pris en main. Harry Schein, étroitement lié au parti du premier ministre Erlander, allait fonder et diriger l'Institut suédois du cinéma, mais déjà il planifiait la culture en un programme global, et l'on voyait se multiplier non pas tant les créateurs, peut-être, mais les commissions, les organes de consultation, les fonctionnaires de l'art, les animateurs patentés. Gramsci, du fond de sa prison italienne, avait prédit cette évolution pour toute l'Europe. Aux élections parlementaires de 1964, poètes, acteurs et peintres enjoignirent en chœur le peuple suédois à voter socialiste.

Mais le progressisme littéraire déborda rapidement le Parti social-démocrate sur sa gauche. Il redonna vie à une position extrême que le stalinisme avait rendue intenable. L'un des écrivains les plus lus, par ses articles et ses livres, était Jan Myrdal, fils du grand économiste Gunnar Myrdal et de sa femme Alva que le gouvernement envoyait comme ambassadeur en Inde et à l'ONU. Ce rejeton de deux pontes du réformisme, puissant et bougon, demeuré jusqu'à ce jour un infatigable voyageur-discoureur et dont les lecteurs français ont pu lire les *Confessions d'un Européen déloyal,* plus tard maoïste et même polpotien, s'exprimait encore, à l'époque, au sein du parti d'Erlander et de son héritier présomptif Olof Palme. Avec lui, les attaques contre la social-démocratie, au sein même de l'organisation, se firent virulentes et il ne restait à attendre que son règlement de compte avec ses parents.

Que pensait Gustafsson?

J'étais naïf, répond-il aujourd'hui. Je ne ressentais pas alors que la croissance de l'appareil étatique pût représenter une menace.

A Stockholm, l'avant-garde avait alors son haut lieu au Moderna Museet, où le gratin culturel du socialisme au pouvoir, sans plus s'effaroucher de rien, se ruait dans les vagins géants des nanas de Niki de Saint Phalle. La Suède, avant Paris et la Suisse, fêtait Jean Tinguely, dont les grosses machines absurdes étaient pourtant une satire prémonitoire des technostructures. En revanche, chez les étudiants, on avait cessé de rire. On ne parlait plus que colonialisme, impérialisme et tiers monde. Bo Gustafsson (sans parenté avec Lars) publia *Du colonialisme au socialisme* qui marqua l'ouverture de la gauche intellectuelle suédoise à une idéologie planétaire et jacobine. Ce livre mince fut suivi d'un déluge de rapports, de récits de voyage, de pamphlets, d'articles et de longs poèmes engagés, signés Göran Palm, Sara Lidman ou Göran Sonnevi, où les écrivains suédois exprimèrent leur sympathie sans réserve pour les mouvements révolutionnaires d'Afrique, d'Asie et d'Amérique latine. Les romans traditionnels et le lyrisme d'intériorité furent balayés. La littérature ne semblait faite que de documents au ton vengeur, comme c'était le cas aussi de Berlin à Rome. Mais écoutons Lars Gustafsson:

«Je rencontrais alors à Berlin, dans les cercles littéraires, une série de personnes qui sont entrées dans l'Histoire en qualité de terroristes. Chez Enzenberger, on saluait Ulrike Meinhoff. Un jeune homme barbu se présenta: Andreas Baader, incendiaire. Ils incarnaient en ce temps une attitude anti-impérialiste et anti-autoritaire qu'on approuvait, et il montait au-dessus d'eux un léger parfum de haschich. Ils étaient très engagés dans les démonstrations anti-américaines.»

Le terrorisme, pour Lars Gustafsson, a l'une de ses racines dans ce qu'il appelle «l'humanisme européen des années 1960». Franz Fanon, avec ses *Damnés de la terre*, avait salué les populations exploitées qui retrouvent leur identité par un acte de violence. Che Guevara était le modèle de l'intellectuel descendu de la montagne pour rendre sa dignité au peuple, écrasant par les armes un régime corrompu. Ce qui frappa le reste de l'Europe, c'est que la Suède officielle emboîta le pas. Le gouvernement soutint des mouvements de libération et consacra des milliards de couronnes à l'aide technique, avec une prédilection pour La Havane, Hanoï, et jusqu'à d'obscures dictatures d'extrême-gauche en Afrique.

Car la température, à Stockholm, était montée. La guerre du Vietnam fit sauter les dernières réserves. Ce fut l'apothéose d'une Suède qui se donnait par l'indignation un rôle mondial. Olof Palme, en février 1968, alors ministre de l'éducation et des affaires ecclésiastiques, prit part à un cortège anti-américain en pleine capitale, à côté de l'ambassadeur du Vietnam du Nord à Moscou. La Suède se défendait d'intervenir militairement, mais en dépit de sa neutralité, et forte de sa doctrine égalitaire, elle se posait en Etat justicier, accueillait les déserteurs américains, offrait du matériel éducatif aux révolutionnaires exotiques.

Pour les jeunes intellectuels, ce n'était jamais assez. Les pages littéraires, comme celles du *BLM* dont Gustafsson était devenu le rédacteur en chef, étaient envahies par les marxistes, la politique, le tiers monde, la critique idéologique. A la même époque, le plus grand quotidien suédois, *Dagens Nyheter*, libéral, dirigé par Olof Lagercrantz, homme de lettres d'une extrême finesse, devint castriste, anti-américain, complice des rebelles de tout poil, plein de ménagement envers les sensibilités de l'Union soviétique. Lagercrantz et Gustafsson, entraînés par le nouveau conformisme suédois de la dénonciation, chevauchaient, au fil d'un flot d'articles, le crocodile de la «révolution humaniste».

Lorsque Tomas Tranströmer, qui compte parmi les meilleurs poètes de la nouvelle génération, publia en 1966 *Eclats et traces*, «l'immuabilité» de ses thèmes fut attaquée par les idéologues. Le monde n'était-il pas en marche? N'était-ce pas le devoir des intellectuels de hâter sa transformation?

Je suis allé rendre visite à Olof Lagercrantz dans sa retraite de Drottningholm, face au château («la neige du roi et la mienne, me dit-il, sont déblayées par la même lame»), pour lui dire d'abord combien j'admire ses livres sur Dante, sur Stig Dagerman, sur Agnès von Krusenstjerna, sur Strindberg, ses poèmes profonds et beaux et même son roman de jeunesse qui s'appelle *Trudi* et reflète le climat irréel de l'Europe à la veille de la Deuxième Guerre mondiale.

Lagercrantz est l'écrivain de la haute culture et de la pénétration psychologique mais aussi de la plus troublante ambiguïté. Sa langue est de subtile exactitude, mais ses œuvres offrent un contraste déconcertant avec les anciens éditoriaux du journaliste, dans les années soixante que Gustafsson vient de décrire. J'ai tenté de comprendre pourquoi, au *Dagens Nyheter*, il avait alors laissé les rênes libres aux gauchistes. Il m'a répondu par un sourire tellement impénétrable que je me demande si cet homme de la noblesse (celle de l'esprit et celle, aussi, de l'*Adelskalender* bleu, à portée de main sur sa table) n'a pas provoqué son milieu, qui l'agace et le retient. Peut-être s'est-il bien amusé de son effroi. «Il ne se passait pas de semaine, me dit-il, sans que je reçoive à la rédaction des journalistes étrangers de droite qui venaient chercher auprès de moi la confirmation que la Suède allait à la catastrophe. En fait nous restons le pays d'un capitalisme solidement en main d'un petit nombre de gens. La bureaucratie? Elle s'accroît sous tous les régimes.»

Dans un libelle contre Lagercrantz, Sven Stolpe, rompu au débat d'idées, dans les profondeurs où ont pu le porter Bernanos et les écrivains catholiques français (qu'il est l'un des rares Suédois à bien connaître), a proposé une thèse cruelle et intéressante. Fortement préoccupé par la folie, dont il a tracé le cheminement dans plusieurs de ses biographies, Lagercrantz aurait cédé au cirque du gauchisme par une fascination de la démence. A l'inverse, dans le livre retentissant qu'il a consacré à Strindberg, il n'a voulu voir chez lui, dans ses moments d'extravagance haineuse et de dérèglements manifestes, que des «expériences», utiles à l'écriture.

«Si l'on creuse ses articles et ses livres, conclut Sven Stolpe sur Lagercrantz, on trouve le type même de l'homme incapable de saisir ce qui fonde la vie spirituelle, se moquant de toute discipline morale, nihiliste des temps modernes achevant sa course dans le chaos et le désespoir. Le monde qui semble lui être le plus familier est celui de James Joyce. Chacun convient du génie de cet écrivain, dit Stolpe, mais son *Ulysse* est l'œuvre de l'Antéchrist et du néant métaphysique.»

Et en conclusion de la polémique, qui est pris à témoin? Dante lui-même, à qui Lagercrantz a consacré un essai, initiation à la *Divine comédie* d'une limpidité rare, mais se terminant, à l'approche des fins dernières, par une étrange cabriole:

«Animé d'une sorte de dévotion inquiète, écrit Stolpe, il suit le cheminement de Dante vers la plus grande clarté et les mystères toujours plus profonds de l'éternité. Or comment conçoit-il l'ultime stade des purs esprits et leur ‹contemplation› de Dieu? Dans le vingt-huitième Chant du ‹Paradis›, nous rencontrons les anges de la première hiérarchie, les saints séraphins. Leur être est pur esprit, pur amour. Sans détourner le regard, ils contemplent la lumière divine et comprennent Dieu sans avoir recours à aucune image de lui, mais voici que Lagercrantz ajoute une remarque qu'aucun autre que lui n'aurait pu imaginer. Il dit que les séraphins représentent *une sorte de folie...*»

Quittons le domaine des anges, non sans remarquer au passage à quelle altitude les empoignades des écrivains suédois peuvent les conduire. Lisant avec délice Lagercrantz aussi bien que Stolpe, j'ai dit à ce dernier qu'au-delà des abîmes métaphysiques qui le séparent de l'ancien rédacteur en chef du *Dagens Nyheter*, ils m'apparaissent ensemble comme des piliers parallèles de la vie intellectuelle nordique, et je me demande seulement si l'école suédoise d'aujourd'hui continuera à produire des hommes de cette culture et des lecteurs capables de les suivre.

Et Lars Gustafsson? «J'étais très attiré, dit-il, par l'interprétation humaniste de Marx. On rapportait la colonisation à la notion d'aliénation, et on se mettait à considérer son propre pays comme une colonie. Mais quand on a joué mon *Hommage nocturne* au Schauspielhaus de Zurich, j'avoue avoir été effrayé par l'accent mis sur le romantisme de la violence. Nous avions tout de même raison, ajoute-t-il, de protester contre la guerre américaine au Vietnam!»

Un fossé s'est creusé entre les intellectuels suédois et la social-démocratie au début des années soixante-dix. «Il me sembla que la croissance de l'appareil étatique suédois, dit Gustafsson, — qui ne craint pas de dramatiser — commençait à refléter vaguement les conditions de l'Allemagne de l'Est. Tout était contrôlé, soit par les pouvoirs publics, soit par des syndicats monolithiques ou d'autres groupes d'intérêts. Une nouvelle classe était apparue dans la vie culturelle. Elle administrait, elle gérait. C'est elle par exemple qui décidait et recevait, pour couvrir ses frais d'organisation, une grande part de l'argent voué aux arts.»

Dans les milieux politiques, les vieux socialistes, réformistes venus du rang, qui ne se livraient pas aux expérimentations sociales sur le dos de la population et savaient tenir la dragée haute aux communistes, cédaient leur place à la social-démocratie des parvenus et de l'ambition froide. Les années soixante avaient couvé un nouveau type d'homme, de fonctionnaire, de ministre, et leur leader était Palme, traité par Gustafsson d'«arriviste de l'escalier de service».

Je rencontre Sven Delblanc à Uppsala. Cet homme, qu'on sent attaché aux vérités longuement polies par une expérience populaire, est l'un des romanciers les plus lus de la Suède contemporaine. Mais il a dû imposer à une littérature suédoise dénonciatrice et politisée son réalisme picaresque et ses personnages de sang. Il intervient comme Myrdal et Gustafsson dans le débat politique, et il n'est pas plus tendre. «Ce que nous avons en commun, me dit-il, en citant le nom de Sven Fagerberg pour compléter ‹la bande des quatre›, c'est notre engagement public pour les libertés classiques. Beaucoup de Suédois ont peur de s'exprimer sur les lieux de travail, où l'opinion est contrôlée par les délégués syndicaux. Aujourd'hui, Olof Palme, contre la volonté de beaucoup de membres de son parti, accroît encore le pouvoir de l'appareil syndical-étatique en créant les fameux ‹fonds de salariés›. Alimentés par des contributions obligatoires de l'économie privée, ils permettent aux syndicats d'investir dans les entreprises et d'étendre leur emprise.

»Myrdal, homme de gauche, poursuit Delblanc, est accusé d'avoir passé à la réaction parce qu'il demande que l'école suédoise dispense à nouveau des connaissances, parce qu'il veut une défense nationale vigoureuse pour tenir tête à l'expansionnisme soviétique, parce qu'il souhaite la fermeté face à la criminalité. Mais je peux te dire qu'il est plus proche des sentiments du peuple qu'Olof Palme. Nous récusons la gauche fumeuse (dans tous les sens du terme) autant que la social-démocratie centralisatrice et bureaucratisée. On ressent, dans la Suède d'aujourd'hui, une nostalgie du temps où les choses étaient simples, où l'on pouvait croire en un avenir.» Et Sven Delblanc conclut: «Les socialistes considèrent les libertés comme un moyen de prendre le pouvoir. Lorsqu'ils l'occupent, ils pensent que l'harmonie sociale, dont ils possèdent la recette, rend ces libertés inutiles et dangereuses.»

L'humeur de la Suède se traduit, dans la littérature des années quatre-vingt, par un curieux retour. Dans l'alternance entre l'ouverture aux courants continentaux et le repli, qui trouve son parallèle dans l'histoire de la pensée russe, nous voici revenus à une méditation très nordique. A l'instar des mineurs de Kiruna, bien des jeunes gens considèrent comme un fait la connivence de la politique socialiste, de la grande industrie et de la consommation de masse. Toutes ces forces ont poussé la population à s'amasser dans les régions urbaines. Les nouvelles villes satellites ont engendré une civilisation de banlieue, sans racines ni buts. Par contrecoup, une quête obscure a conduit la génération suivante à l'arrière-pays, où subsistent, pense-t-elle, liées à la nature, aux dernières traditions populaires et aux mystères des origines, des valeurs qui permettront à nouveau d'espérer. Le ton n'est plus, bien sûr, à l'émotion patriotique et rurale du XIXe siècle. On y trouve la révolte douce-amère de Leonard Cohen et un sentiment de solidarité sans illusions avec les Polonais.

Telle est l'attitude de Lars Andersson, né en 1954. Pour rencontrer cet étudiant qui a abandonné la médecine et se consacre aujourd'hui à l'écriture, j'ai traversé la Suède, survolé le lac Mälar et les forêts jusqu'à Karlstad, au bord d'une grande rivière calme. Le jeune romancier, dont *La lumière d'hiver* a paru en traduction française, me désarçonne, après les fulgurances métaphysiques de Stolpe et de Lagercrantz, ou les propos fougueux de Gustafsson ou de Delblanc, par une humilité tranquille, un usage timide des mots, une philosophie du tâtonnement. Voici donc l'un des jeunes intellectuels sortis de la fameuse école suédoise, celle de l'égalité. Ils se sentent, j'en suis frappé, beaucoup moins armés que leurs aînés. Socialement, extérieurement, ce sont des doux. Il va de soi que les ténors de la culture scandinave âgés de quarante ans ou plus parlent l'anglais, pratiquent l'allemand, lisent le français, citent les classiques, se meuvent avec aisance dans le monde des idées, de l'histoire, des œuvres du continent. Le nouvel écrivain, aux longs cheveux blonds, à la moustache claire, manifeste, lui, une hésitation qui est loin d'exclure la profondeur, mais c'est plutôt du côté des frères norvégiens qu'il a cherché ses valeurs. Attiré par la nature et les sagas, il se révèle craintif à l'égard de toute catégorie où l'on voudrait l'enfermer. La Suède périphérique, me dit-il, est comme un pays occupé. Ailleurs, un pouvoir bureaucratique décide. (Etrange écho aux propos que tenait Rantatalo, l'ex-chef des grévistes du Grand Nord.) Mon espoir? poursuit le jeune romancier. Que le pays reprenne vie en renouant avec d'authentiques mouvements populaires!

— Ecologistes? Anti-nucléaires?

— J'y ai cru quelque temps, mais ils ont perdu leur caractère spontané, gonflés par les médias. Les anti-nucléaires sont manipulés par les pacifistes, qui sont manipulés à leur tour. J'ai été déçu. Je souhaite autre chose. Toute la gauche suédoise est en crise. Je suis les journaux et les livres à la bibliothèque publique. Ma femme travaille. J'écris à la maison et m'occupe de notre enfant.

Dans l'appartement à l'ameublement succint le bébé pleurait. Il dort maintenant dans sa poussette, que nous promenons doucement le long d'un canal; ce troisième compagnon me paraît significatif; nous conversons sous les arbres.

Aujourd'hui, dit Andersson le très blond, j'en suis à rassembler les fils. Je sors d'une école qui était indifférente à la culture, mais nous nous y sentions libres. Une classe valait ce qu'y apportaient les élèves.

L'écrivain parle de ses voyages. Berlin? Rome? Paris? Non, les Balkans et les îles Féroé. L'Europe continentale me paraît soudain très lointaine.

XVII

Les Lapons:
«Une question de vie ou de mort»

Le 17 mars 1978, Les Lapons se retrouvèrent en bon nombre dans le train du Grand Nord. Ils descendirent à Gällivare, à 80 km de Kiruna. Ces hommes des forêts et des lacs solitaires, qui appartiennent à l'un des peuples les plus pacifiques du monde (on ne connaît pas de guerre dans leur histoire) manifestèrent publiquement. Ils demandèrent le droit de survivre. Ils s'adressèrent à la Suède et à l'opinion internationale (mais qui les écoute?) pour demander le respect de leurs terres ancestrales. Leur pays est un espace naturel qui n'est protégé par aucune frontière. Il est attaqué de tous côtés. Les armées qui sont en train d'anéantir une des civilisations les plus anciennes et les plus originales d'Europe ne sont pas équipées de canons, mais de bulldozers, de poisons et de chiens.

Une question de vie ou de mort. Ces mots furent imprimés en suédois, en l'an 1904, sur la couverture d'une brochure bouleversante. Une Lapone de 27 ans, Elsa Laula, y exprimait en trente pages, avec une clarté absolue, pourquoi et comment son peuple devait entreprendre la lutte qui lui éviterait de disparaître. Elle analysait le mécanisme de l'oppression, et deux ans après le «Que faire?» de Lénine, personnage dont elle ignorait l'existence, elle intitulait sa conclusion: «Que faire immédiatement?» Elle engageait ses «frères et sœurs» de la montagne et des forêts à créer, dans chaque commune, une organisation lapone et, l'année suivante, à convoquer les délégués de tous les Lapons de Suède en congrès. «Nous avons un intérêt à défendre et cet intérêt doit être rassemblé et devenir un pouvoir.»

Quel langage, de la part d'une éleveuse de rennes du début du siècle!

Le père d'Elsa Laula était un Lapon (ce nom est dépréciatif et sonne comme «gueux»: aussi dit-on aujourd'hui en Scandinavie un *Same*, selon le terme dont les Lapons usent pour eux-mêmes); il avait passé de Norvège en Suède, car il n'existait alors aucune frontière pour les éleveurs, leur famille, leur troupeau. Contrairement à la plupart des enfants de son peuple, Elsa avait suivi une bonne école, à Örebro. Elle se rendit à Stockholm, pour se former comme sage-femme. C'est là qu'elle participa à un cours sur la technique d'animation de groupes. La Suède, à cette époque, menait une lutte anti-alcoolique qui, socialement, la transforma. En effet les premières salles de réunion, dans ce pays d'habitat dispersé, furent construites par les abstinents, et ces locaux ont été à l'origine de tout le mouvement d'éducation populaire. Mais Elsa Laula, avec une intelligence aiguë, se persuada que l'alcoolisme, qu'on reprochait aux Lapons, tout comme leur paresse ou leur mendicité, étaient la conséquence

Les grandes heures de l'année lapone, ce sont les rassemblements des rennes, en été pour le marquage des veaux, en hiver pour le comptage et la vente aux bouchers. Ici les bêtes qui étaient égaillées dans les forêts aux alentours de Jokkmokk, où elles se nourrissaient de lichen, ont été poussées sur des dizaines de kilomètres par des éleveurs à skis et à motoluge, jusqu'à des barrières en entonnoir. Les voici dans le grand enclos central, au nombre de quatre mille. Un quart de millions de rennes errent librement à travers la Laponie suédoise, surveillés discrètement par huit cents familles d'éleveurs.

d'une spoliation. Une idée l'illumina. La technique d'organisation serait le moyen par lequel son peuple pourrait échapper à la mort.

Son diagnostic de la condition lapone n'a rien perdu de sa vérité. L'élevage des rennes n'occupe qu'une partie des Lapons, mais il est le fondement de leur civilisation. Celle-ci s'effacerait si les rennes disparaissaient. Les études archéologiques montrent que les Lapons n'ont pas cherché avec prédilection les montagnes les plus rudes ou les forêts où ils sont confinés aujourd'hui. Ils ont été peu à peu repoussés vers les régions les moins hospitalières par les nouvelles colonisations agricoles des Suédois. Elsa Laula cite la lettre royale de 1867 par laquelle une ligne de partage, prétendument nette, fut tracée entre les zones ouvertes aux colons et les terres lapones. Mais elle avait vu comment la loi de l'ethnie majoritaire s'était traduite dans les faits. Le colon, dans sa zone, devenait propriétaire de son domaine, alors que la loi concédait simplement aux Lapons le droit d'élever des rennes sur un domaine «appartenant à la Couronne».

Tout le drame de la Laponie contemporaine découle de cette distinction. Mais revenons au texte d'Elsa Laula. Elle décrit concrètement le processus. En dépit de la limite théorique, des paysans suédois viennent, très gentiment, demander l'autorisation d'ouvrir un petit domaine dans les forêts des Lapons. Après quelques années, les magistrats et fonctionnaires suédois confirment les droits de propriété illégaux de leurs compatriotes et y ajoutent même de larges surfaces boisées. Bientôt, le passage des rennes gêne les cultures, et l'éleveur se voit soumis à des interdictions. Il est même condamné à payer des indemnités. Il n'a pas suivi de bonnes écoles, il hésite, il sort perdant de toutes les confrontations avec les Suédois. L'aire lapone ne cesse ainsi de diminuer. Bien plus, l'éleveur qui perd ses rennes et veut s'établir comme paysan n'a pas le droit, légalement, de devenir propriétaire. Droit d'élevage, oui, droit de propriété, non. Il émigre donc, ou tombe dans la misère, ou tente d'aller se fondre dans la société majoritaire où ses enfants abandonnent leur langue et leur identité ethnique. Ecoutez ce cri d'Elsa Laula, où elle ironise sur la réputation de fainéantise et de désordre de ses frères et sœurs *Same*:

«Qui donc dans notre époque humanitaire osera prononcer l'arrêt historique de mort contre un peuple qui, malgré son absence de vertus, ne saurait être rendu responsable de son anéantissement?»

Elsa Laula prit le nom de Renberg par son mariage, en 1908, avec un Lapon de la Norvège centrale; quoique cette éleveuse de rennes fût toujours en mouvement, à la suite de ses troupeaux dans leurs migrations saisonnières, et vécût sous tente, elle parvint à créer une petite organisation de femmes. Imaginons les obstacles qu'elle dut vaincre. Son peuple était dispersé sur plus de 1000 kilomètres, la mentalité demeurait primitive et le nationalisme des pays scandinaves a créé, jusqu'à une date récente, un obstacle à toute tentative d'unir, dans un même mouvement, les quelque 15 000 *Same* de Suède, les 20 000 à 30 000 *Same* de Norvège et les 3000 à 5000 *Same* de Finlande. La diversité des dialectes était un autre handicap.

Mais les militantes d'Elsa Laula-Renberg parvinrent à convoquer, en 1917, à Trondheim, le premier Congrès des Lapons norvégiens. Et la première personne à s'adresser aux cent délégués fut Elsa. Elle appela ses frères et sœurs de Norvège et de Suède à une action conjointe. Elle fut attaquée par la presse.

Quand elle mourut, en 1931, le mouvement lapon, malgré ses efforts, était mou et désorganisé.

Le pays des *Same* s'étend de l'arrière-pays de Trondheim à la péninsule de Kola, en URSS, où vivent 2000 Lapons élevant des rennes dans quatre sovkhozes, entreprises d'Etat. L'immensité de ce territoire parut longtemps rassurante. Mais elle exerça en vérité un fort pouvoir d'attraction. D'abord à cause des eaux. Suédois et Norvégiens se mirent à y dresser leurs barrages, qui noyèrent les rivières poissonneuses et bouleversèrent les vallées. Puis à cause des forêts. Elles furent exploitées avec des techniques industrielles. A cause du sous-sol aussi. Se souvient-on que les espaces plats de la région de Kiruna, avant d'être des mines, étaient des pâturages à rennes?

«Le vide» lui-même fut mis à profit; les montagnes où les Lapons, depuis des siècles, surveillaient les déplacements de leurs bêtes en prenant garde d'altérer l'équilibre des sols, furent célébrées comme «nature sauvage», transformées en parcs nationaux et en parcours sportifs, et soumises à la pression du tourisme. On aurait pu croire que l'Etat suédois, si social, si prompt à condamner le pillage colonial à l'autre bout du globe, se montrerait attentif au grignotage intensif du territoire lapon. Mais quoi! Les barrages sont l'œuvre d'une entreprise d'Etat qui, non contente de poursuivre le bétonnage des vallées libres (Kalix), a envisagé des barrages à l'intérieur même des parcs nationaux (à Sarek par exemple). Kiruna est une entreprise d'Etat qui, après le fer, attaque des gisements d'uranium. Le développement des ressources forestières est une politique nationale. Une partie des domaines boisés relève de la Couronne ou appartient à des entreprises commerciales nationalisées. C'est l'Etat qui construit les routes sous la pression des communes.

Le paradoxe, ou le scandale, c'est qu'il a été impossible aux Lapons eux-mêmes de tirer un profit appréciable du tourisme, autrement que par la confection d'objets de bazar. L'exotisme publicitaire de ce peuple fut exploité par d'autres, puisque l'usage de son sol a été limité à l'élevage. Une communauté lapone n'a pas eu le droit, par exemple, de construire un hôtel. Mais des gens d'ailleurs ont pu planter des cabanes de vacances aux portes des terres d'élevage, qui sont devenues zones de récréation.

J'ai vu à Kiruna une Lapone, qui vivait de ses tissages, pleurer en me racontant comment elle avait retrouvé la vallée de son enfance. Les variations de niveau des lacs artificiels avaient détruit les lieux familiers, les meilleurs pâturages. Des rives «grotesques de laideur» (disait-elle) avaient succédé aux cascades, aux criques. Les abris de sa famille avaient été déplacés plusieurs fois.

J'ai vu près de Jokkmokk les forêts que les hélicoptères ont aspergées de poison pour éliminer les bouleaux et dégager les résineux. On vomirait devant l'amas des troncs tordus. Mais quelle est la catastrophe majeure? La disparition, sur d'immenses surfaces, des sous-bois de lichen dont se nourrissent les rennes! Les sylves où les longues barbes de mousse pendent aux épicéas se raréfient. Or, la tradition, pour les éleveurs, était d'abattre quelques arbres bien barbus quand la neige durcissait ou devenait trop profonde, afin de nourrir les animaux. «Les sociétés forestières ne parlent plus de coupes rases, mais de surfaces de rajeunissement, m'a dit un Lapon. Le mot est moins brutal, mais pour nous c'est la même chose: une destruction de nos terres.»

Il ajouta, comme en écho à Elsa Laula: «On ne tue pas les gens. On tue un peuple.»

Les migrations saisonnières suivaient des itinéraires de toujours. Certaines montagnes convenaient aux rennes pour vêler, dans la deuxième quinzaine de mai. Les mères doivent y parvenir à temps, y demeurer dans le calme. Un seul chien, lâché par des touristes, peut causer la débandade, la mort des veaux qui sont la seule richesse en devenir. Un troupeau effrayé qui fuit peut exiger plusieurs jours de recherches, à pied, à skis, en motoluge, en hélicoptère. «Le temps gagné avec les nouveaux engins, nous le perdons en démarches pour défendre nos droits», me dit un autre *Same*.

La protection des rapaces et des carnassiers, obtenue par les amis de la nature, a entraîné des conséquences comme celle-ci: Tuorpon, communauté d'une douzaine de familles lapones, près de Jokkmokk, possède quatre mille rennes. Huit cents bêtes ont été mangées par le lynx et le glouton. «Ils sont fous de nous interdire de les tuer!» disent les éleveurs qui doivent apporter la preuve de l'hécatombe pour être autorisés à abattre un loup errant.

Qu'en pensent les Suédois?

Ils sont agacés. En 1977, le pays a adopté le premier acte législatif qui ne limite pas la question lapone à l'élevage des

L'excitation des éleveurs est extrême. Au nombre de ses rennes qui auront échappé aux accidents, à la maladie, au lynx, au glouton, au loup parfois, le Lapon va mesurer sa fortune. « Il faut 500 bêtes pour bien vivre, » me dit l'un

d'eux. La température est de moins vingt degrés, la lumière dure peu en janvier. L'haleine des bêtes, qui galopent en rond jusqu'à l'épuisement, finit par former un brouillard. Le lasso, ici, a saisi une bête par l'un de ses andouillers.

122 SUÈDE

Les milliers de rennes se sont mis à courir en rond dans l'enclos. Chaque éleveur, le lasso à la main, cherche à repérer ses bêtes. Elles sont plusieurs centaines et il est capable de reconnaître les siennes de loin. Après la prise, il vérifie les marques à l'oreille, puis traîne les animaux récalcitrants vers son enclos personnel. Prompt embarquement sur les camions des bouchers!

rennes. La préservation de la culture des *Same* est devenue une responsabilité politique du Ministère de l'éducation. Des organes nouveaux sont créés. Les Lapons, enfin, sont admis à y siéger, à côté des Suédois. Des indemnités sont accordées pour la mort accidentelle du gibier-bétail.

L'irritation augmente aussitôt dans la population suédoise des communes où vivent les Lapons: «Ils en reçoivent déjà trop! Ils ne cessent de se plaindre! Ils ont le droit de pêcher et de chasser sur leurs territoires traditionnels quand ça nous est interdit!»

Les *Same*, si pacifiques, ont le toupet, maintenant, de revendiquer, de protester. A Jokkmokk, lors d'une foire de février, au lieu de présenter aux touristes leurs costumes folkloriques et leurs rennes domestiqués, ils ont défilé en cortège et lu une résolution, attaquant les constructeurs de barrages et les sociétés forestières. Un slogan: «Plus d'atteintes à nos terres.»

Une nouvelle génération de Lapons est apparue qui ne veut plus se laisser faire.

Cinquième partie
NORVÈGE

Tromsö en janvier.

« *Les baies sauvages seront sans doute abondantes cette année, les grains de camarine, les myrtilles, les mûres. Non qu'on puisse vivre d'elles, mais leur présence aux lisières est un plaisir, on les regarde, on est heureux. Souvent aussi, quand on a soif ou faim, on les découvre, on se rafraîchit. Je pensais à ça hier soir.* »

Knut Hamsun

XVIII
Pénétrer en Norvège

Ainsi nous arrivions à Narvik, seuls dans notre wagon, et le noir absolu de cette fin d'après-midi fut soudain percé par l'aurore boréale. Sept fois je me suis rendu en Norvège. Toujours l'événement eut l'accent du fabuleux.

Le deuxième conflit mondial avait pris fin depuis peu et j'avais quinze ans lorsqu'une frêle Ford d'avant-guerre, pareille à un tilbury gracile chargé de bidons d'essence et de tentes, conduite par un professeur généreux dont je tentais d'être l'interprète, me fit découvrir la lumière de l'été sur la côte ouest de la Suède. A l'approche de la frontière norvégienne, les fjords, sans qu'ils fussent entourés encore de montagnes, se mirent à creuser un territoire de forêts et de rochers granitiques. La beauté du crépuscule nous persuada de gagner le bord de la mer. Le spectacle du couchant, transition si rapide en nos pays, ne connut pas de fin. Je vis l'or s'étaler sans hâte autour des îles d'encre et y rester. Une heure passa, puis une autre. La silhouette d'un cotre de pêche ouvrit un sillage d'un bleu angélique. J'avais rêvé. Tout allait disparaître. Mais non! L'or ne nous était pas repris. L'eau calme aux nervures célestes portait quelques oiseaux. D'autres volaient, que je ne savais pas reconnaître. Ils me donnèrent, contre le ciel enluminé, le sentiment d'une beauté primordiale dans un temps suspendu.

La Norvège peut être dure, provinciale, bureaucratique, pluvieuse, hautaine et devient, à mesure que passent les années, banlieusarde. Jamais elle n'a perdu pour moi son profil cristallin qu'il me semble retrouver aussitôt que j'ouvre un livre de Knut Hamsun :

« Hier, la mer luisait comme un miroir et aujourd'hui, elle luit comme un miroir. C'est l'été de la Saint-Martin... Il y a bien des années que je n'ai pas connu une telle paix, vingt ans, trente ans qui sait, peut-être dans une vie antérieure. Pourtant une fois déjà, j'imagine, j'ai bien dû goûter à cette paix puisque me voici qui chantonne, ravi, saluant chaque caillou, chaque brin d'herbe, et eux à leur tour paraissent me saluer. Nous sommes de vieilles connaissances...»

Après la douane de Svinesund, la Norvège s'allongea démesurément, se perdit dans les forêts, ne nous retint guère à Oslo, s'ouvrit en larges vallées, aligna ses lacs à moustiques, s'éleva vers les hauts plateaux stériles et magnifiques, replongea vers ces autres longs lacs qui, nous le découvrions avec étonnement de l'avant-toit de nos tentes, montaient et descendaient, dociles aux marées de l'Atlantique invisible dont ils étaient les doigts extrêmes. Ce que je pus voir de ce pays, de ses 21 189 km de côtes et de ses 150 000 îles, me laissa l'image de l'homme seul dans l'élémentaire, debout entre la montagne raide et l'océan où murmure le monde. La grâce, le refuge, le lieu natal au retour des navigations se réduisent à quelques demeures de bois peint, cabane en lisière, boutique près d'un ponton, ferme jaune sous la forêt, dans le pré-oasis où le foin est mis à sécher en barrières verticales au soleil de neuf heures du soir. C'est aussi l'îlot aux maisons rouges et bleu clair. Mais à l'arrière-plan se dresse la paroi rocheuse, l'abrupt, l'angoisse de certains poèmes de Björnstjerne Björnson :

> *Passeras-tu jamais, mon cœur,*
> *Ces cimes élevées?*
> *Rabattra-t-il, ce mur, toute pensée*
> *Et de neige, de glace, de peur,*
> *Me piégeant en son deuil,*
> *Sera-t-il mon cercueil?*

Ma deuxième entrée en Norvège me plongea aussi dans un rêve. L'automne avait jeté les premières neiges sur d'autres fjords, ceux de l'Islande, et les tempêtes poussaient dans le port de Siglufjördur des centaines de bateaux de pêche. Sur le quai, parmi les tonneaux de harengs, on parlait toutes les langues. Avec les trois compagnons que j'évoquais au premier chapitre de ce livre, nous étions parvenus au bout de nos tours de passe-passe financiers et n'avions plus un liard pour le retour au continent. Un capitaine norvégien de vingt et un ans nous accepta à son bord et, dès la première éclaircie, les flancs remplis de merlans,

Nuit boréale et tempête sur le Bureau du port de Tromsö.

notre petit bateau, l'*Ulöy*, entreprit sa traversée vers Bergen. Des voiles de grosse toile grise, contre lesquelles nous venions nous appuyer, se gonflaient mollement. Elles assistaient un moteur qui, à travers l'Atlantique Nord, aligna ses explosions creuses comme les perles d'un collier. A une vitesse qui correspondait à l'allure d'une bicyclette, nous avons franchi l'océan, le cap sur la côte de la Norvège. «Impossible de la rater», disait le pilote. Confiant, parce que son but était étiré devant lui sur 1700 kilomètres, il sombra avec les autres pêcheurs dans les miasmes, angoissants pour nous, de l'aquavit. L'équipage nous permettait fraternellement de payer notre traversée en tenant la barre. Il s'arrachait parfois, échevelé, aux réjouissances de la cale et regardait sur la houle notre sillage en zigzag. Il ricanait: «Vous essayez d'écrire votre nom?» La beauté de la mer nous apaisa.

Un soir nous vîmes clignoter des phares sur l'horizon. Le pilote prit alors la sage décision de virer lof pour lof. Il erra au large le temps de reprendre ses esprits. A l'aube, nous sommes entrés dans l'archipel. Nous avons glissé entre les îles de l'Öygarden, non sans faire sur l'une d'elles une escale mystérieuse où furent débarqués quelques tonneaux. Après quoi l'*Ulöy* acheva officiellement sa navigation par les fjords, jusqu'à Bergen, devant le quai hanséatique. L'entrée dans le jardin insulaire et les calmes allées de la mer intérieure eurent la douceur d'une idylle. Septembre, sur le flanc des montagnes, avait jauni les bouleaux à la perfection. Les myrtilliers flambaient. C'est à pied qu'à tout prix je voulais prendre la route d'Oslo. Plus nous nous sommes approchés des hauts plateaux de Hardanger, plus s'exaltaient les couleurs, et sous l'or et le blanc des arbres, dans le rouge vif des buissons, nous trouvions en nous penchant le bleu givré et le rose des baies dont nous remplissions nos gamelles, nos tasses et finalement nos chapeaux. Nous achetions le pain et le lait dans les fermes solitaires. La gloire de l'intact, la sauvagerie des nuits de gel, l'abondance et l'espace faisaient à nouveau tinter en moi le cristal d'un incomparable bonheur.

Ma troisième entrée au pays de Hamsun fut par l'est, à ski, dans le sel de la neige de Pâques. Les montagnes qu'on appelle les fjell, entre la Suède et la Norvège, dépassent de peu les mille mètres d'altitude au sud de la Laponie. Je n'avais pas jusqu'alors pris conscience que le soleil, dès l'équinoxe de printemps, brûle là-bas comme dans les Alpes. Pourtant la couche glacée fige encore les lacs et surtout les marécages qui, en été, font obstacle à la marche. Un monde inhabité, où les bouleaux sont groupés en bouquets comme dans un parc, s'ouvre à la trace solitaire de promeneurs à demi-nus. Mais qu'un nuage passe et le froid de l'Arctique tombe sur les épaules brunes. Avec une tendre Américaine qui jamais de sa vie ne s'était lancée dans une telle aventure et poussait un ski devant l'autre avec la confiance d'un enfant, j'étais parti de Hemavan, en amont du lac de Storuman, pour découvrir la grande vallée déserte de Tärna. Le souverain de Suède y possède une cabane. Son territoire fut ces jours-là notre royaume. Une autre fois, par de grandes croupes blanches, nous nous sommes dirigés vers la Norvège. Nous avions trouvé un guide lapon nommé Aslak. L'équipement était succint et les peaux de phoque superflues. Nous nous sentions en promenade lorsque le brouillard, en fin de matinée, nous enveloppa. Aslak nous conduisit dans un néant ouaté. Nous avons passé d'un pays à l'autre sans apercevoir évidemment la moindre borne, mais la plus étrange des forêts parut mouvoir soudain devant nous, dans le gris, ses branches nues. Un troupeau de rennes! Il fila dans une direction, avec des soupirs de mufles mal essuyés, et nous dans l'autre, reprenant aussi notre souffle. Où nous rendions-nous depuis tant d'heures? En Norvège! Nous y étions! L'isolement avait éveillé au fond du ventre une angoisse, celle qu'il fallait pour que nous éprouvions le miracle de la première ferme. Elle était de bois dans la neige, tout à la fois plus primitive et plus seigneuriale que celles de la Suède. Les meubles paysans y étaient polis par les ans. On nous offrit le café et du pain en galette, coupé en deux dans le sens de l'épaisseur, beurré, sucré à la cannelle. La voix du fermier remontait à chaque fin de phrase. Nous avions bien changé de royaume.

La quatrième entrée en Norvège emprunta, un mois de juillet, la voie de l'Extrême-Nord. Nous étions deux godelureaux, venus de Finlande et du lac Inari. La frontière est tracée par le cours de la Tana, le Tenojokki des Lapons, qui parcourt la toundra jusqu'à l'océan Arctique. Il n'existait à l'époque aucune route sur sa berge. Le courrier était distribué en pirogue. Nous avons pris place dans cet esquif postal qui avait six mètres de long et quatre-vingts centimètres d'un bord à l'autre. Le facteurpilote, en tirant la cordelette de son moteur, nous donna une seule recommandation: «Si je vous signale un beau poisson, ne vous penchez pas ensemble du même côté.» Les vernes buissonnaient dans des essaims de moustiques sur les rives basses et monotones. Les troupeaux de rennes étaient ailleurs, sur les fjords et les îles où le vent souffle et les délivre des essaims. Ainsi avons-nous gagné la région de Kirkenes, où la Norvège est la voisine de l'URSS. C'est dans cette région que j'ai rencontré un géomètre à tête de varapeur. Depuis ses études à Grenoble, il parlait le français. Il nous avoua son épuisement. Il piquetait la frontière avec ses collègues soviétiques. Les Norvégiens, disait-il, étaient deux ou trois avec un matériel qui trouvait place sans peine sous une tente. Dans la toundra, leurs partenaires russes étaient une légion. Chacune des bornes faisait l'objet de discussions tortueuses, de vérifications et d'une convention spécifique et provisoire, dont il fallait signer des copies sans que rien ne parût jamais conclu. Nous étions à la limite de deux mondes.

Un autre été, bien au sud, le franchissement de la frontière norvégienne eut la sérénité d'une excursion familiale. Sitôt quittées les forêts du Värmland suédois, nous nous sommes approvisionnés dans le premier village du Hedmark. Quelle était cette viande nette, saignante, carrée, qu'on nous proposait de faire sauter dans notre poêle de campeurs? De la baleine! Rien de plus courant. L'horreur que m'inspire le massacre de ces animaux, dont on peut enregistrer aujourd'hui pour nous faire honte les pathétiques conversations sous-marines, n'empêche pas qu'ils ont longtemps appartenu, en Norvège, aux menus populaires. Etrange chair! Son goût nous parut en somme bovin, peut-être parfumé d'un souvenir d'huile de foie de morue par la simple idée que nous nous faisons de ses origines. Elle se développe, en masses énormes et rouges, qu'on peut débiter en cubes géants sans tomber sur une trace de graisse ou de nerf. L'autre bizarrerie de la cuisine norvégienne est le fromage au goût de caramel. Certains visiteurs ont un geste de recul à l'idée qu'on puisse appeler fromage une mince tranche de pâte doucâtre, couleur de miel. D'autres sont pris d'un enthousiasme glouton. L'excès, comme toujours, est une erreur. L'art gastronomique, dans les tartines qu'offre le moindre café le long des routes, tient à la finesse des copeaux qu'on rabote à la spatule. Les laiteries exportent la spécialité dans le monde entier, pour remuer les nostalgies des marins et des émigrés. On nuance le goût du produit en dosant le lait de vache et le lait de chèvre. Plus le fromage vire sur le caprin, plus insolite, provocant, âcre et stupéfiant enfin devient le mariage du salé et du sucré.

Je venais une fois encore de la Suède quand, un mois de juin, en pleine Laponie, l'entrée en Norvège, la sixième, prit une dimension initiatique. Marchaient avec moi, portant sur le dos la nourriture d'un long raid, Maurice Chappaz le poète et Jean Quinodoz le musicien. Habitués aux vires des cols secrets de leur Valais natal, ils étaient arrivés en Scandinavie avec la viande séchée, la demi-roue de Bagnes et des pains de seigle qui rapidement, sous les averses boréales, se mirent à moisir. Nous avions les chaussures alpines de gros cuir pour traverser les marécages qui exigeaient des bottes. Il nous fallait traverser pieds nus les rivières diaphanes et glacées. Nous étions partis de Kvikkjokk, luttant contre les insectes dans les buissons du bas pays, mais plus l'altitude s'était élevée plus l'air était devenu net; nous vîmes s'élargir la houle des montagnes nues. L'horizon recula jusqu'à la borne incandescente du soleil de minuit. La lumière ne nous quittait plus, mêlait les dates du calendrier et soutenait à toute heure du jour ou de la fausse nuit le rythme des pas spongieux, jusqu'à nous faire oublier l'étape et le sommeil. Ainsi la crainte de nous perdre se dissipait-elle. Sous la pluie, nous avons manqué pourtant l'un des cairns qui jalonnaient la piste vers Padjelanta. La bourrasque avait déchiré nos imperméables. Avec la prudence de la haute montagne, Chappaz avait tourné en cercle sur le haut plateau pour retrouver les indices de l'itinéraire. Il évita comme la male mort la descente sur les berges de la rivière où, trempés déjà jusqu'aux os, nous nous serions enfoncés dans les marais. Un autre jour, nous avions vu fondre sur nous et se suspendre au-dessus de nos têtes, surgi de nulle part, les ailes arquées et la queue en éventail, un saint esprit pirate, le stercoraire qui crut trouver son bien en attaquant la tête du poète, lequel se défendit en lançant de toutes ses forces son chapeau contre l'oiseau. Je ne pouvais me défendre d'y voir un signe, tout comme à minuit, quand le soleil était réapparu tel une boule dans le ciel éclairci, nous avions perçu, jusque dans la réserve soudaine des oiseaux, l'instant où la terre, saintement, fait silence.

Parvenus au lac de Sitisjaure, nous avions partagé une cabane avec une famille de Lapons. Le lendemain, un bateau de fer, où l'on pénétrait comme dans la tourelle d'un tank, nous fit passer à la manière de la barque de Charon dans l'autre monde. Le ciel était bouché. La voie du nocher sur l'eau de plomb, entre l'étreinte de montagnes qui se resserraient toujours plus, conduisait à la Norvège par une nouvelle porte et la plus angoissante. Pendant une semaine, à travers le Padjelanta, aucun massif montagneux, pas même celui de Sarek, ne nous avait arrachés à une immensité horizontale, à un espace ouvert et vide. Les rennes étaient si discrets qu'il fallait guetter longtemps pour les déceler dans les pentes humides. Nous avions goûté aux territoires primordiaux de l'humanité errante, du bétail gibier, de l'abri sous la tente conique. Le bateau rouillé de Sitisjaure nous fit débarquer sur un sentier alpin. Plus de rennes, mais un couloir, des parois de rocher verticales à droite et à gauche, un sentier cailloux qui dévalait. Et tout à coup, après quelques heures de marche, notre regard plongea très bas sur la première ferme, d'un jaune crème, au fond du fjord de Skjom. Nous apparut alors, entre les feuillages, l'autre étape de l'histoire des hommes, l'habitat de bois peint, les chevaux dans l'enclos, la prairie au bord de mer, petits comme sur un dessin naïf, chauds comme une promesse à quelques pas du glacier de Frostisen. Nous avions éprouvé jusqu'à la respiration de l'absolu le désert lapon. L'étau des montagnes norvégiennes nous avait soudain broyés pour nous préparer, en bas de gorge, à la familiarité poignante du paysan-pêcheur.

XIX
La fièvre du pétrole

Il sembla, les premières heures du lendemain, que la Norvège était la même, celle que j'avais aimée, celle de toujours. Au milieu de cette matinée du début de janvier, tandis qu'à défaut de soleil le jour arctique tentait enfin de se lever, le car Narvik-Tromsö roulait dans un bruit de chaînes et descendait vers le petit fjord de Gratangen sur la route verglacée. Il était tombé une neige légère. Les montagnes reposaient, virginales, contre le bleu rosé du ciel et leur pied plongeait dans l'encrier marin. Nous poursuivions vers le nord. A droite, de grandes vallées blanches et vides montaient vers les pointes extrêmes de la Suède et de la Finlande. Espaces sauvages et pauvres, pensais-je, me souvenant de mon premier voyage qui suivit de peu la fin de l'occupation allemande. Après la bataille de Narvik et la conquête de la Norvège, les chasseurs alpins et les grenadiers de la Wehrmacht avaient été les maîtres de la toundra. Des prisonniers slaves, traités en esclaves et mourant comme des bêtes épuisées, avaient eu mission de maintenir les routes ouvertes jusqu'en ces latitudes. A l'est, le général Dietl avait tenté d'entraîner l'armée finlandaise dans une attaque contre la voie ferrée soviétique de Mourmansk. Quand ce rêve offensif se fut effondré, l'Allemagne dut se retirer du Finnmark, le Grand Nord norvégien, et prit la décision brutale de le transformer en terre brûlée. Toutes les cabanes des Lapons, toutes les petites fermes des paysans arctiques d'origine finnoise et sur les côtes, tous les ports, y compris Hammerfest, furent détruits. Plusieurs années, ce qui resta de la population vécut sous tente.

A l'approche de Bardu, je n'en crus pas mes yeux. Les habitations dispersées dans le blanc étaient curieusement pimpantes. Non seulement du bois peint de couleurs pastel, mais de l'aluminium mode, des lampes partout allumées malgré le jour, des supermarchés, des garages, une circulation à tonalité commerciale et militaire et, près d'installations où l'on flairait la bureaucratie de l'OTAN, la publicité lumineuse d'une agence de voyage: « Vos vacances en Thaïlande. »

Le chauffeur fit halte près d'un quartier de pavillons neufs, ouvrit la portière sur le froid mordant. Une femme monta, paya, et s'entendit répondre: « C'est trois couronnes de plus, nous avons passé Nouvel An. »

C'était la Norvège de l'inflation, mais non point de la misère. Dans les conversations revenait curieusement la mention du « 62e parallèle ». L'air cristallin était en vérité imbibé de pétrole. Quand commencerait-on l'exploitation des gisements marins du Grand Nord? Personne ne semblait douter de leur existence. Il n'était pas nécessaire d'attendre que les plateformes de pompage fussent dressées au large des Lofoten pour que la Norvège boréale fût saisie par la fièvre de l'or noir. On ne maîtrisait plus la spirale. L'étranger de passage comprenait en payant le prix d'une tasse de café qu'il n'était plus qu'un paria parmi les princes du naphte. Nous en fîmes l'expérience au fond du fjord suivant, dans le voisinage d'un hameau de paysans-pêcheurs. Le car avait interrompu sa course pour un arrêt buffet. Le décor du snack était de poutres brutes dans le style du primitif élégant, les consommations étaient ruineuses.

Cependant il avait suffi de rouler à nouveau quelques kilomètres pour que nous nous retrouvions dans une solitude complète. Les rages du moteur dans le gel et la prise des roues enchaînées sur le verglas nous projetaient dans l'univers boréal avec la force de l'épopée. La vieille exaltation dominait alors le trouble que j'éprouvais dans un pays métamorphosé.

Que s'était-il passé?

La Norvège avait gagné le gros lot.

Dans les marais côtiers du Venezuela et de la Louisiane, les pétroliers sont lentement descendus dans la mer. 1937: première plate-forme marine, sur une eau profonde de quinze pieds. 1945: Truman déclare les Etats-Unis maîtres des richesses enfouies le long des côtes, sous l'eau, dans ce qu'on nomme «le socle continental».

En 1958, les Etats maritimes négocient à Genève et conviennent qu'il appartient à chacun d'eux d'exploiter ou de concéder ses ressources côtières. Jusqu'à quelle limite, au large? On finit par dire: aussi loin qu'il est techniquement possible de les atteindre. Et du même coup on tente de fixer des règles pour établir la frontière, en pleine mer, entre les zones nationales.

La Norvège, qui n'avait jamais vu une goutte de pétrole indigène, était surtout préoccupée par son poisson. Elle signa sans prendre entière conscience qu'elle s'adjugeait, par cet acte, et sous réserve de l'accord de ses voisins, un domaine gigantesque: le tiers du socle continental européen.

Si souvent, on s'était moqué d'elle: «La Norvège, disait-on, ce n'est pas un pays, c'est une côte!» La longueur de ce front de mer, d'Oslo à Kirkenes, dans le voisinage boréal de l'URSS, est de 2700 kilomètres, sans compter bien entendu la dentelle des îles et des fjords. Le socle continental norvégien s'étend à l'ouest jusqu'au domaine des Islandais, et englobe, bien au-delà du cap Nord, le pourtour du Spitzberg où l'entente avec le voisin soviétique continue à poser des questions de principe compliquées et lourdes de conséquences. Ces étendues marines appartenaient aux plus poissonneuses du monde. Mais aujourd'hui, elles offrent aux chercheurs d'or noir près d'un million de kilomètres carrés.

Les Norvégiens, en 1958, pensaient que le pétrole était l'affaire des Arabes, des Texans. Comment s'imaginer riche à la manière des sheiks séoudiens lorsqu'on est pêcheur de père en fils dans une île perdue, paysan au fond d'un fjord, bûcheron, fonctionnaire dans un port, ouvrier d'industrie dans une économie encore bien en retard sur la Suède?

Le 14 août 1959, une nouvelle fit sensation autour de la mer du Nord. Les Pays-Bas étaient tombés, au large de leur province septentrionale de Groningue, sur un gisement de gaz considérable. C'est grâce à lui que la crise économique, qui a frappé l'Europe depuis 1973, n'a pas enlevé le sourire aux Hollandais.

Nous retrouvons ici les prémisses de la révolution pétrolière que les Ecossais allaient observer sur leurs côtes. Les Britanniques, qui avaient déjà repéré quelques odeurs intéressantes dans leurs eaux orientales, se remirent à espérer, d'autant plus violemment que l'or venu du ciel ou des tréfonds était le seul et dernier moyen de sauver leur économie en déroute. Toute la mer du Nord devint bouillante et les Norvégiens, en août 1962, purent palper le premier document sérieux attestant qu'ils entraient dans leur ère pétrolière: une compagnie américaine, la Phillips Petroleum, demandait officiellement au gouvernement d'Oslo un droit de recherches.

Branle-bas général dans les milieux politiques norvégiens. Leur inexpérience, en matière d'or noir, était absolue. En quelques mois, une loi fut votée, pleine d'exigences. Un nouveau bureau fut précipitamment ajouté au département des mines, dans le Ministère de l'industrie. Les cartes marines furent quadrillées. Au sud du 62e parallèle (voici que s'inscrivit dans l'esprit du public cette limite cardinale, située entre Bergen et Trondheim) et jusqu'au domaine anglais délimité en pleine mer selon la Convention de Genève, le socle continental norvégien fut divisé en 3000 «blocs» environ. La surface totale qui pouvait être débitée aux prospecteurs était de 140 000 km^2. Chaque bloc est une étendue marine de l'ordre de 500 km^2, un peu moins que la surface du Léman.

Les sociétés pétrolières, dès 1965, purent donc commencer à jouer à la roulette, comme devant une table de casino. Faites vos jeux! La seule martingale qui pouvait les guider était une analyse géologique générale des couches sédimentaires sous-marines. Mais de quel bloc, précisément, allait jaillir le gaz ou le naphte?

Le pétrole est une épingle qu'il faut trouver dans une meule de foin. Après les sondages sismiques, un forage en pleine mer coûtait alors dix à trente fois plus cher que dans le sable du Moyen-Orient: près de 100 000 dollars par jour et il fallait travailler des mois. Un seul trou, enfoncé jusqu'à la profondeur de 3000 mètres dans le socle continental représentait un investissement dépassant 10 millions de dollars.

En 1965, soixante-dix-huit «blocs» furent concédés à neuf compagnies par l'Etat norvégien qui eut la sagesse d'exiger par contrat le forage d'au moins trente «trous» dans chaque bloc.

Les jeux sont faits? Rien ne va plus! Esso fut la première à l'œuvre, en juillet 1966. Les autres suivirent. On se mit à forer. A forer. Pendant deux années, la Norvège attendit, inquiète. Que trouve-t-on? Rien. Vraiment rien. Puis un beau jour, un petit quelque chose. Du gaz inexploitable, repéré par Phillips. Cette société avait, à ce moment, englouti déjà plus de cent millions de dollars dans la mer du Nord, en vain. Elle décida de renoncer. L'Etat norvégien protesta, exigea qu'on respecte le nombre minimum de forages prescrit par le contrat.

On allait fêter Noël 1969 dans les vieilles traditions, d'Oslo à Kirkenes, quand soudain un mot se mit à courir de lèvres en lèvres avec plus de force que tous les vœux de saison: Ekofisk! C'était le nom d'une «case», en pleine mer du Nord, dans la concession de Phillips. Ce gisement promit un peu, beaucoup, de plus en plus. Dans les premiers jours de 1970, la modeste et longue Norvège apprit soudain qu'elle avait fait fortune. Sur le peuple médusé passa le grand vent de la richesse. On écarquilla les yeux devant les titres de la presse mondiale: «La Norvège, puissance pétrolière.»

Ce n'était qu'un début.

La fièvre s'empara du pays pour de bon. Les nerfs furent mis à vif. On put lire alors dans les journaux norvégiens des évaluations incroyables. Des démentis d'experts. De nouvelles découvertes pulvérisèrent les estimations antérieures. Les autorités lançaient des appels au calme. Des commissions planchèrent sur le problème numéro un: «Comment dépenserons-nous notre argent?» Des oiseaux de malheur annoncèrent la pollution définitive des eaux norvégiennes. On vit monter des élans de ferveur religieuse. Du triomphalisme économique on sombra dans la crainte de Belzébuth. L'angoisse s'insinuait à la perspective d'un épuisement des réserves au XXIe siècle. Le pactole suscita la crainte de manquer. On assista à des chocs entre les partis. On annonça la naissance de sociétés pétrolières norvégiennes. Norsk Hydro, mi-étatique et française pour un quart, misait sur la vente de produits pétro-chimiques; une centaine de sociétés du pays se groupèrent dans Saga Petroleum SA, et se ruèrent dans la prospection; 43 000 actionnaires spéculèrent sur Det Norske Oljeselskap SA; Norsk Polarnavigasjon visait le Spitzberg; on lança plus d'affaires qu'il n'y avait de trous dans la mer. Le gouvernement tenta de dominer la situation, fixa sa direction pétrolière à Stavanger en 1973, et ce port de l'ouest s'affirme aujourd'hui comme l'une des capitales mondiales de l'or noir; il fonda la Statoil SA, entreprise officielle chargée depuis lors de toutes les responsabilités techniques des autorités.

Après les découvertes du secteur d'Ekofisk, proche de la pointe extrême où se rejoignent les zones danoise, allemande et hollandaise, de riches nappes de gaz furent captées à Frigg, à mi-mer entre Bergen et les Orcades. Il se révéla que les gisements britanniques très abondants, au large des îles Shetland, débordaient sur le socle norvégien. Ce fut l'aventure de Statfjord: une île artificielle, la plus grande du monde, fut construite dans un fjord profond et remorquée sur 350 kilomètres. Il s'agit d'une galette carrée, de 80 mètres de côté, mais par son infrastructure noyée (110 m) et sa superstructure (105 m), on a fait naître la cathédrale flottante de Mammon. Deux cents personnes y élurent domicile pour forer et pomper. La technologie norvégienne ne se contenta point de rattraper celle des sociétés étrangères: elle chercha à se placer en tête. Sur d'autres littoraux du monde, on se mit à travailler «comme en Norvège».

Le seul gisement de Statfjord fut évalué à 520 millions de tonnes de pétrole. L'équipement de «l'île», baptisée Statfjord A, lui permit de pomper 15 millions de tonnes par an. Ce chiffre est plus parlant si l'on ajoute que la Norvège, avec ses quatre millions d'habitants, consommait alors 10 millions de tonnes par an. Une seule des plates-formes de la mer du Nord produisait donc davantage que le pays tout entier ne pouvait en utiliser dans l'immédiat.

Les réserves totales de la Norvège, selon des estimations qui n'ont cessé depuis lors de bondir, de se contracter et de se projeter plus loin encore, se situèrent entre 1300 et 1700 millions

Dans la mer du Nord, les vents se déchaînent sur une plateforme pétrolière. Photo prise par Nick Smyth, électricien, sur Brent B de Shell/Esso.

de tonnes de pétrole et de gaz converti en pétrole pour la commodité du calcul. Le Parlement déclara qu'il fallait limiter l'exploitation à 90 millions par an.

Mais ces chiffres impressionnants ne concernaient que les découvertes au sud du 62e parallèle...

Tromsö, à 1000 km au nord de cette limite, était un port arctique où l'on ne parlait que poisson et fourrure. Tel je l'avais vu dans mes voyages précédents, isolé sur son île. Devant ses magasins de bois peints en rouge balançaient des toisons d'ours polaires. Pour s'y rendre, il fallait alors attendre le bac pour passer un détroit. Mais un pont, illuminé dans la nuit arctique comme pour un jour de fête, indiquait maintenant par où notre car nous conduirait au but. Au désordre clinquant de Bardu succédait, après une journée de voyage, la première ville digne de ce nom, concentrée sur le noir de la mer avec tout l'éclat de ses feux, dans une transparence excitante de l'air. Le lendemain, nous découvrions l'université, une remarquable librairie, le siège de grandes sociétés, des restaurants si chers que nous dûmes

repartir penauds après un coup d'œil à la carte pour manger notre merlan panné au foyer du marin. Et partout, un mot éclatait comme une bulle noire et visqueuse dans les conversations: OLJE.
— Il y en a, par ici?
— C'est certain.
— Les forages ont commencé?
— Non, mais...

On baissait la voix, comme si on avait peur. J'ai parlé avec Kjell Larsen, chef de l'information à la rédaction du *Tromsö*, quotidien local. Il savait tout. Il était 14 h 30. Par les fenêtres, je regardais la nuit tomber.

— Les premières recherches auraient dû commencer en 1978. Le secteur le plus prometteur est à notre hauteur. (Nous sommes debout devant une carte.) Mais c'est justement la zone qui était l'une des plus poissonneuses du globe, immense pisciculture naturelle. J'utilise l'imparfait. Vous savez ce qui est arrivé. Les pêcheurs, qui espèrent que les bancs vont se reconstituer, ont peur des pollutions. On les rassure. Et puis...

— Ekofisk?

— Oui, en avril 1977, le geyser sur la plate-forme appelée Bravo. Quinze mille tonnes de pétrole se sont répandues dans la mer. A dire vrai, les dégâts sur l'environnement ont été moins graves qu'on ne le craignait, mais psychologiquement, ce fut le désastre. On a suspendu le début des prospections, ici au nord.

Statoil, dans les bureaux que la société a ouverts à Harstad, attendit le feu vert.

— Vous semblez certain qu'on trouvera des gisements?

— Il y a eu des recherches clandestines...

Les soucis, dans le Grand Nord, ne se limitent ni aux pirates du pétrole et de la pêche, ni à la protection des eaux. Nous ne sommes pas loin du Maelström, le tourbillon légendaire. Les courants, tout comme les tempêtes, peuvent atteindre une extrême violence. Et la politique vient corser l'hydrographie et le climat. Les deux secteurs propices à la prospection, appelés Troms I et II, se prolongent au-delà du cap Nord, dans la mer de Barents. La Norvège y touche à l'URSS, et les deux pays, nous l'avons vu, ne sont pas encore parvenus à s'entendre sur la limite de leurs socles continentaux. Des milliards de dollars sont en jeu sur quelques règles de géométrie.

Vers 14 heures, en janvier, à Tromsö, une ville sur une île, quand retombe la nuit boréale. On franchit le détroit par un pont. La statue est celle de Roald Amundsen, l'explorateur polaire.

Douze ans après le premier forage, les revenus pétroliers de la Norvège avaient dépassé le produit combiné de son agriculture, de sa pêche et de ses forêts. Pourtant, pas une goutte du noir liquide ne gagnait encore ses côtes.

Le sentiment national, contrairement à ce qu'on pouvait observer en Ecosse, trouvait son expression dans une politique, en des lois, en une certaine intransigeance. Les exigences techniques firent hélas bon marché de principes d'autonomie trop stricts. Une fissure géologique profonde, dans le socle de la mer du Nord, gênait le passage des conduites. Aussi le brut et le gaz pompés dans les gisements en eaux norvégiennes durent-ils être dirigés vers la Grande-Bretagne et l'Allemagne, qui se réservèrent l'opération du traitement. Les commandes de matériel, qui devaient être nationales à 40 pour cent, furent loin d'atteindre cette proportion. Les industries du royaume concentrèrent leurs efforts pour se montrer à la hauteur du défi.

La Norvège que j'observais était frappée de schizophrénie, princière par la fortune qui lui était garantie, mais minée par la récession qui frappait toute l'Europe et l'atteignait avec d'autant plus de force que ses prix en cavale rendaient ses exportations traditionnelles difficiles à vendre.

La première surprise qui attend l'homme ou l'Etat qui gagne le gros lot, c'est qu'un furieux endettement précède la réception du magot. La Norvège vécut ce paradoxe. Les banques lui prêtèrent tout ce qu'elle pouvait demander. Le client ne couchait-il pas sur de l'or en barre? Et l'Etat avait de grands besoins. Il devait investir dans Statoil, dans les infrastructures d'une nouvelle économie pétrochimique, dans la prospection elle-même. Ainsi la moitié des revenus du pétrole se trouvait-elle immédiatement réinvestie dans le pétrole lui-même. Entre-temps la perspective de la prospérité avait déclenché, avant la richesse effective, le galop économique le plus déréglé de l'histoire des sages Scandinaves. Les salaires montaient, portés par une marée irrésistible. On dépensait l'argent de demain. Dans la seule période 1975-76, le pays enregistra une hausse des salaires de quinze pour cent, bénie par le gouvernement travailliste. La consommation intérieure ne connaissait plus de limite. Le luxe de certains magasins que j'ai observés dans les îles Lofoten évoquait la Côte d'Azur.

La technologie norvégienne au service de l'exploitation pétrolière sous-marine. La plate-forme Beryl est remorquée vers les gisements britanniques au large des îles Shetland (photo ASL).

L'épargne, à la fin des années soixante-dix, avait dégringolé, non seulement proportionnellement, mais en chiffres absolus. Les industries exportatrices, frappées par une crise d'une extrême gravité en pleine euphorie pétrolière, n'évitaient le désastre et les mises au chômage qu'avec d'énormes soutiens de l'Etat. Le quart du tonnage de la marine marchande était à quai, les cales vides.

La couronne fut dévaluée en 1978. La situation avait atteint un point critique lorsque la Norvège eut tout à coup sa mise sauvée par les événements du Moyen-Orient. Le pétrole la liait à l'Histoire. La révolution iranienne fit monter en flèche le prix du brut. Simultanément, en 1979, la production d'Ekofisk et de Frigg passa de 30 à 40 millions de tonnes métriques. Par un double coup de chance qui ne devrait pas surprendre les habitués des casinos, mais qui coupa le sifflet aux Cassandre de l'économie norvégienne, les revenus de l'Etat passèrent en une année de 3,8 milliards de couronnes à 6,6 milliards. De nouveaux gisements sous-marins étaient repérés au nord-ouest de Bergen.

Dans ce regain de fièvre, le Parlement autorisa l'exploration du socle continental au nord du 62e parallèle. Les écologistes et les pêcheurs, de Trondheim à Tromsö, crurent leur cause perdue. La leçon d'Ekofisk, gémirent-ils, serait-elle déjà oubliée? Se répandit alors la nouvelle d'un désastre au Mexique. Des techniques de lutte inédites contre la pollution marine, que la Norvège venait de créer, furent mises à l'épreuve en Amérique et se révélèrent impuissantes. La conclusion, dans le tohu-bohu, fut que l'ouverture des gisements du Grand Nord se trouva suspendue.

Entre-temps, le poids de la dette étrangère, chez nos nouveaux riches d'Oslo, devenait écrasant. Le gouvernement, en 1980, gela les salaires et les prix. A Kirkenes, dans la pointe septentrionale du Royaume, les mines de Sydvaranger mettaient 1000 ouvriers au chômage. Le chaud-froid à la norvégienne épuisait l'opinion publique. Par les subventions, l'Etat continuait à soutenir la marine marchande, les chantiers navals et un nombre grandissant d'industries aux abois.

En 1981, les électeurs jugèrent qu'il était temps de pratiquer une autre politique. Après les travaillistes, les conservateurs prirent en charge une Norvège opulente et tourneboulée. Le pays, pour la première fois depuis la guerre, constatait que sa croissance économique était à l'arrêt. Le nouveau gouvernement fixa un plafond plus sévère à la production pétrolière. Les dépenses de l'Etat furent réduites. Le chômage augmenta. Mais avec moins de bras et plus de spécialistes, l'industrie parvenait à présent à rassembler ses forces pour une contre-attaque. Elle ouvrait des marchés. Elle obtenait ses résultats les plus brillants dans l'équipement d'avant-garde pour la recherche pétrolière sous-marine, avec une spécialisation spectaculaire dans les plates-formes, métalliques et flottantes, ou de béton et déposées sur le socle continental. Ce triomphe technique accula la Norvège: en 1984, les autorités furent contraintes d'admettre la nécessité d'exploiter de nouveaux gisements, car il faut à tout prix offrir à l'industrie pétrolière nationale des champs d'opération au-delà de 1990. Où donc, sinon dans le Nord?

Ce Nord vers lequel semble se déplacer toujours plus, à l'approche de l'an 2000, le poids du continent.

XX
Le hareng a disparu

Le hareng a disparu!

Depuis des siècles, cette bête sacrée, savoureuse et nourricière, soumettait les peuples du Nord à ses caprices. Une année, comme Laxness l'avait décrit dans la nouvelle que j'avais tant aimée, elle abondait, les cales débordaient, c'était la richesse, la joie, et les femmes accouraient, jusqu'aux femmes enceintes et aux vieilles à l'agonie qui titubaient vers les quais, le couteau à la main, pour trancher les têtes, remplir les tonneaux et goûter une fois encore à la profusion. Puis venait le temps de la disette. On attendait. On ne comprenait pas la longue absence.

Aujourd'hui, on sait.

En 1966, les prises de hareng, entre l'Islande et la Norvège, étaient de 1 700 000 tonnes. Quatre ans plus tard: 20 000 tonnes. Autant dire rien du tout. Le désastre écologique! En 1975, la Norvège dut se résoudre à interdire totalement les prises de hareng pour sauver l'espèce. En 1984, le Ministre de la pêche, Thor Listan, put annoncer qu'à la fin des années quatre-vingt, on pouvait espérer la réapparition, en relative affluence, de l'animal évanoui. Une parenthèse de près d'un quart de siècle pour cause d'inconscience.

L'explication est donnée par un mot anglais: *overfishing*. Excès de pêche. Des bateaux de plus en plus puissants, venus d'Angleterre, d'Allemagne, d'Espagne, du Portugal, de Hollande, d'Union soviétique et de toute la Scandinavie, ont pêché toujours plus de poissons toujours plus jeunes. Les biologistes annonçaient le désastre.

Il est là.

On célébrait l'autre poisson royal des eaux norvégiennes, la morue, et la plus belle de la famille: la morue arctique. Elle passait sa jeunesse dans la mer de Barents, entre le cap Nord, le Spitzberg et la Sibérie. Il lui fallait six à huit ans pour atteindre la maturité et se reproduire. Après Noël, la descente des fécondes créatures le long des côtes, leur passage aux îles Lofoten et leur entrée dans le Vestfjord, au large de Narvik, où elles venaient frayer, mettait toute la Norvège du Nord en alerte. A la morue! Les immigrés finnois, les gars solides de Kirkenes à Bodö, les

Lapons et le petit peuple des criques, des détroits et des fjords, et jusqu'aux vieillards secoués par les souvenirs dans la torpeur de leur retraite, tous se ruaient sur des bateaux petits et grands. Des flottes d'amateurs montaient du Sud dans la nuit hivernale. On pêchait, on lançait les amorces, on traînait le chalut, on tirait les filins les mains rougies dans les moufles; un dicton affirmait qu'on pouvait mesurer à l'animation de Karl-Johan, principale artère d'Oslo, le succès des prises à mille kilomètres de là.

Et la pêche aux Lofoten avait plus de mille ans. On possède un récit de la grande excitation de janvier dans un témoignage apporté par un Norvégien du Nord, Ottar, au roi Alfred d'Angleterre.

En janvier 1978, les nouvelles que j'ai recueillies auprès des pêcheurs, à Tromsö et aux îles Lofoten, m'ont consterné. Plus de morue, ou presque. On luttait pour sauver aussi cette espèce-là. Des vedettes de surveillance patrouillaient pour interdire la pêche clandestine des poissons rescapés.

Le déclin de la morue fut pareil à celui du hareng. La flotte cosmopolite des pêcheurs industriels était excessive, sur la côte norvégienne et dans la mer de Barents. Les écologistes criaient à la catastrophe et furent écoutés au moment où leur sombre

Le pont de Tromsö. Avant sa construction, en 1960, le plus grand port norvégien au nord du Cercle polaire n'était accessible qu'en bateau. Sa population tripla en vingt ans, dépassant 40 000 habitants.

prédiction se traduisit dans la réalité. Il fut décidé, par une convention internationale, de limiter l'exploitation globale de la morue, pour l'année 1974, à 550 000 tonnes. Mais que vit-on? La capacité des chalutiers étrangers augmenta d'une année à l'autre de 60 pour cent. Chaque pays cherchait frénétiquement à renter des investissements déraisonnables, pêchant des morues de plus en plus petites.

Un génocide boréal. Le résultat de la saison fut le double du maximum autorisé: un million de tonnes.

«Au début, me raconte un pêcheur professionnel, nous, les Norvégiens, et les Russes aussi, nous avons respecté nos contingents. Puis, lorsqu'on a vu que les Espagnols et les Portugais s'en foutaient, que voulez-vous...»

La grande pêche à la morue appartient au passé.

— Mais vous devez bien vivre! disais-je à des garçons au gros pull-over de laine, penchés au bastingage.

— Oui, on vit bien, mais ce n'est plus grâce au hareng ou à la morue.

Un nom se glissa dès lors dans la conversation: «lodde». Le poisson miracle. Le goujon du Grand Nord, la nourriture de la morue. Les bancs de la seconde poursuivaient autrefois les bancs du premier. Ce poisson se nomme en latin *mallotus vilosus*, en anglais *capelin* d'après le nom français: capelan. Il est petit, transparent et gras.

C'étaient les «lodde» minables par la taille, mais abondants et riches en protéines, que tout le nord de la Norvège se mit à exploiter à la fin des années soixante-dix. Ce sont ces bêtes-là qui sauvèrent l'existence professionnelle de dizaines de milliers de pêcheurs et l'industrie côtière. On transforma les capelans en farine, en aliment pour bestiaux. Les Européens n'en consomment pas, mais bien les Japonais, qui en avalent d'autres et de plus subtils, cartilagineux, et volontiers mâchés crus.

La mer de Barents et les côtes nordiques continuent donc, envers et contre l'insouciance des hommes, à donner l'or qui permet à une population de prospérer. En attendant le pétrole. Mais comme il fallait s'y attendre, on se jeta sur les malheureux capelans avec la déraison qui venait de causer la perte des poissons nobles. Aussi la Norvège décida-t-elle, dans ce cas encore, de limiter les prises. La réaction du syndicat des pêcheurs, les jours mêmes où je me trouvais à Tromsö, fut une grève de protestation.

Je longe le quai et m'approche d'un bateau de faible tonnage. Mes pieds enfoncent dans la neige. Un pêcheur dégage à la pelle la couche qui couvre le pont.

— Je vais t'expliquer, me dit-il. Le gouvernement a limité les prises de «lodde» à 11,5 millions d'hectolitres. Un hectolitre, ça fait dans les 100 kilos. Mais cette quantité, c'est la moitié de ce qu'on a pris l'année passée. Chaque équipe doit se restreindre. On sent la différence.

Entre le manque à gagner, dans les mois qui suivent, et le désastre complet dans quatre ou cinq ans, peut-on hésiter? Les autorités ont tenu bon. La grève s'est effilochée.

Mais la nouvelle politique a impliqué une véritable militarisation des côtes.

Les Islandais aussi ont défendu leur poisson en voie de disparition, n'hésitant pas à couper le filin des chaluts en contravention; la guerre du hareng a opposé par la force et la farce la police maritime de Reykjavik et les chalutiers britanniques. C'est Londres qui a dû reculer et l'ambassadeur de Sa Majesté, Sir Andrew Gilchrist, publia avec un humour de haute tradition, à Reykjavik et à Edimbourg, un petit livre intitulé *Cod wars — and how to lose them (Les guerres de la morue — et comment les perdre)*.

Les Norvégiens ne se sont pas montrés plus tendres. Peut-être plus diplomates.

Le 1er janvier 1977, le Royaume de Norvège, suivant l'exemple de l'Islande, porta ses eaux territoriales à 200 milles au large de ses côtes, au lieu de 12. Un mille marin, on le sait, c'est 1852 mètres.

Autrement dit, jusqu'à 370 kilomètres des terres, une flotte de surveillance, qui comptait à mon passage treize unités, mais qui s'agrandissait, se dotait d'hélicoptères, de canons, de sonars, de matériel de remorquage et même d'armes antiaériennes, protégeait les bancs de poissons contre une éradication imbécile. Subsidiairement, ces bateaux rapides portaient les jumelles sur les clandestins de l'exploration pétrolière.

— Comprenez bien le principe, me dit Larsen, le journaliste de Tromsö. La mer demeure libre pour n'importe quel passage. Une flotte de guerre étrangère a même le droit d'organiser des manœuvres militaires dans nos eaux. Mais nous nous sommes donné le droit d'inspecter tous les bateaux de pêche et soumettons leur activité à des autorisations.

NORVÈGE 149

Tromsö, le port de pêche.

L'extension des eaux territoriales, par décisions unilatérales de l'Islande, puis de la Norvège, des pays du Marché commun, du Canada, des Etats-Unis, de l'URSS, et finalement de la majorité des Etats maritimes du monde, fut la conséquence d'un échec: celui de la Conférence mondiale des droits de la mer, périodiquement convoquée par l'ONU. Faute d'un accord général, la Norvège dut se résoudre à conclure des conventions bilatérales. La négociation la plus délicate, inachevée, l'a opposée à l'Union soviétique, sa voisine dans la mer de Barents. Pour des raisons pétrolières autant que poissonnières, Moscou refuse de reconnaître (comme le font les Etats d'Europe occidentale) la règle de «la ligne médiane», et pousse ses revendications vers l'ouest, dans des eaux norvégiennes qui n'avaient jamais été contestées jusqu'ici. On appelle le secteur incertain de la mer de Barents «la zone grise». C'est un des points chauds du Grand Nord.

En 1980, l'Islande fut l'un des premiers pays à constater que sa politique de limitation rigoureuse était payante. Elle nota les signes d'un retour du hareng et de la morue. Mais le marasme, dans toute l'industrie européenne de la pêche, demeurait profond. Les gros chalutiers avaient bel et bien été chassés de leurs eaux traditionnelles. La montée du coût du carburant aggrava les pertes que les Etats furent appelés à combler. Pour la première fois, les Norvégiens, cette année-là, mangèrent davantage de viande que de poisson. Chez eux le hareng tardait à ressusciter. Les mers convalescentes avaient grand-peine, à l'abri des 200 milles, à retrouver leur faune. D'Oslo, on observait les épuisantes négociations du Marché commun, à la recherche d'une politique globale sous la menace de l'irruption des Espagnols. Refus de la France, en 1981, de se ranger à des mesures protégeant le hareng. Clameur des Ecossais réclamant de Londres des mesures de conservation unilatérales. Querelle générale sur la surcapacité des flottes. Altercations à propos du partage des ressources. Soupçons envers les Danois et autres violeurs des décisions communautaires. La prise totale autorisée de hareng, de maquereau, d'aiglefin demeurait au centre des discussions. Les Etats, une fois de plus, furent tentés de sauver l'industrie de la pêche plutôt que le poisson.

Entre-temps, l'Islande, poursuivant sa politique indépendante de conservation, obtint de si remarquables résultats que son voisin, le Grœnland, en 1982, annonça son retrait de la Communauté économique européenne et s'équipa d'une flotte moderne, à la consternation des nations qui, depuis des siècles, étaient venues puiser dans ses eaux. En Norvège, si les poissons nobles ont tardé à manifester une présence convaincante, une politique autonome et dynamique a pris corps. La réduction de la flotte est achevée. La priorité a été donnée à de petites unités adaptées à la pêche côtière. Dans cette perspective plus modeste, à l'opposé de la démesure des années soixante, une industrie est née qui propose un équipement moderne et raisonnable aux Etats maritimes du tiers-monde. Ceux-ci ont besoin d'aide. Ils n'ont guère tiré parti, jusqu'ici, de la règle des 200 milles et de leur zone économique exclusive. Enfin, on voit poindre l'aube du XXIe siècle dans le secteur révolutionnaire de l'aquaculture. Les Norvégiens affirment aujourd'hui maîtriser l'élevage du saumon, de la morue, du turbot. Les pêcheurs islandais, quand ils furent frappés par une mauvaise saison, en 1982, ne ressentirent plus l'angoisse d'un désastre irréversible. Le cycle des années bonnes et mauvaises appartient aux lois naturelles. L'ère du suicide industriel paraît révolue dans les fjords.

XXI
Knut Hamsun, deux fois mort et vivant

Knut Hamsun est vivant. De 1976 à 1985, une quinzaine de ses œuvres ont paru à Paris, des rééditions de *La Faim* ou de *Pan*, oui, mais bon nombre aussi de romans qui n'avaient jamais été traduits. Les jeunes gens, dans le mouvement qui les a portés également à découvrir le vieil Hermann Hesse, se promènent aujourd'hui avec Hamsun «sous l'étoile d'automne», écoutent «un vagabond» qui «joue en sourdine». Ils se reconnaissent dans *La dernière joie*, dans *Enfants de leur temps*, apprennent dans *Mystères* les provocations et les ruses du solitaire, rencontrent *Rosa*, *Victoria* et *Femmes à la fontaine*. A la suite du *Dernier chapitre*, c'est *Benoni* qui est accessible, et *La Ville de Segelfoss*.

Il est présent parmi nous, plus que jamais, ce Norvégien né en 1859, vivant, vibrant. Quoiqu'il soit mort. Enterré, la tombe couverte de crachats. Et mort deux fois. D'abord en 1945 quand il fut frappé d'indignité nationale, accusé de trahison, déclaré sénile. Puis en 1952 quand, dépouillé de ses biens et âgé de 93 ans, il rendit ce qui pouvait lui rester d'âme.

Mais entre ces deux morts, l'une morale, l'autre physique, il avait trouvé la force, alors qu'il était non seulement sourd mais quasiment aveugle, d'écrire en catimini un livre qui démentait, de la seule manière qui convînt à un poète, par l'écriture, par le style même, la thèse de l'infamie, de la décrépitude et du néant. Son titre: *Sur les sentiers où l'herbe repousse*. Il s'y expliquait sur ses malheurs, ou mieux: il y racontait, en dépit de tout, son amour de la vie, d'une voix tellement intacte que l'homme de *Pan* assura de ses propres forces la première étape de sa résurrection. Or personne, dans la Norvège de 1948, ne voulut se brûler les doigts à publier cette œuvre. Il fallut chercher un courageux, ou un malin, dans toute l'Europe. L'année suivante, les Editions Ex Libris, en Suisse allemande, qui n'étaient pas le club connu maintenant sous ce nom mais un cercle de bibliophiles de l'époque, assumèrent ce risque.

Ce risque? Avouons l'insupportable vérité. Knut Hamsun, pendant la Deuxième Guerre mondiale, fut un partisan d'Adolf Hitler. A la mort du Führer, alors que tous ses partisans ne cherchaient plus qu'à se terrer, il écrivit par bravade et par une loyauté monumentalement fourvoyée: «Ce fut un guerrier, qui fit la guerre pour l'humanité, et un annonciateur de l'Evangile pour toutes les nations...»

Qui pouvait encore défendre Hamsun le fou?

En Islande, quand je suis allé rendre visite à Halldór Laxness, il me rappella que le Norvégien avait été l'un de ses maîtres, comme il a influencé aux Etats-Unis Henry Miller. Gorki, en URSS, a écrit qu'il ne voyait personne qui eût sa force créatrice, et Gide disait: «Je tiens *La Faim* pour un des grands livres de la littérature contemporaine.» Thomas Mann avait ajouté: «Nietzsche et Dostoïevsky n'ont pas, dans leurs propres pays, de disciples de ce rang.» Tel était, avant la Deuxième Guerre mondiale, le crédit dont jouissait cet écrivain.

Tandis que la neige battait les fenêtres de sa maison dans les landes, Laxness me montra trois livres rouges en coffret qu'il était en train de lire passionnément. Un Danois, romancier et journaliste connu, Thorkild Hansen, a enquêté plusieurs années avant de publier *Processen mod Hamsun* (*Le procès contre Hamsun*), en trois tomes et 840 pages. La lumière enfin sur «l'affaire». Ça fera du bruit, m'a dit Laxness.

Le fracas n'a pas été perceptible dans les pays de langue française. L'ouvrage n'y a pas été traduit. Mais profitant d'un passage à Copenhague, j'ai acheté ce pavé. Je l'ai avalé. J'en fus malade, secoué d'apprendre de l'écrivain tant admiré les malheurs, la grandeur et les erreurs aussi, hors de toutes proportions.

Au milieu du siècle dernier, le tailleur Peder Pedersen quitta le centre de la Norvège pour s'établir en pionnier dans une ferme du Nord. Son fils Knud fut commis d'épicerie, colporta des aiguilles, des rubans et des hameçons, interrompit un apprentissage de cordonnier au-delà du cercle polaire pour devenir débardeur, vagabond, puis employé de bureau connu pour sa belle écriture.

Très jeune, il fit imprimer à Tromsö une histoire d'amour, *L'Enigmatique*, signée de son nom, Knud Pedersen. Sous l'influence du mouvement national norvégien, il signa sa seconde brochure d'un nom de consonance moins danoise, Knut Pederson. Agé de vingt ans et son troisième roman dans sa poche, il descendit à Oslo, qui s'appelait encore Christiania, et manqua y périr de faim. A défaut d'éditeur, il travailla sur les routes. Il donna dans un petit bourg et devant six auditeurs payants une conférence sur Strindberg, qui avait alors trente ans.

Un billet qui lui tombe du ciel permet à Knut de gagner l'Amérique — celle de 1880, la foire d'empoigne. Comptable, gardien de porcs, terrassier, il lit Mark Twain avec dévotion. Il envoie à une revue norvégienne un article sur ce nouvel écrivain et signe son papier Knut Hamsund, prenant le nom d'un bourg proche de sa ferme natale. L'imprimerie, coupable d'une coquille, donne sa forme définitive à un nom qui va devenir célèbre — *Hamsun*. Mais le coureur de petites routes, revenu à Christiania, vit pour la deuxième fois un hiver de disette.

L'Amérique encore. Chicago où Hamsun est conducteur de tram. Ses humiliations norvégiennes font mûrir en lui un livre cruel et serré: *La Faim*. Il le présente à Copenhague, non pas au plus grand critique du temps, Georg Brandes, mais à son frère, le journaliste Edvard Brandes, qui lui écrit: «Un très grand avenir vous attend.»

Il n'est point superflu d'ajouter que ce lecteur parfaitement perspicace est juif. Hamsun l'hitlérien ne sera pas un antisémite.

Les juifs sont peu nombreux en Norvège. Pourtant, en 1942, le premier ministre nazi à Oslo, un certain Quisling, en trouvera 610 qu'il expédiera en Allemagne. Ils seront douze à revenir des camps.

Hamsun ne protestera pas. Ou le fera-t-il à sa manière? Aura-t-il conscience du massacre? Telle est l'énigme.

En 1890, le nazisme est encore très loin. *La Faim* a enrichi le poète. Succès international. Jusqu'à la confiscation de sa fortune, après la Deuxième Guerre mondiale, Hamsun n'aura plus de problèmes d'argent. La liberté de l'errant, humant les forêts et les filles, n'est plus qu'un rêve qui fait tinter dans ses livres son timbre de verre pur, mais l'existence est aussi pleine d'embrouilles, d'intrigues, de crimes bizarres, de curiosités ambiguës. C'est le thème de *Mystères*, roman qui suivit *La Faim*. C'est peut-être là qu'il faut chercher les racines de l'horrifiant défi de 1945, le jeu d'un homme seul contre la société.

En 1909, à quarante ans, Knut épouse en secondes noces Marie, une jeune actrice. A l'école, elle a beaucoup aimé sa maîtresse d'allemand. Elle payera très cher cet engouement d'adolescente. L'écrivain l'arrache d'autorité au théâtre et au milieu pourri des villes. Dans le Grand Nord de son enfance, il achète une ferme. Retour à la nature! Marie devient paysanne. Mais son mari est rarement à la maison. Les enfants le dérangent. Il voyage dans le sud, écrit dans les petits hôtels. Sur sa prétendue vie de pionnier, il donne un livre qui lui vaut, en 1920, le Prix Nobel et qui bouleverse l'Europe, *L'Eveil de la Glèbe*, best-seller chez les Allemands de la République de Weimar. L'écologie connaît sa première vague qui va se mêler, quelques années plus tard, à la marée du nazisme. Bientôt, en effet, dans l'Allemagne battue et humiliée, «écrasée par les Anglo-Saxons» pense Hamsun, Hitler monte. Dévotion au Führer, oui. Mais aussi, on l'a peut-être oublié, culte de la nature. Condamnation des milieux citadins frelatés. Retour au vrai, à la terre, à la saveur originelle. Revanche virile des damnés. Communion avec les grands mythes nordiques. «Mort au capitalisme aveugle!» pensait le wattman Pedersen à Chicago. «Je voyais en Hitler, écrira Albert Speer, l'homme qui allait sauver les valeurs du XIXe siècle contre l'inquiétante éthique des grandes civilisations urbaines dont nous avions tous peur.»

Hamsun, paysan et gourou, achète une ferme à Nörholm, dans le sud. Octogénaire, droit comme un I, cravaté, digne et cultivant la solitude, il s'y trouve le 9 avril 1940 quand les Allemands débarquent en Norvège. La réaction de l'écrivain est incroyable. Il envoie aux journaux un appel qui les indigne à tel point que peu d'entre eux le publient. Mais il ne sera pas oublié. Pensez à l'Angleterre, dit le vieil Hamsun; elle est venue sans notre accord miner nos fjords (ce qui est historiquement exact). Elle cherche à affamer l'Allemagne. Hitler envoie ses forces pour empêcher que la Norvège ne devienne un champ de bataille (il fallait surtout s'assurer le port de Narvik où était chargé l'acier suédois). Le roi a fui (Hamsun est indigné). Bien mal avisés sont ceux qui résistent en espérant un appui britannique. Ne transformez pas la Norvège en un charnier polonais, proclame le poète. Conclusion, terrible: «Norvégiens, jetez vos fusils et rentrez à la maison. Les Allemands se battent pour nous et briseront la tyrannie anglaise dirigée contre nous et tous les neutres.»

Hamsun le sourd a creusé la tombe de sa première mort.

Les photographies prises pendant l'Occupation et les manchettes des journaux nazis de l'époque restent insupportables à voir. Knut Hamsun chez Terboven, *Reichskommissar* pour la

Norvège. Hamsun chez Gœbbels, ministre allemand de la propagande. Hamsun à Berchtesgaden, reçu par Hitler.

Traître, le vieillard. Dévoyé par la vanité? Opportuniste? Gâteux? Ces documents saliraient encore sans rémission le nom d'un grand écrivain de ce siècle si Thorkild Hansen, trente ans après la Libération, n'avait pris la peine de fouiller les Archives royales d'Oslo. Particulièrement les dossiers du Ministère public qui furent abandonnés à la poussière en 1952, quand l'ex-collabo nonagénaire se décida enfin à mourir. Parmi beaucoup d'informations troublantes le Danois découvrit une pièce capitale. Un témoignage spontanément communiqué aux autorités norvégiennes après la guerre par un ressortissant allemand nommé Ernst Züchner. Le tribunal n'en tint pas compte et son existence, dans les dossiers de l'Etat, ne fut même pas mentionnée lors du procès.

Knut Hamsun, en Norvège occupée, était de bien des manières isolé. Fatigué par l'âge, il vivait dans sa ferme blanche de Nörholm, à bonne distance d'Oslo, face à la mer. Il ne lisait que des journaux censurés — s'il en lisait. Il avait perdu l'ouïe et aucune nouvelle ne lui parvenait donc par la radio. Sa surdité était aggravée par l'aveuglement de sa femme, Marie. Longtemps écrasée par l'écrivain, elle se libéra soudain en partant, frétillante, pour de grands tours d'Allemagne. Son mari y était célébré comme un géant de la littérature et un ami. Elle lisait ses œuvres en traduction, apportant aux salles combles les messages chaleureux du vieux poète-paysan retenu par les travaux de sa glèbe. Il m'a prié, disait-elle en excellent allemand, de saluer le peuple du Führer.

En vérité, Knut Hamsun, individualiste impérieux, se gardait bien de confier à sa femme quelque mission que ce fût.

Le pèlerinage à Nörholm appartenait aux devoirs sacrés des officiers allemands en Norvège. De simples soldats s'arrêtaient pour une dédicace. Marie les recevait. Hamsun, lui, avait les importuns en horreur. Il s'était réfugié au premier étage. Il refusait les invitations et les galas mais ne pouvait empêcher la presse hitlérienne de multiplier ses hommages. Depuis sa jeunesse, il n'avait rien tant aimé que de se tenir à l'écart et au-dessus. Aucune vanité chez lui, mais une fierté de Sioux. Même envers Marie et ses quatre enfants, il avait préservé le privilège de l'errant qui monte seul vers la forêt aussi souvent qu'il le souhaite et s'attache aux choses qui importent vraiment, les couleurs de la feuille d'automne ou la fuite du lièvre. L'ordre des priorités du poète était la forme suprême de son isolement.

Mais la Norvège pouvait-elle laisser en paix un homme qui, selon toute apparence, entretenait de si bonnes relations avec l'occupant? On avait un besoin urgent de son appui. Qui? Les familles des intellectuels arrêtés par les Allemands et jetés dans des camps. Les mères de jeunes otages, menacés d'exécution jusque dans le voisinage de Nörholm.

Le vieil homme, dans ces circonstances, ne pouvait refuser de s'arracher à son monologue intérieur. Toute sa vie, cependant, il avait choisi, si vraiment son intervention s'imposait, d'agir comme un seigneur et selon sa propre stratégie. La règle: s'adresser au sommet.

Il se rendit, le 15 janvier 1941, à Oslo, chez Terboven. Il commença par demander la libération d'un écrivain résistant incarcéré. Que fit le *Reichskommissar*? Il s'empressa bien sûr de se faire photographier avec son hôte illustre. Les lecteurs de journaux, ignorant l'objet de sa visite, furent remplis de dégoût à la vue de cette image. Que s'était-il passé, en vérité?

Knut Hamsun avait toujours éprouvé de la sympathie pour les Allemands, le fait est clair. Mais Terboven lui fit une impression détestable. Un salopard. Mais il n'en pipa mot. Il conçut dès lors son plan.

Au printemps 1942 commença le temps des Oradour norvégiens, des rétorsions, des fusillades. Hamsun était sollicité de tous côtés et confirmé dans ses soupçons. Terboven était une crapule. Mais l'écrivain commit une erreur de jugement colossale. Il ne vit pas que le sadisme maléfique était le propre du nazisme. Il attribua cette perversité à un homme et s'enferra dans un projet insensé. Tandis que les tueries, en 1943, continuaient, Hamsun entreprit, sans le dire à quiconque, de porter ses démarches beaucoup plus haut que le Reichskommissar. Son but? Hitler! L'honorable Führer! Le voir. Lui expliquer que Terboven «ruinait les bonnes relations entre l'Allemagne et la Norvège» et demander la destitution de cet individu.

Qui pouvait soupçonner Hamsun d'un tel dessein, d'une ambition aussi naïve et démesurée, parmi les lecteurs norvégiens qui, au printemps 1943, lurent avec un nouvel écœurement un appel du poète à ses compatriotes pour qu'ils cessent de provoquer des représailles par des attentats inconsidérés? Il avait fait paraître l'article quelques jours avant de s'embarquer, à 84 ans, dans un avion militaire à croix gammée. Photos. Départ pour Berlin où Gœbbels, enchanté de l'appel de Hamsun, qu'il cita dans son journal intime, reçut le poète avec émotion. Embrassades. Une amitié sembla naître, le 16 mai, entre le poète et le propagandiste en chef des nazis. Les Norvégiens en vomissaient.

Hamsun s'imaginait qu'il marquait ainsi des points. Il se rapprochait de l'objectif. Oui, je tenterai d'obtenir pour vous, cher grand Hamsun, lui avait dit Gœbbels, cette faveur rarissime, une entrevue chez le Führer, bien que les circonstances...

Un mois plus tard, le vieillard quittait pour la deuxième fois la Norvège en avion. Dans une Allemagne qui connaissait déjà, après les premières défaites et les bombardements massifs de la Ruhr, un climat d'Apocalypse, Hitler, à Berchtesgaden, acceptait de consacrer une heure à la littérature.

Voici donc soudain face à face le dictateur énervé par ses premières défaites et l'écrivain épuisé par son voyage. Hitler commença par évoquer sa propre vocation d'artiste. Mais Hamsun, criant à la manière des sourds, aiguilla l'entretien sur la situation de la Norvège. Il attaqua Terboven. Il fallait débarrasser le pays de cette ordure qui causait à l'un et à l'autre le plus grand tort.

Le pâle fonctionnaire d'Oslo qui accompagnait l'écrivain comme interprète fut pris de panique. L'agitation croissante du Führer le paralysa, il bafouillait. Il n'osa traduire qu'à moitié. Sans rien entendre, Hamsun s'en douta. Il était bêtement trahi à l'instant où il touchait au but.

Le sentiment subit de son impuissance l'étouffa. L'émotion secoua sa voix. Des sanglots de colère et de désespoir encombrèrent sa gorge. Hitler, fou de rage, regardait pleurer ce gâteux qui prétendait lui donner des conseils et lui prenait son temps. L'entretien tournait à la catastrophe.

Dans les annales hitlériennes, il ne semble pas qu'on connaisse beaucoup d'autres exemples d'étrangers qui, en tête à tête, aient osé parler au maître du Reich avec cette audace.

Congédié, Knut Hamsun regagna la Norvège et s'absorba plus que jamais dans sa solitude. Pendant son procès, il ne lui vint pas à l'idée d'expliquer les motifs de ses démarches jugées les plus odieuses: ses visites à Terboven, à Gœbbels, à Hitler. Il préféra laisser les broussailles recouvrir ces sentiers.

Pourtant, par miracle, un homme chez Hitler avait tout entendu et tout noté, méticuleusement, à l'allemande. Nul autre que Ernst Züchner. Il pratiquait le norvégien. Il avait été installé par le Führer dans le fond du grand salon de Berchtesgaden, pendant la visite de Hamsun. Quand il apprit, quelques années plus tard, que celui-ci était poursuivi pour collaboration avec l'ennemi, il jugea honnête d'informer la Norvège des propos vigoureux du poète, y compris ceux qui n'avaient pas été traduits à Hitler. Cette dénonciation de Terboven était inscrite dans le procès-verbal de l'entretien du 26 juin 1943, pièce qui fut transmise au Ministère public d'Oslo. Mais quel poids pouvait avoir, dans le climat de la Libération, le témoignage d'un Allemand? Le document fut enterré. L'opinion norvégienne, pour le connaître, a dû attendre l'enquête et le livre de Thorkild Hansen, en 1978.

La Norvège, entre 1940 et 1945, a-t-elle compté en proportion dix fois plus de traîtres que la France? demande Hansen avec ironie. Ou mit-elle dix fois plus de mordant à poursuivre ceux qui s'étaient compromis avec les occupants allemands? La question fut débattue par la presse d'Oslo lorsqu'elle dressa le bilan de l'épuration et découvrit que pour 40 millions de Français il y avait eu 120 000 collaborateurs condamnés, alors que la Norvège, avec dix fois moins d'habitants, en avait poursuivi environ 100 000.

Ces dossiers firent naître une industrie inquisitoriale dont les rouages fumèrent pendant plus de huit ans. Elle occupa en permanence 4500 personnes et plus de 1000 avocats. Les lourdes condamnations, jusqu'à l'exécution, furent nombreuses pour les cas qui se trouvèrent par malchance au sommet des piles. Puis le passage du temps calma les juges. La pointe de l'intérêt populaire passa des réquisitions pénales aux poursuites économiques. L'épuration tournait en une question de droit civil.

En effet, le gouvernement norvégien en exil avait conçu à Londres une loi, secrète jusqu'en 1944, qui fixa que des «compensations» seraient requises de tous les membres du parti pro-hitlérien de Quisling. Ils étaient 61 000. A la Libération, les dommages causés par l'occupant firent l'objet d'un minutieux inventaire. Il atteignit 281 millions de couronnes. L'esprit de géométrie, plus que le souci de l'équité, inspira le principe fondamental: tous les partisans de Quisling dûment inscrits seront solidairement responsables de cette dette jusqu'à concurrence de la totalité de leurs biens. Un homme qui, sans autre activité répréhensible, avait signé un jour une carte de membre se trouvait tout à coup dépouillé jusqu'à l'os.

Le retour de la démocratie se traduisit, de l'avis de bien des Norvégiens non compromis, par une justice totalitaire. Les violences hitlériennes avaient suscité cet irrépressible besoin de vengeance.

L'affaire Hamsun s'est jouée dans ce climat. La femme de l'écrivain, Marie, avait collaboré avec les Allemands avec un indiscutable empressement. Elle fut condamnée à quelques années de prison, puis vouée pour le restant de ses jours à l'indigence. Le cas de Knut Hamsun était plus compliqué. Outre ses visites à Terboven, à Gœbbels et à Hitler, on lui faisait principalement grief de plusieurs articles où s'étaient exprimées ses opinions germanophiles. Plus gravement, on s'en souvient, il avait incité ses compatriotes à déposer les armes en 1940. Enfin, au moment de la victoire alliée, l'écrivain avait été si frappé par la mort de Hitler dans son bunker, qu'il lui rendit le fameux hommage.

La Norvège officielle souhaitait sa mort naturelle qui ne vint pas. Elle aurait évité un procès pénal embarrassant. Il fut tentant dès lors de le déclarer sénile. Mais l'administration épuratoire, en l'absence d'une culpabilité formellement établie, tint à instruire contre l'écrivain un procès civil pour le dépouiller de sa fortune — domaine agricole, dix-sept vaches et veaux, bibliothèque, reliquat du Prix Nobel et futurs droits d'auteur. Il suffisait de trouver sa carte de membre du parti de Quisling. Or l'écrivain féru d'indépendance n'y avait jamais adhéré. Le nœud du procès Hamsun était là. Le jury passa outre. Le vieillard ne fut pas condamné pénalement mais perdit tous ses biens; on lui laissa cependant sa ferme où il vécut jusqu'à 93 ans, sans avoir les moyens de réparer les toits qui s'effondraient, ni même de construire des WC à l'intérieur de la maison. Plus seul que jamais, frappé d'infamie, sourd. Et maintenant aveugle.

Gâteux, Hamsun? Il fut séparé de sa femme non seulement parce qu'elle était en prison, mais parce qu'il ne pouvait lui pardonner deux fautes majeures. D'abord, elle qui entendait et qui voyageait, ne l'avait pas renseigné sur ce qui se passait vraiment en Allemagne. Mais il y avait pire. Pendant plusieurs années, il la répudia pour une blessure plus intime qu'elle lui avait infligée. Marie, pensant bien agir, fit tout pour éviter à son mari le procès pénal qu'il souhaitait, lui, pour s'expliquer publiquement. Elle déclara aux psychiatres qu'il était atteint de sénilité.

En 1945, Knut Hamsun fut d'abord mis en résidence surveillée dans un asile de village. Les infirmières ne lui adressaient pas la parole. On refusait à l'écrivain les journaux, les livres. Mais lui, étrangement serein, remerciant poliment les filles pour la soupe, répondait avec patience à de longs questionnaires de police. Prenait aussi des notes, discrètement. Parvint à s'échapper pour des promenades. Sa destinée, après des années de gloire, l'avait fait retomber dans la situation où il s'était trouvé dans la Norvège de 1880, livré à lui-même, sans recours, méprisé. Le salut, cette fois encore, ne pouvait venir que de l'écriture.

Un jour, sans explications, on le transfère à Oslo. Après le home de vieux, on l'interne en clinique psychiatrique. L'un des grands poètes de ce siècle fourré au cabanon. Un autre Ezra Pound. Sa cellule à vasistas donne sur une salle commune où des malades mentaux bavent et trépignent. On déshabille Hamsun. On le baigne. Il doit manger sans couteau ni fourchette. Un dément lui casse son appareil à aiguiser, il ne peut plus se raser selon ses habitudes de rigueur, il se coupe. Son visage hirsute et taillladé devient celui d'un fou. On lui parle comme à un gosse. On lui confisque ses lunettes. Mais, sous une mauvaise lampe, l'écrivain en cage parvient encore à tracer des mots. Où donc? Sur quel cahier? Entre les lignes d'un ouvrage qu'on lui a laissé par faveur spéciale! Ce livre qu'il écrit en cachette dans un autre livre, en sa quatre-vingt-septième année, lui coûte ce qu'il lui reste de vue. Tandis qu'un professeur en psychiatrie le tourmente de questions, semaine après semaine, remontant à sa vie sexuelle un demi-siècle plus tôt et s'avisant d'expliquer pompeusement certains mécanismes du comportement à un Prix Nobel qui a tracé en récits subtils la psychologie de centaines de personnages, Hamsun fait naître le mémorial de ces jours épouvantables par de grosses lettres au crayon qu'il ne distingue presque plus lui-même.

La conclusion du rapport médico-judiciaire fut que «le prévenu n'était pas et n'avait jamais été un aliéné, mais que ses facultés mentales étaient durablement affaiblies».

Après trois mois de cette torture, le poète manqua de peu, en effet, mourir fou. Il s'effondra. On le libéra. Retour à l'asile de vieux, puis à sa ferme dans l'attente du procès civil. On condamna donc finalement Knut Hamsun aveugle et sourd à la banqueroute.

Mais il avait rassemblé ses forces pour réussir l'impossible, sa dernière œuvre, *Sur les sentiers où l'herbe repousse,* dont l'écriture nette et primesautière, étrangement sereine, parfois songeuse ou suprêmement habile et maîtrisée dans son cours capricant, à la hauteur de *Pan,* balayait par sa seule force intérieure tous les soupçons de gâtisme et toutes les accusations de bassesse, simple histoire de l'asile, du psychiatre, du procès, comme détachée de lui-même, élevée sur le rythme de la nature et des saisons à la grâce d'une littérature intemporelle.

En 1981, un tiers de siècle plus tard, la France a pu recevoir enfin, dans une traduction de Régis Boyer, ce dernier salut du grand Hamsun.

Sixième partie
FINLANDE

Pêcheur dans la banlieue d'Helsinki.

« Terre de gel! Neige de l'air!
Vagues de glace au lac en chaînes!
Pâle soleil de mort, de peine,
Tombe aux solitudes polaires,
Comment peux-tu m'être si chère? »
Zacharias Topelius

XXI
Briser la glace

Lisez Freud pour comprendre la joie sourde de sentir se briser et s'ouvrir ce qui était figé. Sentiment obscur d'une libération, d'un cheminement difficile vers la délivrance. Vous approchez en plein hiver de la Finlande, il fait nuit noire et il gèle à mer fendre. La Baltique de décembre, clapotante et grise au départ de l'Allemagne, sinistre à tribord du côté des invisibles rivages polonais, s'est transformée, après une trentaine d'heures de navigation, en une banquise. Helsinki, dont vous vous approchez dans un étrange chuintement qui n'est plus un bruit de vagues, vous semble la capitale du bout du monde, mise au coin par l'Europe, séquestrée dans le noir. Cette glace, qui d'abord s'est présentée en un dallage blanchâtre, n'est plus maintenant, plate jusqu'à l'infini, qu'une Arctique monotone, parcourue de fentes et de craquelures qui prennent vie sous le poids de l'étrave. Derrière la poupe, le chemin se referme dans un grand désordre de caillasse blanchâtre.

Vous naviguez sur un bateau qui est tout à la fois unité de croisière, bac et brise-glace, et c'est peu dire qu'il est beau. Vous avez cru, le voyant immense, long de 213 mètres, très haut, avec des centaines de hublots carrés illuminés, virginal contre le quai scandinave de Travemünde, que vous rêviez, tel Fellini devant le paquebot d'*Amarcord*. Tout resplendit ici d'un luxe sans peluche, d'un confort efficace. Déjà vous goûtez à la Finlande du design. A la fin de la deuxième nuit, vous vous emmitouflez et d'un pont haut perché vous entrevoyez dans la glace un archipel rocheux piqué de quelques phares. Le *Finnjet*, avec ses 1500 passagers, pont flottant reliant le continent européen à la Finlande, réduit sa vitesse. Il dépassait, en eau libre, cinquante kilomètres à l'heure. Toute la puissance de ses deux turbines à gaz pousse à présent la proue contre le golfe

FINLANDE 165

Le port de Vaasa sur le golfe de Botnie en janvier.

de Finlande gelé et vous amène dans un chenal qui semble maintenant de verre pilé.

Quel passage aérien pourrait donner le plaisir de cet écran polaire qui cède, de cet accueil au bout de la nuit?

Les Finlandais, l'hiver venu, naviguent dans la glace. Ils marchent sur la mer. La banlieue d'Helsinki dort tapie sous les pins. La capitale est à deux pas? Elle n'est qu'une rumeur, un gratte-ciel dressé au-dessus des forêts. Reste l'espace blanc des criques désertes. Le thermomètre descend à moins dix-huit? Tant mieux. La glace est ferme. Le pêcheur du dimanche gagne le large à pas lourds, sac au dos, le capuchon fourré sur les oreilles. Il porte un bidon à couvercle sur lequel il va s'asseoir. Il est surtout armé d'un vilebrequin de la taille d'un homme. La lame torse pénètre sans effort. Un trou, deux trous et si le poisson ne mord pas on s'en va deux cents mètres plus loin. Dans l'orifice, qui a le diamètre d'un bras, mais que le grand froid ne laisse pas longtemps ouvert, on plonge le fil. Les doigts nus, sortant des gants coupés, agitent l'appât. On s'étonne, dans la Finlande pétrifiée, d'imaginer au fond de ce trou, de dix ou vingt centimètres de profondeur, un autre pays qui clapote et qui coule, où glissent des bêtes prisonnières. L'eau du golfe est-elle si douce qu'on y attrape des poissons lacustres? Il me semble reconnaître une perche. Au bout du fil, elle se recroqueville et tombe au pied du pêcheur, figée aussitôt dans une carapace de glace.

Au voyage du retour, de la Finlande à la Suède, de Vaasa à Umeå, nous nous embarquons sur un autre bac-brise-glace qui fait fi des rigueurs congelées du golfe de Botnie. La traversée prend quatre heures, avec arrêt, parfois, pour reprendre l'élan et briser pour de bon une croûte récalcitrante. J'ai vu d'étranges cargos pris au milieu de la banquise et qui ne bougeaient plus. Personne ne parut s'en émouvoir.

Les ferries blancs de la Finlande sont, dans la crise économique mondiale, le symbole d'une réussite. Vaincue par l'Union soviétique en 1944, la petite nation, encore paysanne, dut créer une industrie pour payer d'exorbitantes réparations de guerre. Or, le diable a porté pierre, assisté par l'ardeur au travail de ce peuple qui sauvait ainsi sa liberté et lui ajoutait, comme un

Dans le golfe de Botnie, le bac-brise-glace Vaasa-Umeå dépasse un cargo en difficulté.

panache, le génie esthétique. Parmi les entreprises qui naquirent sous la contrainte, les chantiers navals furent une branche maîtresse. Leurs bateaux, excellents dans la glace, sont aujourd'hui les plus rapides et les plus élégants du monde. Alors que la construction navale se porte mal dans les autres pays européens, la Finlande palpe ses carnets de commandes. Le grand méchant loup soviétique, qu'elle sait admirablement apprivoiser, lui tend la patte. Le prix du carburant importé de l'URSS augmente? Oui, mais les accords commerciaux permettent de multiplier en proportion les commandes passées par Moscou à Helsinki. Les achats favoris des Russes sont les usines clés en main que les Finnois vont construire sur leur territoire. Et ces bacs-brise-glace des temps nouveaux? Ils s'en vont naviguer sur les fleuves sibériens, et de la mer de Barents au Kamtchatka.

XXII
Pique-nique par moins vingt-cinq à la frontière soviétique

Sur la frontière entre la Finlande et l'Union soviétique, quel aspect pouvaient bien prendre les relations de paix et d'amitié entre les deux pays? Ce bon voisinage, fondé sur le Traité de coopération de 1948, avait été l'un des thèmes dominants de mes entretiens politiques à Helsinki, au Ministère des affaires étrangères, à l'état-major et auprès des partis abordés au Parlement.

Pour enquêter dans le terrain, j'ai pointé au hasard sur la carte de Finlande l'un des secteurs qui me semblaient quelconques et peut-être typiques: la localité frontalière de Salla, au-delà du cercle polaire. Mais il n'existe pas au monde de régions anodines. Je m'aperçus bientôt que chacun de mes interlocuteurs, dans la capitale, avait son point de vue sur ce trou, situé à 800 km à vol d'oiseau. Les uns me disaient que c'était un pôle de froid, les autres racontaient qu'ils aimaient y pratiquer le ski de fond en avril et me parlaient de deux hôtels agréables «dans les montagnes». Les militaires me rappelèrent que Salla fut l'un des hauts lieux des guerres de 1939-1940 et de 1941-1944, où se battirent et moururent, de froid ou sous les balles, les soldats de quatre nations: les Russes, les Finlandais, les Suédois volontaires et les Allemands. Enfin, un libelle opposé à la politique de Kekkonen mentionnait, comme exemple de finlandisation, le chemin de fer de Salla, construit en 1940 sur les exigences du Kremlin et pour servir sa stratégie. Voilà qui devenait de plus en plus intéressant. J'ai boudé les lignes intérieures de Finnair pour leur préférer les confortables wagons-lits des chemins de fer, leurs couchettes de bois clair. Les forêts blanches défilèrent à la fenêtre sous la lune. En une nuit et quelques heures du matin, nous atteignîmes Rovaniemi, capitale de la Laponie finlandaise, rasée pendant la guerre et assez rasante aujourd'hui, mais embrassée d'un large et beau méandre gelé du Kemijokki. Ici passe le circuit touristique qui, l'été, conduit les automobilistes pressés vers Inari, la Norvège septentrionale et le cap Nord. Mais en ce mois de janvier, les voyageurs ne couraient pas la toundra. Pour gagner la frontière russe, par une route qui se détache et file à

La gare de Rovaniemi par -30°.

l'est, presque parallèle au cercle polaire, on me loua une Talbot aux pneus bien profilés, mais sans clous ni chaînes. On me confia un câble électrique en me disant que je trouverais sur la façade extérieure de la plupart des maisons une prise qui alimente le chauffage du moteur à l'arrêt. Le froid avait dépassé moins trente degrés.

Face à la démesure du paysage blanc sous un bleu pâle, une discrète inquiétude se mêlait à mon sentiment de bonheur. La neige était cependant si bien dégagée et tassée, la route si large, et je vis quelques autos y circuler avec une telle fougue que je me lançai comme ivre à travers la forêt arctique. C'est peu dire qu'elle était blanche. Le gel l'avait minéralisée. Chaque épicéa, chaque pin, chaque bouleau était couvert d'une croûte étincelante, et lorsque le ciel, après deux heures de l'après-midi, commença à s'assombrir, il me sembla rouler dans un négatif de photo. Le blanc, c'était les arbres. Le noir, c'était l'horizon. Les rivières qu'on traversait manifestaient parfois tant de vivacité qu'elles avaient résisté au gel, et leurs remous fumaient comme un potage diabolique. De temps en temps apparaissait une petite ferme de bois piquée de givre, et de la cheminée montait son exhalaison comme un bloc gris et figé.

Le souci, par cette température ? Que le moteur eût soudain la mauvaise idée de tomber en panne ! Et telle fut bien la mésaventure qui nous advint au retour. Le moulin tournait à merveille mais c'est paradoxalement le chauffage qui n'avait pas supporté le froid. Il rendit l'âme. Nos corps emmitouflés tenaient le coup, mais sous notre haleine humide, les vitres et le pare-brise se recouvrirent d'une épaisse pellicule de givre. J'avais beau gratter, je ne voyais plus rien. Près d'une pompe à essence, atteinte comme une oasis, je dus laisser la Talbot à son sort et trouver un autre véhicule.

Mais pour l'heure je roulais encore en sens inverse et je laissais tourner le moteur quand je m'arrêtais pour photographier des rennes. Je les voyais à la recherche du lichen, enfoncés jusqu'à l'arrière-train dans la neige. La voiture ronronnante fut abandonnée de nouveau le temps de boire un café dans un estaminet de Kemijärvi, entre des coopératives, des kiosques et une église. La bière dite *Or de Laponie* avait porté une congrégation de bûcherons et de paysans à une exaltation qui rappelait les grabuges du Far West.

Une heure plus tard, nous étions à Salla. Quelques magasins modernes et bien éclairés, une église blanche sur le blanc, son campanile, un petit hôpital, des écoles, un bâtiment municipal neuf dans la nuit étoilée. Va-et-vient de voitures suivies d'un panache de gaz. On pouvait distinguer, au-delà des lumières, que la forêt s'élevait comme une vague et formait une croupe, une montagne terriblement solitaire avec un pan abrupt. Il fallut rouler dix kilomètres pour l'atteindre. Nous y avons d'abord découvert un hôtel, « L'Aurore-Boréale », de belle architecture mais vide. La patronne fut frappée de stupeur en découvrant soudain des inconnus devant elle, à la réception. Je ne fis que lui demander où se trouvait le motel. Il se cachait sur la pente. Nous allions loger dans une cabane en rondins construite avec une quinzaine d'autres sous les pins par un homme réservé et généreux, Kari Rantala. A deux pas d'une piste de slalom, au cœur du nirvana glacé, cet établissement de structures rudes mais d'un extrême confort, avec sauna et feu ouvert dans chaque logement, s'appelle, si on se cramponne bien à ses bâtons de ski, Hotell Sallatunturin Kelopirtit. Les amoureux de la nature vierge viennent explorer ce pays de loups et d'ours. Mais ces derniers dorment en hiver, précisa Rantala. Quant aux loups, ils se déplacent par petits groupes de deux ou trois, rarement cinq, venant de Russie. La frontière se trouve derrière la montagne.

Nous étions donc au but. Cette nuit-là, sous notre dais de rondins, nous avons goûté à un silence cosmique. La Talbot, attachée à son fil, dormait dehors par —35°.

La commune de Salla (Rantala disait « la paroisse ») a 6000 kilomètres carrés. Population : 7250 habitants. On prend la mesure du vide.

« L'ensemble de la Laponie finlandaise, dit notre hôte en mettant en marche sa Mercedes blanche pour nous reconduire vers l'agglomération et nous la faire visiter, c'est 250 000 personnes et 250 000 rennes. J'ai le mien. Nous l'attellerons demain pour un galop en pulka, le traîneau lapon. Vous avez vu l'enclos ? En été, on lâche tous les rennes. Le nôtre aussi s'en va librement. La bête que nous avions avant celle-ci, nous l'avons retrouvée dans la forêt où elle était née, à 200 kilomètres au nord. Les oreilles portent l'entaille de la paroisse et celle du propriétaire. Je vous emmènerai après-demain le long de la frontière, où nous allons rassembler un millier d'animaux et faire boucherie. Les Lapons ? Il n'y en a plus ici. »

La population de Salla est finnoise. Ce sont des bûcherons et des paysans, éleveurs de vaches et de rennes, cultivant un peu de pommes de terre, vivant de la forêt. Une petite usine textile fabrique des blousons. Artisanat. Transport de bois. Enseignement jusqu'au certificat secondaire. Services sociaux.

L'agglomération même de Salla ne compte pas plus de quelques centaines d'habitants. Le reste de la population est tellement dispersé qu'on ne sait où il se cache. Dans les clairières sans doute, ou au bord des marais glacés qui filent vers l'URSS et sa houle de montagnes basses.

Vers 1950, la commune comptait 12 000 habitants. La guerre l'avait amputée des deux tiers de son territoire, cédés aux Soviétiques. Il avait fallu accueillir les familles réfugiées et leur donner des forêts à défricher, à exploiter. Mais la terre arctique est ingrate. Les primes offertes par l'Etat pour l'abandon des domaines peu rentables, au début des années 70, accélérèrent l'émigration. Cinq mille habitants de Salla (plus du tiers de la population) ont passé en Suède, dans l'industrie et l'exploitation forestière. Un bon nombre sont à Kiruna. Mais la crise économique qui frappe le pays voisin a déterminé un petit mouvement de retour.

Eleveurs de rennes finnois dans la commune de Salla.

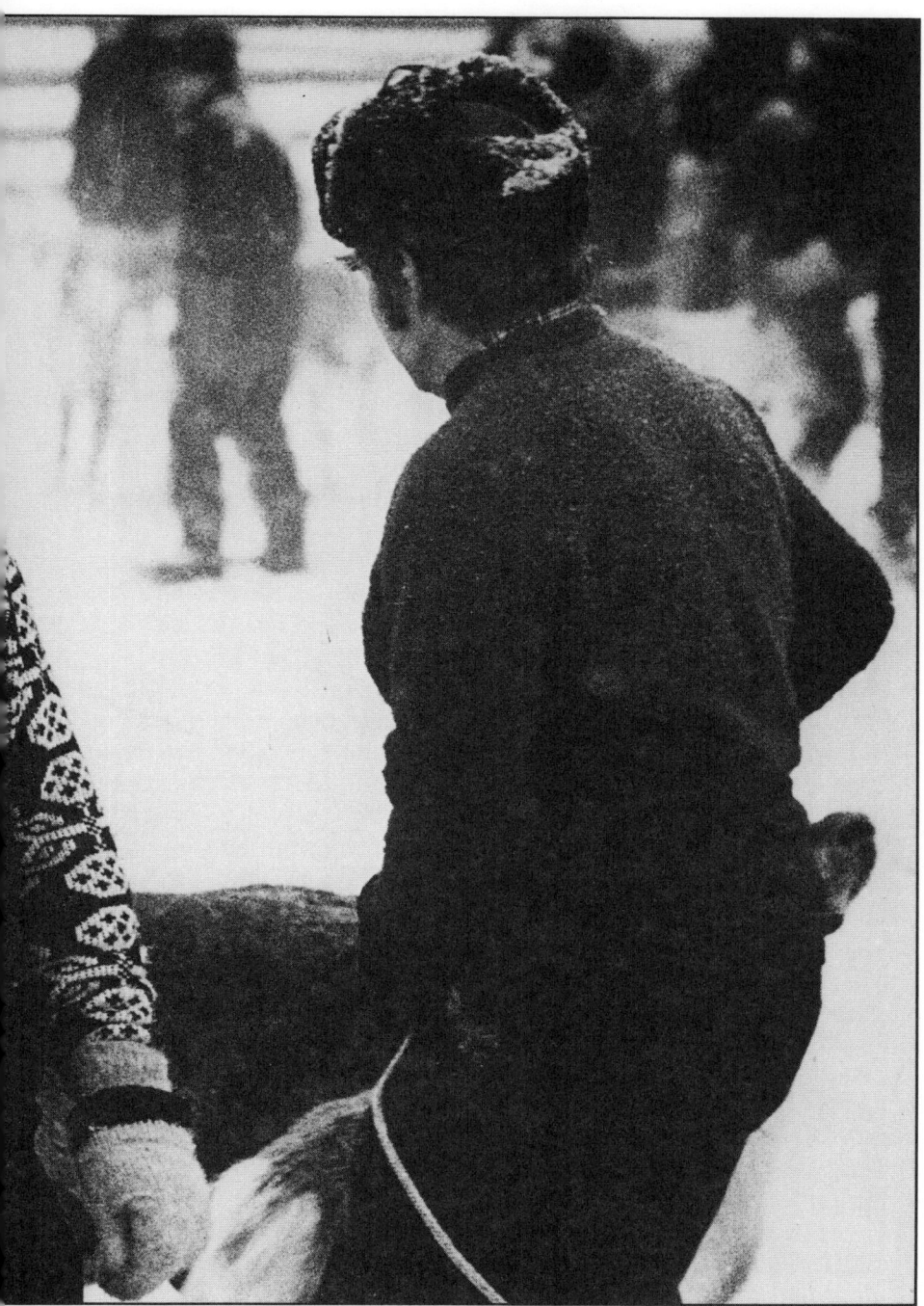

— Les chômeurs sont ici 10 à 15 pour cent de la population active, me dit Rantala qui connaît le problème. Il a dirigé plusieurs années un centre de recyclage professionnel dans la localité de Kemijärvi, où je m'étais arrêté pour un café. Mais ces chiffres, poursuit-il, sont une pointe saisonnière. L'été, les chômeurs sont de 4 à 7 pour cent. Tous ne sont pas à plaindre, ajoute-t-il. Pour construire mes cabanes, j'ai eu du mal à trouver de la main-d'œuvre. Ils préfèrent la rente de chômage et la pêche!

Nous traversons, enfoui dans les conifères encapuchonnés de glace, un quartier de petites villas. On l'appelle la place Rouge, dit Rantala. Ici vivent les communistes.

Ceux que j'aperçois ont l'air d'être de jeunes sportifs, vivant à l'aise, plutôt que des prolétaires forestiers. Ils roulent Lada.

Parmi les vingt-sept membres du Conseil communal de Salla, le Centre agrarien continue de dominer avec douze sièges, mais l'extrême gauche, qui en a onze, le talonne. Et les autres partis n'en ont ensemble que quatre.

Le Grand Nord a sa tradition rouge. Les sociaux-démocrates ont leurs fiefs dans l'industrie et les villes, absentes ici. Le communisme, c'est aussi l'humeur, l'opposition classique au bon bord. Mais tout de même, ai-je demandé en visitant la nouvelle maison communale, conçue avec un bon goût tout finlandais, comment expliquer cette force de l'extrême-gauche à deux pas de l'URSS? Vous, dis-je en interpellant un jeune fonctionnaire municipal qui me guide, comment diable expliquez-vous ces communistes?

— J'en suis un, me répond-il sans autre commentaire.

— Lui ce n'est rien, me glisse Rantala en sortant. Mais sa femme...

Il était neuf heures passées et une première blancheur, entre les pins minéralisés, annonçait vaguement l'aurore, lorsque Kari Rantala frappa à la porte de notre cabane. Nous y avions douche, sauna et couche, électricité, large table en bois brut et canapé pour travailler sous la lampe pendant les vingt heures quotidiennes d'obscurité, coin-cuisine et même un frigo, non pour tenir les aliments au froid, mais au contraire pour éviter de congeler trop durement le lait en le mettant la nuit à la fenêtre.

— Le temps s'est bien réchauffé, nous dit notre ami. Hier, il faisait —30. Aujourd'hui, le thermomètre marque à peine —25. Nous pouvons partir pour notre pique-nique.

Boucherie. Le propriétaire du renne, sitôt qu'il a repéré sa bête dans l'enclos en pleine forêt, et l'a attrapé au lasso, l'a abattu et, se réchauffant les mains dans les entrailles, fait sa provision de viande.

J'avais souhaité m'élever sur l'un des «tunturi», l'une des montagnes de quelques centaines de mètres de hauteur qui distinguent cette région des espaces forestiers monotones du reste de la Laponie finlandaise. Je voulais jeter sur la frontière de l'URSS un regard panoramique et plongeant.

— Mon frère nous accompagne. Nous aurons deux motoluges.

Nous disposions de quatre heures de clarté, sinon de soleil, absent en janvier à cette latitude. Sur nos habits d'hiver, Rantala nous fit encore revêtir une combinaison capitonnée. Je crus que j'allais m'asseoir à califourchon derrière lui, mais on aime ici conduire ces motos un genou plié sur le siège et quasiment debout. Nous eûmes l'humiliation d'être invités à nous coucher, ou presque, sur un traîneau métallique, les épaules contre un sac de montagne, et le regard vers l'arrière. En pleine vitesse de ces engins de 24 CV, nous ne supporterions pas, disait Rantala, le vent glacé sur nos visages.

Les motoluges puissantes vrombissent plus impudemment que de vieux quadrimoteurs. Une bouffée de gaz mêlée à un poudroiement de givre enveloppa notre traîneau. Nous fûmes arrachés. Passaient au-dessus de nos têtes des épicéas en chandelle, leurs petites branches verglacées serrées contre le tronc dans un geste de pauvresse défendant sa vertu. Une étreinte polaire, tandis que fuyait la piste, nous cherchait du côté des joues et des mains. Mais après un mouvement de révolte, je me suis laissé saisir par l'aventure. La forêt, au fil de la pente, devenait un parc. Un slalom au bercement doux nous ouvrait un chemin cristallin entre les pins espacés et les petits bouleaux. Nous avions traversé à pleins gaz un lac gelé. Nous montions maintenant contre un ciel mauve. Nous avions atteint une montagne connue pour ses ours, enfouis en cette saison sous les souches, le Ruuhitunturi. Altitude: 470 mètres.

Au sommet de la croupe, les gaz s'évanouirent. Les deux Ockelbo suédois se turent, enfoncés sur leur chenille arrière et leurs patins avant, et nous laissèrent enfin goûter au silence pur. Nous nous sommes levés pour une promenade à pied, les bottes fichées profond dans la neige. Le froid n'était plus qu'un des langages de la beauté. C'est mal dire qu'à nos pieds le paysage se perdait de tous côtés à l'infini. Nous étions des vigies dans un océan sylvestre et comme soulevés un instant à la crête d'une houle. Nous avions le sentiment que la Sibérie commençait ici, où nous étions en fait à 170 km de la mer Blanche. Les forêts étaient ouvertes parfois par la tache blanche d'un marais ou par le mouvement de rivières gelées. Sous un ciel orphelin, où le soleil absent n'envoyait que des nuées d'un bleu et d'un rose angéliques, je tentais de deviner le lointain où passe, du sud au nord, la voie ferrée Leningrad — Mourmansk; ou, d'ouest en est, la frontière intérieure entre la République soviétique de Carélie et le territoire même de Mourmansk, sur la mer de Barents. Là se trouve, dit-on, la plus puissante base stratégique et nucléaire du monde. Mais je ne voyais pas trace de constructions humaines. Pas de route. La voie ferrée internationale, et non utilisée, entre Salla (Finlande) et Kandalachka (URSS), était enfouie dans la masse chinée des résineux.

Les frères Rantala ont creusé un trou dans la neige. Ils ont sorti une hache et taillent quelques bûches dans des troncs secs. Une giclée d'essence fait partir un feu qui s'enfonce peu à peu dans le blanc. Une petite cafetière lapone, noire de suie, est suspendue à une branche au-dessus de la flamme. On jette dans l'eau qui vient de bouillir du café fraîchement moulu. Quelques saucisses grillotent. Pique-nique par −25 degrés. Kari Rantala a tenu sa promesse et nous sommes réchauffés au point d'enlever nos gants et nos écharpes. Les lueurs roses de l'aube sont devenues, sans perdre leur délicatesse, la gorge-de-pigeon du couchant.

Ainsi donc, me dis-je en sirotant mon café, la frontière russo-finlandaise passe ici, à nos pieds. Dans ce milliard d'arbres gris, dans cette masse qui, vue de haut, paraît d'une vacuité absolue, se cache l'ancien Salla, le village finlandais sur lequel fondirent, en décembre 1939, deux divisions lancées par Staline, avec des chars d'assaut. La Finlande était simultanément attaquée sur treize autres fronts. Or, en ce premier temps, une seule compagnie finnoise, bientôt assistée d'un régiment, parvint ici à mettre l'envahisseur en fuite.

Les Russes, si mal équipés au début qu'ils moururent de froid par milliers, reprirent l'offensive. Le commandant en chef des forces finlandaises, Mannerheim, avait besoin de renfort dans le sud et rappela plusieurs unités de Laponie. Il proposa donc à des corps de volontaires suédois de venir l'assister dans sa défense du front nord, afin qu'ils barrent ainsi la voie d'accès à leur propre pays. C'est à ces curieux neutres qu'il appartint de tenir Salla.

Les frères nordiques résistèrent sous le feu et ajoutèrent leurs morts à ceux de la Finlande. Mais, dans le sud, à la fin de 1940, des troupes soviétiques d'élite s'étaient donné une puissance irrésistible. Le 13 mars, la paix fut signée à Moscou. L'URSS s'attribua, entre autres butins de guerre, les deux tiers de la grande paroisse de Salla.

Nous sommes redescendus à notre motel. C'est en auto maintenant que nous gagnons les abords de la frontière russe. Nous trouvons la fameuse voie de chemin de fer. Sur le territoire finlandais, il n'y circule aucun train de voyageurs, mais quelques convois de bois. Ce sont les Russes, en mars 1940, qui ont exigé des vaincus la construction de cette ligne, qui rejoint à l'ouest Rovaniemi et le réseau aboutissant à la frontière suédoise de Haparanda. A quelques centaines de mètres du territoire soviétique, je peux m'approcher, en brassant la neige, d'un panneau jaune. Il coupe la voie et m'interdit, en diverses langues, y compris le français, d'aller plus loin. Le trafic est nul. Aucun échange, ici, entre les deux pays voisins et amis. Aucun trafic non plus par la route. Cependant la voie ferroviaire demeure prête.

Staline ne fut pas le plus prompt à tirer un parti militaire de ce bel axe. Mais bien Hitler. Les retournements de la Seconde Guerre mondiale et la rupture du Pacte Berlin-Moscou amenèrent les Finlandais à combattre dans le même camp que les Allemands. Ainsi survinrent à Salla, arrivés de la Norvège du Nord, les Alpenjäger du XXXVIe corps d'armée de Dietl, en été 1941. L'intention du Führer était de partir d'ici à l'assaut de Mourmansk. Mannerheim, qui approuva la reconquête du territoire de l'ancienne paroisse de Salla, en laissant ses hommes enthousiastes y ajouter une tranche de Carélie soviétique, refusa de pousser l'offensive jusqu'à la mer de Barents.

Les Allemands s'en montrèrent irrités. Mais leur fureur fut pire le 2 septembre 1944 quand la Finlande, menacée à nouveau d'un écrasement total, décida d'éviter l'occupation russe en signant avec Moscou un deuxième armistice. Les troupes du Reich, devenues soudain des adversaires, ne se retirèrent de Laponie qu'en laissant derrière elles, comme dans le Nord de la Norvège, une terre brûlée. Rovaniemi fut rayée de la carte. Les deux tiers de la commune de Salla furent rendus à l'URSS, et il se trouve encore quelques vieux Finlandais pour rappeler avec

La Finlande en janvier, à la hauteur du Cercle polaire.

amertume qu'ils ont dû céder leur terre ancestrale sans qu'ils aient, sur ce point de la frontière, jamais été vaincus.

Nous roulons sur la route qui tourne vers le nord, parallèle maintenant à la frontière. Une barrière à rennes, construite du côté finlandais, empêche l'approche de l'URSS, qu'obstrue ensuite un impénétrable rideau de branchages touffus et enneigés. Seul s'y entrouvre le tracé de quelques rivières gelées, qu'empruntent les loups et les ours en été.
 Et les hommes?
 La frontière dite de l'amitié ne les tolère pas ici. On me chuchote que du côté russe elle est physiquement condamnée, sur tout son long, par l'un de ces rideaux, peut-être minés, dont ils ont le secret. Les membres de l'Association Finlande-URSS, animée par les communistes de Salla et fort active, doivent passer à 200 km au nord par la frontière de Raja-Jooseppi lorsqu'ils sont invités en face pour un voyage d'étude solidement organisé.
 Nous frappons à la porte d'un poste de gardes-frontière finlandais, vêtus d'un uniforme gris. Ils sont peu bavards.
 — Nous devons éviter tout incident sur cette frontière de

paix, me dit un petit chef, qui s'exprime dans la langue russe qu'il étudie, nous dit-il, pendant ses loisirs.

— La vraie paix, me grogne mon compagnon de Salla, c'est la frontière de Suède que l'on peut franchir quand on veut, en voiture, sans même montrer de passeport...

Question délicate:

— Des Russes tentent-ils de fuir leur pays par cette région?

Silence.

— Demandez à mes supérieurs à Rovaniemi.

Tu parles! C'est à Salla, dans la population, qu'on me fait quelques confidences. Cinq ou six réfugiés par an parviennent à franchir ces forêts, souvent l'automne où ils peuvent se nourrir de baies.

Cependant, le gouvernement finlandais s'est engagé à rendre aux autorités soviétiques ces fuyards. A Helsinki, on nie qu'il existe à ce propos un accord diplomatique formel, mais la pratique est certaine sans qu'aucune statistique ne soit livrée au public. Pour l'ensemble de la Finlande, on ignore donc le nombre des refoulés. Voici donc un cas précis de finlandisation dans son acception sinistre. «Mais il arrive qu'on aide ces types à prendre un taxi pour la Suède, m'a-t-on discrètement raconté. L'essentiel, c'est de les mettre en garde contre tout contact, ici, avec une institution officielle.»

Pour mettre à l'épreuve leurs chers voisins, les Russes, me dit-on encore, ont envoyé de faux réfugiés.

Autres pressions frontalières plus cocasses: par égard pour les Russes, nous devons nous abstenir, en roulant près de la frontière, de mettre nos grands phares, me dit Rantala. Allez comprendre pourquoi. Craint-on des messages lumineux? On réprouve en tout cas la télévision. A Salla, il a fallu diminuer, à la demande de l'URSS, la capacité d'un réémetteur régional.

Lorsqu'un contact officiel est souhaité à travers la forêt de Salla, les gardes finlandais s'avancent jusqu'à une cabane mitoyenne vide, en pleine forêt. Ils y hissent un drapeau blanc. De leurs miradors, qui, à trois mètres au-dessus des arbres, font face à ceux des voisins, les Russes repèrent l'appel et se présentent après quelques heures au rendez-vous. Les communications doivent toujours être faites par écrit.

En dehors de ces échanges, aucun contact économique ni humain n'est permis aujourd'hui, à la frontière de Salla, entre les Russes et les Finlandais. Deux peuples officiellement amis se tiennent l'un en face de l'autre, raides comme des sapins par moins vingt-cinq degrés.

XXIII
La finlandisation vue de Finlande

Le 27 octobre 1981, Urho Kekkonen, âgé de 81 ans et gravement atteint de troubles de la circulation cérébrale, démissionnait de la présidence de la République. La Finlande avait trouvé en lui un homme d'Etat d'envergure. Pourtant le mécanisme de sa politique d'union nationale n'était guère compris par le reste de l'Europe. Ses liens d'amitié avec l'URSS ont suscité de la méfiance en Occident. L'âme de ce qu'on s'est mis à appeler la «finlandisation», ce fut lui. Que faut-il entendre par ce mot, en Finlande même?

Un fait est clair. Kekkonen a mis une telle force à convaincre ses compatriotes, fort peu russophiles, de l'opportunité de sa politique, qu'il a rassemblé derrière lui les partis et la population. Sa ligne a été jugée d'intérêt national. Aucun candidat à sa succession ne proposa d'en dévier.

Après sa voix familière et autoritaire s'est élevée celle du nouveau président, Mauno Koivisto, qui sembla parler avec une maladresse de circonstance, comme s'il convenait de se détendre un peu tout en marquant du respect à la haute figure d'un père. Mais sur le fond, le message est demeuré inchangé.

Il fut étrange d'observer à côté des royautés scandinaves, dépouillées dans une large mesure de leur pouvoir, ce chef d'Etat républicain d'un poids quasi monarchique, incontesté à l'intérieur et à l'extérieur de ses frontières, confiant en un jeu audacieux qui prit à l'égard de ses puissants voisins soviétiques un caractère très personnel. Il fut constamment réélu depuis 1956, en vertu d'une législation d'exception taillée à sa mesure.

Comment s'expliquer ce personnage rigoureusement attaché à la liberté de la nation, des personnes et des entreprises privées, qui simultanément parlait, face au Kremlin, d'une «totale confiance»?

Kekkonen est sorti du Centre, qui fut le parti agrarien. Il a choisi de gouverner le pays en écartant les conservateurs pour leur préférer l'appui de la gauche. Les sociaux-démocrates sortent en tête aux élections. Les communistes sont forts. En politique intérieure on peut donc se demander pourquoi ce pays nordique s'est montré moins manipulateur que la Suède dans ses expériences sociales, plus respectueux des intérêts privés.

Avant d'analyser l'action de Kekkonen, il faut reprendre la constitution qui fut l'œuvre d'un de ses prédécesseurs, K.J. Stahlberg, premier président de la Finlande (1919-1925), après la régence de Mannerheim. Cette règle du jeu requiert du Parlement une majorité des deux tiers pour toute loi touchant aux libertés fondamentales ou à la propriété. Elle va même plus loin. Si une disposition de cette nature doit passer rapidement — en cours de législature —, la majorité requise est des cinq sixièmes! C'est là un obstacle formidable à tout chambardement de l'ordre social.

L'acceptation de la loi par les deux tiers des députés — notez cette précaution supplémentaire — n'entraîne sa mise en vigueur qu'après confirmation par le Parlement au lendemain de nouvelles élections. Il faut donc parfois attendre des années. Rien dans le pays ne peut être bouleversé à chaud, sans une quasi-unanimité nationale. En outre, toute disposition légale, quel que soit son objet, peut être renvoyée à la prochaine législature pour peu qu'un tiers des députés l'exige.

Ce blindage imaginé par Stahlberg porte la trace d'une période où la Finlande, grand-duché durant un siècle au sein de l'Empire russe, avait vu Saint-Pétersbourg, à ses portes, travaillée par les révolutionnaires. Ceux-ci n'étaient pas plus rassurants que le tsar qui cherchait à russifier les Finnois.

La Constitution de la Finlande donne à la politique de ce pays une lenteur, rassurante pour les uns, insupportable pour les autres, qui a distingué son développement des trois pays scandinaves. Le régime est intrinsèquement prudent, ce qui rend d'autant plus remarquable le haut niveau atteint par ses institutions sociales après un pénible et lent travail de son moulin parlementaire.

La moindre égratignure à la propriété exige beaucoup de persévérance et de manœuvres. Les alliances sont incessantes entre partis parfois fort éloignés. Ainsi, durant la longue période où les gouvernements ont été une chasse gardée verte-rouge (centre agrarien, appuyé par les sociaux-démocrates et les communistes), il n'est pas exact d'affirmer que les conservateurs, avec le quart des sièges, aient été dans l'opposition. On avait besoin de leurs voix — impérativement pour les lois urgentes à majorité des cinq sixièmes.

La constitution de Stahlberg n'a pas empêché la Finlande de s'attaquer à la propriété quand l'intérêt national l'exigeait, et d'une manière spectaculaire. Ainsi les deux guerres contre l'URSS, de 1939 à 1944, ont amputé le territoire finlandais de 286 000 hectares de terres cultivées, cédées aux Soviétiques pour prix de l'armistice et pour prévenir l'invasion. Un demi-million de réfugiés, en majorité des paysans, furent accueillis et répartis dans toutes les régions du pays. Par décision nationale, les domaines existants y furent partagés avec eux.

Le peuple qui avait étonné le monde par sa vaillance, durant les combats, ne manqua pas de grandeur, dans la défaite, en accomplissant collectivement le geste de saint Martin. En vérité, ce démembrement des propriétés agricoles eut des effets économiques fâcheux car, avec la mécanisation, la diminution de la surface moyenne freina le rendement. Vingt-cinq ans plus tard, c'est l'Europe de Mansholt qui donnait le ton à la vieille Finlande de Mannerheim; pour liquider la propriété rurale irrationnelle, on offrit de fortes primes aux paysans qui acceptèrent d'abandonner leurs terres. Dès la fin des années soixante, le pays fut transformé par la ruée vers les villes et l'émigration massive vers la Suède. Mais tandis que baissait le nombre des paysans (47 pour cent de la population active en 1950, 13 pour cent au milieu des années soixante-dix), on a vu monter la masse des petits propriétaires d'un nouveau style, notamment dans ces belles banlieues où l'architecture s'harmonise avec la forêt. La prospérité permit à huit Finlandais sur dix de vivre dans leur propre maison. Un peuple ainsi tourné vers le confort demande des garanties sociales et pas l'aventure.

La politique intérieure est compliquée, les partis sont nombreux, les luttes semblent vives et les compromis parfois chancelants. Les gouvernements tombent souvent. Mais le tableau se simplifie si l'on replace, au-dessus du Parlement et de cabinets à composition variable, la haute figure du président. Alors que les rois scandinaves, malgré leur grande popularité, n'ont plus grand-chose à dire, le chef de l'Etat finlandais, selon la constitution inspirée par une position géographique lourde de menaces, est le chef des forces armées. Il est aussi le premier meneur du jeu politique intérieur. C'est lui qui désigne les premiers ministres en gardant la maîtrise de coalitions successives. C'est lui qui nomme les hauts fonctionnaires. Il est surtout le maître de la politique étrangère.

Faites aujourd'hui le tour des frontières de l'Union soviétique et vous ne trouvez que voisins colonisés, nerfs à vif, flammes et cendres.

Reste la Finlande, cette voisine exceptionnelle, sans agressivité ni panique, active, prospère, libre et, selon toute apparence, sincèrement amicale envers le Kremlin.

Pour Kekkonen, toutes les armes du monde auraient été incapables d'offrir à son pays ce qu'a obtenu sa volonté de coopération transparente et continue. La paix, le développement économique et l'indépendance furent ainsi assurés, disent les Finlandais.

Mais est-ce vrai?

La paix est indiscutable: pas de frontières plus calmes, depuis quarante ans, que les 1269 kilomètres où se touchent l'URSS et la Finlande. Nous venons de voir que c'est une tranquillité un peu figée. La prospérité économique est remarquable. La Finlande a mieux résisté à la récession que la Suède et que bien d'autres pays européens. L'accroissement des exportations vers l'Union soviétique a été une providence pour l'industrie.

Mais l'indépendance de la Finlande? C'est elle qui fait l'objet, dans la communauté internationale, de discussions et de commentaires dubitatifs.

Aux yeux des Finlandais eux-mêmes, leur indépendance est évidente. Ils se sentent aussi libres que vous et moi. Mais l'avis est différent chez les chrétiens-démocrates allemands. C'est eux qui ont lancé le mot «finlandisation», imaginé en 1966 par le professeur Richard Löwenthal, pour nourrir leurs attaques contre l'Ostpolitik. Hors de la République fédérale, de nombreux analystes anglo-saxons ou français déclarent craindre pour toute l'Europe occidentale la paralysie de la proie sous le regard du fauve, qui est le lot, à leur avis, de la république kekkonienne.

On trouve par exemple des jugements sévères dans une publication britannique, *The Reality of Finlandization*, éditée par l'« Institute for the Study of Conflict », spécialisé dans la dénonciation des manœuvres du Kremlin, de la subversion et du terrorisme. L'auteur de la brochure est un Finlandais, V.I. Punasalo. On m'a dit à Helsinki que c'est un pseudonyme.

A une Finlande battue par l'Armée rouge en 1944, après une alliance malheureuse avec l'Allemagne hitlérienne, une première contrainte extérieure fut imposée par le Traité de Paris de 1947. Militairement, le pays ne peut disposer d'une armée de terre de plus de 34 000 hommes, ni d'une aviation de plus de 3000 hommes. Pas de navires de guerre de gros tonnage, ni de sous-marins. Pas de bombardiers ni de missiles.

« La Finlande, écrit Punasalo, ne peut organiser de mobilisation. » Les Russes ont manœuvré pour empêcher le pays de se défendre, affirme-t-il.

A Helsinki, je me suis rendu à l'état-major et, sur ce premier point, j'ai constaté que la publication anglaise se trompe. Une trentaine de milliers d'hommes, ce sont les conscrits de chaque année, qui accomplissent obligatoirement 240 à 330 jours d'école de recrues. Mais avec les réservistes que la commission militaire du Parlement a décidé de remettre sur la forme, ce sont 700 000 hommes qui pourraient être mobilisés.

Les représentants de la Grande Muette ont refusé de me dire d'où l'état-major faisait venir l'ennemi dans ses exercices de guerre. Sa stratégie, qui vise exclusivement le maintien de l'intégrité nationale et s'interdit toute incursion hors des frontières, est fondée sur des systèmes de défense locale, avec deux grands centres d'appui. La tension croissante dans l'Extrême-Nord de l'Europe a poussé l'armée finlandaise à renforcer ces dernières années sa présence en Laponie.

La volonté de défense est donc certaine et même d'une exceptionnelle fermeté dans l'Europe d'aujourd'hui. Mais l'équipement est de toute évidence modeste, bien que la Finlande, avec plus de succès que l'Autriche, ait obtenu des puissances signataires du Traité de Paris le droit d'acquérir des missiles tactiques antichars, antiaériens et marins, livrés en partie par l'URSS.

L'instrument cardinal de la politique extérieure finlandaise, c'est néanmoins le traité bilatéral d'amitié, de coopération et d'assistance mutuelle, signé à Moscou en 1948 et constamment renouvelé depuis cette date. Paasikivi, alors président de la Finlande, était accompagné de Kekkonen, dont les sentiments avaient été auparavant très hostiles à l'URSS, comme ceux de la majorité de ses compatriotes après deux guerres meurtrières en cinq ans.

Paasikivi donna à son successeur une leçon de réalisme politique qui allait changer l'attitude de toute la Finlande. Les Russes, avec leur puissance mondiale, leur régime politique propre et leur tempérament, demeureront à jamais des voisins. Il faut, dit-il, s'entendre avec eux et s'entendre sincèrement.

Est-il vraiment possible à des non-communistes de créer avec le Kremlin des rapports de confiance? Les critiques occidentaux en doutent. Ils rappellent des périodes de tension où Moscou souffla sur Helsinki un froid glacial. Kekkonen, dans la troisième année de sa présidence, en 1959, recommanda d'éviter les attaques publiques contre l'URSS. Il parut se «finlandiser». Mais aujourd'hui force est de constater que la presse de Helsinki condamne sans crainte la politique soviétique en Afghanistan et rapporte avec sympathie les tribulations de «Solidarité» en Pologne. On constate seulement qu'elle s'abstient de termes injurieux...

La crise la plus grave, pendant la guerre froide, éclata avec une note de Moscou du 30 octobre 1961, où les Russes, en vertu du traité d'amitié, demandèrent des «consultations» d'ordre militaire. Celles-ci étaient prévues en cas de menaces de la part de l'Allemagne ou de l'un des alliés de celle-ci. Le risque — mortel pour l'indépendance de la Finlande: voir surgir sur son territoire des conseillers soviétiques ou des troupes d'appui. Kekkonen se rendit à Novosibirsk où, dans une intervention qui fut l'une des plus brillantes de sa carrière, il parvint à convaincre Khrouchtchev de se calmer.

L'importance des contacts personnels fut alors prouvée avec une telle évidence que le rival de Kekkonen aux élections présidentielles de 1962 préféra se retirer.

Le moment de la satellisation était-il seulement repoussé?

Kekkonen, pour répondre à ce soupçon, s'est contenté de souligner que son pays, un tiers de siècle après le traité d'amitié avec l'URSS, est demeuré libre, ouvert aux entreprises capitalistes et de régime social ou politique comparable à celui des pays scandinaves. La présence de quelques communistes au gouvernement n'a pas empêché les enfants d'apprendre l'anglais avec cent fois plus d'enthousiasme que le russe, de voir des programmes occidentaux à la télévision et d'étudier par milliers aux Etats-Unis.

Kekkonen aimait défendre sa position par un paradoxe: «Plus nous réussissons à préserver la confiance que l'URSS porte à la Finlande, plus nous créons les conditions qui nous permettent de collaborer étroitement avec les pays occidentaux.»

Un psychologue comprend peut-être cette situation mieux qu'un politologue, enclin à diviser les régimes en catégories. Une constante loyauté, envers un puissant voisin potentiellement dangereux, a paru plus avisée à Kekkonen que toute alliance compensatoire ou que toute recherche de garanties extérieures. Il a évité le moindre flottement dans la position finlandaise, qui pût créer à Moscou de l'inquiétude. Aux yeux des Finlandais, le réflexe fondamental des Russes est défensif.

Mais que faire lorsque le Kremlin commet des actes aussi odieux que l'écrasement de la Tchécoslovaquie ou la mise au pas de l'Afghanistan? «Nous voyons dans tous les points de l'horizon, aimait dire Kekkonen, des choses contre lesquelles nous devrions protester au nom de l'humanité. Mais nous ne le faisons pas. Notre ligne dans ce cas aussi est dictée par notre politique de neutralité. Des prises de position passionnelles influencent rarement le cours des événements.»

Exemple typique de finlandisation ou sagesse d'un petit Etat? A chacun de juger. «Nous devons être les artisans de notre propre chance», affirmait encore Kekkonen. Mais, lui demandait-on, tandis que les sondages montraient que sa politique était soutenue par 95 pour cent de l'opinion finlandaise, que feriez-vous si l'URSS changeait subitement de cap et ne tolérait plus à ses côtés une Finlande libre?

«Nous devons faire notre possible, répondait l'homme d'Etat, pour nous conduire de manière qu'il ne soit pas impossible à l'Union soviétique de poursuivre sa politique actuelle.» En d'autres termes, s'il est faux de prétendre, comme le dénommé Punasalo, que la Finlande se communise peu à peu, l'originalité d'une telle politique étrangère est de reconnaître comme une permanente réalité la susceptibilité suraiguë du Kremlin envers tous les facteurs affectant sa sécurité.

L'Occident pense parfois que ces égards sont un indice de faiblesse. Les Finlandais savent qu'ils seraient écrasés demain si Moscou le décidait. Mais ils sont persuadés du bien-fondé de leur attitude. Cette maîtrise de soi n'a pas éliminé le danger, mais a fait disparaître la peur.

Septième partie
URSS

Devant le Goum, sur la place Rouge à Moscou.

> « *Cette grande bise soufflait ; c'était comme si la Russie venait par elle à nous, rompant son propre hiver...* »
>
> C. F. Ramuz

XXIV
L'Express Bümpliz-Moscou

L'express Bümpliz-Moscou n'existe pas, mais presque. Le jour de Noël, qui était un samedi, nous nous trouvions, ma femme et moi, à la gare de Berne et cherchions la formation de 15 h 45 à destination de l'Union soviétique. Elle circule en hiver deux fois par semaine. Chargés de bagages et de provisions pour quarante-cinq heures de traversée, nous avions erré dans les passages sous-voie, perplexes. Personne ne pouvait nous renseigner sur ce train fantôme. Il était pourtant annoncé. Une intuition nous poussa au-delà des quais vers l'ouest — en direction de Bümpliz, précisément, qui est une banlieue de la capitale helvétique considérée, dans la mythologie des Romands, comme le dernier des trous alémaniques. Nous nous sommes engagés ainsi, en violation de toutes les règles, le long de rails glissants et sur des traverses couleur de rouille.

Un gros wagon solitaire, cossu comme une berline, portant au-dessus des fenêtres une inscription en caractères cyrilliques, nous attendait à l'écart et nous n'étions pas les premiers. Le panneau annonçait *Bern-Moskva*. Je me suis hissé à l'échelle. Dans le couloir, une bousculade de passagers et de valises. Le russe était la seule langue pratiquée. Deux solides individus à casquette kaki demandèrent nos papiers. En pleine agglomération bernoise, nous étions déjà en URSS. Nous fûmes conduits, ma femme dans un compartiment, moi dans le mien. Peu après, nous crûmes rêver. Les représentants de l'ordre, s'étant défaits de leur casquette et les cheveux châtains légèrement ébouriffés, nous apportaient, bouillants, deux verres de thé plantés dans des *podstakannik*, supports argentés à motifs cosmonautiques, accompagnés de longs morceaux de sucre. Où étions-nous? Notre berline avait été discrètement attelée au train de Bâle. Je me suis penché: Burgdorf. Arrêt. Nouvel arrêt à Sissach. Où n'allions-nous pas faire halte? Les Russes se mettaient à l'aise et commençaient à circuler dans le couloir en pyjama. Je vis sur le quai de Langenthal, où nous faisions un nouvel arrêt, un bourgeois passer sous ma fenêtre et découvrir avec stupéfaction la destination du wagon: Moscou! Il me regarda à travers la vitre d'un œil noir.

Au sortir du tunnel sous le Jura, la nuit était tombée. Les chocs de quelques manœuvres, en gare de Bâle, nous expédièrent, avec moins de haltes, jusqu'à Francfort.

Nous pensions, ma compagne et moi, être seuls, chacun dans son coupé, et projetions de passer subrepticement la nuit ensemble, lorsqu'en cette grande gare allemande, à 22 h 15, notre wagon fut envahi. Un homme maigre et soucieux, dans la cinquantaine, noiraud et pas rasé, qui me déclara regagner Tcheliabinsk en Sibérie, se mit à empiler dans mon étroit compartiment malles sur malles, ballots de literie sur sacs de nippes, parvenant au total invraisemblable de quatorze bagages volumineux ficelés à la sicilienne, que je dus l'aider à assurer jusqu'au plafond par des lanières, des cordelettes et autres stratagèmes.

Assis côte à côte, coincés sur la couchette inférieure, nous fîmes connaissance. Il était électricien dans une scierie et appartenait à l'une des anciennes minorités allemandes de l'URSS, des baptistes qui furent déplacés au-delà de l'Oural pendant la guerre. Sa mère, elle, s'était retrouvée en Allemagne de l'Ouest. Pendant dix ans, l'ouvrier avait demandé l'autorisation de lui rendre visite. Cette faveur lui avait enfin été accordée parce que la vieille femme était sur le point de mourir. Il revenait de chez elle, chargé de vêtements pour ses coreligionnaires.

Dans le compartiment de ma femme, une intellectuelle soviétique, qui enseigne le russe en Allemagne fédérale, entassa de l'électroménager jusqu'au dernier centimètre cube. L'express de Moscou filait dans la nuit germanique. «Prête-moi ton grand bruit, ta grande allure si douce, ton glissement à travers l'Europe illuminée», fredonnais-je avec Valery Larbaud. Mais son Harmonika-Zug était un train de millionnaires. Le nôtre, chargé de postes de télévision, de grills autonettoyants, de machines à laver compactes et de la bouleversante friperie d'un scieur sibérien, s'enfonçait maintenant, au-delà du rideau de fer, dans les ténèbres de la République démocratique allemande.

Le dimanche à sept heures j'ouvris l'œil et, tirant le rideau, découvris l'Alexanderplatz. On croisait les rames du métro de

Berlin, vides. Il fut temps de prendre notre petit déjeuner après la frontière de l'Oder. On avait ajouté à notre train quelques voitures polonaises et un wagon-restaurant décati. Le désastre économique du pays de Chopin se résumait en une petite marmite de cassoulets parfumés de rares rondelles de saucisse, qui nous furent servis, identiques, le matin et à midi. Par les fenêtres, on voyait les corneilles de Poméranie voler sur des plaines à peine blanchies.

À Varsovie, l'arrêt se prolongea au point que nous avons eu le temps, traversant les voies de la gare minable, de nous détendre les jambes dans une foule de fin d'après-midi dominicale. Les femmes portaient des toques qui ne manquaient pas de chien. En ce lendemain de Noël, on se promenait en famille en montrant ses plus beaux vêtements.

À notre retour, un miracle avait multiplié, des deux côtés du quai, les wagons-lits russes pareils au nôtre. Nous étions partis solitaires de Berne. Or des dizaines d'autres voitures, venues d'Oslo, de Stockholm, de Rostock, de Hambourg, de Hoek Van Holland, d'Ostende, de Paris, de Prague, de Dresde, avaient fini par composer deux trains d'une longueur inouïe, qui, rassemblant des passagers de tous les horizons européens, s'ébranlaient impérialement en direction de Moscou. Mes perspectives furent soudain bouleversées et la capitale soviétique m'apparut comme la nouvelle Rome où s'orientait la logique ferroviaire de tout le continent.

Au soir du second jour, nous roulons ainsi vers Brest-Litovsk, devenu ville frontière par glissement à l'Ouest de la Pologne en 1944-45. Les douaniers de cette république populaire ont-ils bu? Ils contrôlent les papiers à un rythme incertain, sans craindre de laisser une main toucher le sein d'une belle passagère. C'est que notre wagon est une grande famille qui s'est mise à l'aise, et nous avons notre Vénus, blonde, en chair, dont le négligé est à présent d'une transparence vertigineuse. Si nous en croyons ses confidences publiques, elle en est à son deuxième mari ouest-allemand. Elle rentre à Leningrad, sa ville.

Le train passe le pont du Boug. Nous avançons nos montres de deux heures. Il est minuit. Arrêt. C'est l'URSS. Nos deux conducteurs ont serré leur ceinture et coiffé leur casquette, d'autres casquettes entrent, portées cette fois-ci par des géants soviétiques qui ne plaisantent pas. Tous dans les compartiments! On ne bouge plus. Mon scieur transpire. Soudain des claquements de portes et des cris signalent un drame. Ma femme voit entrer dans son coupé, comme une furie, sa voisine, Vénus en personne. Elle arrache le peu de vêtements qu'elle portait. La voici nue. Ses seins sont superbes, mais elle a emporté sous le bras la tenue décente que les fonctionnaires russes, glaciaux, ont exigé d'elle. Elle se rhabille jusqu'au menton et, pâle de rage, regagne son compartiment dont les douaniers font sortir tous ses bagages. Je la retrouve sur le quai. Je suis aussi épinglé, tout comme l'homme de Tcheliabinsk. Nous suivons comme trois réprouvés les chariots qui emportent nos possessions vers le contrôle.

Ténèbres du soupçon. Un douanier, sans se départir d'une politesse hautaine, demande que j'ouvre tout, que j'explique tout. Les imprimés, dont mes valises regorgent, suspendent son souffle et le mien. Chaque page est lentement tournée. C'est un singulier hommage que rend à la littérature et à la presse le plus puissant Etat du globe que de vouer une attention aussi minutieuse à mes livres, à mes journaux. Le mot clé est *normalno*. Beaucoup de bouquins et certains magazines sont jugés «normaux» par l'inquisiteur subalterne, qui ne manque pas d'un vernis de culture puisqu'il hoche la tête devant *Les frères Karamazov*. Mais une demi-douzaine d'ouvrages et d'hebdomadaires, jugés douteux, sont transmis à une table spéciale, analysés et confisqués sans explication. Je signe un registre.

Sous la haute coupole lugubre de la gare de Brest éclate un nouveau drame, et le sang coule. A la banquette de contrôle parallèle à la mienne, mon ami le scieur sibérien, après une fouille corporelle qui me fut épargnée, a reçu l'ordre d'ouvrir prestement ses quatorze bagages. Il manie un couteau. Nerveux, il fait sauter les lanières et les cordelettes, répandant sur le sol des chemises, des pulls, des caleçons longs de laine, des couvertures, des robes. Il continue à transpirer. Sa lame glisse soudain et se plante dans sa main. Flot rouge sur la friperie.

Personne ne fait un geste pour l'aider. D'une de mes valises béantes je sors des mouchoirs, les pose dans la paume visqueuse du compagnon, l'aide à enfiler l'un de mes gants pour tenir son bandage de fortune. Il retrouve l'usage de sa main.

Entre-temps, loin de nous, chaque wagon de notre train a été hissé par des vérins pour le changement des boggies. Quand nous retrouvons notre compartiment le scieur me tend sa paume pour que je la désinfecte. Sa face hirsute est encore humide de peur, mais il exulte.

— Vous savez quoi? me dit-il.
— Non. (J'ai fini de nettoyer, je colle le sparadrap.)
— Après ma blessure, ils ont cessé de fouiller mes affaires. Ils m'ont laissé tranquille.

Je réponds: «Le diable a porté pierre», mais il ne saisit pas. Le train roule en direction de Minsk. Il fait nuit noire. On balance sur le choc doux des aiguillages.

— Le diable? fait enfin le scieur. Non, ce n'est pas le diable. C'est Dieu.

XXV
Visite aux Baltes

Deux blagues sinistres ont longtemps couru sur les rives orientales de la Baltique.

Quel est le plus grand pays du monde?

Réponse: l'Estonie. Sa frontière se situe sur le golfe de Finlande, sa capitale est Moscou et sa population se trouve en Sibérie.

Et quel est le pays le plus neutre du monde?

La Lettonie! Ses habitants ne se mêlent même pas de leurs propres affaires.

J'étais curieux de connaître enfin ces deux pays. Dans la lumière grise et pâle du tournant de l'année, j'ai vu d'abord des forêts, des clairières, des lacs marécageux, des fermes dispersées. Un paysage scandinave, en somme, sans le granit. On apercevait le cours large de la Dvina dans une plaine gagnée par une croissante platitude, envahie soudain, entre les bois, par l'industrie et ces géométries que l'on appelle, en russe et en letton, les «massifs locatifs». Le fleuve avec ses branches allait se perdre dans un golfe vaste comme une mer, et sur sa rive se dressèrent tout à coup les tours d'une ville ancienne de l'Europe du Nord. Plus qu'en URSS, je me serais cru à Lübeck ou au Danemark, avec les pignons des marchands de la Hanse, des clochers baroques de cuivre vert, des ruelles serrées autour du dôme.

La Baltique est une Méditerranée de bouleaux, de pins, d'étés lumineux, de longs hivers ténébreux et blanchâtres, où bourronne la brique rouge des vieilles bâtisses. Autour de cette mer aux eaux pâles peu profondes et qui roulent l'ambre, des peuples sont groupés en se faisant face. Ils ont échangé au cours des siècles des bijoux, des fourrures, des idées, des mots, des plats, des armes et, comme partout ailleurs, se sont beaucoup battus. Mais il faut que nous réapprenions combien ils sont proches. Les circonstances politiques, depuis quarante ans, nous l'ont fait oublier. En réalité, les Vikings, la Hanse, Charles XII ou Pierre le Grand avaient organisé un lac. Quelle est la capitale étrangère la plus proche de Stockholm? Tallinn, dans la République d'Estonie! Et de Tallinn à Helsinki, la distance régulièrement parcourue depuis 1965 par un bac n'est guère plus longue que de Douvres à Dunkerque, ou de Montreux à Genève.

D'où vient que maintenant les Etats baltes nous paraissent au bout du monde? Leur histoire est une saga de vicissitudes, que le reste de l'Europe, après quelques années d'émotion, quand ils venaient de perdre leur brève indépendance, a bien oubliée. C'est dans notre esprit même que nous avons laissé ces peuples se fondre dans l'Union soviétique que nous imaginons comme une masse indifférenciée et compacte.

Les Estoniens, avec leur langue et leur culture propres, sont aussi nombreux que les Suisses romands. Est-ce beaucoup? Est-ce peu? C'est assez pour que leur personnalité mérite d'être connue et respectée. Chacun des trois pays baltes, Estonie, Lettonie et Lituanie, représente aujourd'hui l'une des facettes les plus ignorées de la famille européenne. Trois langues! L'une, l'estonien, ressemble au finnois et au lapon; les deux autres forment, dans leur originalité baltique, une branche des parlers indo-européens, avec un caractère, dans le cas du lituanien, de langue-relique; certaines de ses formes rappellent, dit-on, le sanscrit ou le grec homérique. Ajoutons trois traditions religieuses: luthérienne en Estonie; mêlée de protestantisme et de catholicisme en Lettonie; aussi papiste qu'en Pologne chez les Lituaniens.

L'Estonie, au nord, dépasse un million et demi d'habitants; la Lettonie, au centre du littoral, deux millions et demi; la Lituanie, au sud, trois millions. Mais ces chiffres comprennent l'immigration, qui est surtout russe et ne date pas d'hier, les pompeuses églises orthodoxes de Riga et de Tallinn en témoignent; mais elle s'est révélée tellement massive (un mot que Moscou aime décidément) depuis que ces pays sont intégrés à l'URSS, que les patriotes baltes parlent d'une politique d'étouffement. Une certaine russification est indéniable: plus du tiers de

L'influence russe à Riga: les coupoles de la principale église orthodoxe transformée en planétarium; à droite, le Daugava, hôtel en gratte-ciel qui porte le nom letton de la Dvina, fleuve qui a créé la prospérité de la ville hanséatique.

Riga. Vitrine d'un photographe.

la population en Lettonie, du quart en Estonie et du dixième en Lituanie ne parlent pas la langue du pays.

Voyageur sensible à tout ce qui peut se cacher sous les neiges du Nord, j'ai visité la Lettonie et l'Estonie en cherchant à percer une situation culturelle aussi originale. Dès la première heure, je pris conscience d'un fait capital: pour tout l'amour qu'ils peuvent porter à leur petite patrie et aux valeurs communes du littoral, les Baltes ne se comprennent pas entre eux. Aucun étranger n'est capable de s'adresser à eux en leur langue. Aussi, depuis la disparition des barons germaniques et de l'allemand, le russe est-il devenu l'indispensable moyen de communication.

XXVI
Une vie de Letton

Certaines destinées individuelles résument l'histoire d'un peuple. J'ai été frappé par la vie de Fricis Menders. En me promenant dans les rues de Riga, j'ai pensé à ce Letton qui naquit en cette ville en 1885 et fréquenta l'Université de Berne. Il obtint son doctorat en droit en Suisse, mais ce ne fut pas un étudiant ordinaire. A cette époque déjà la griffe de la grande politique l'avait marqué.

Dans sa petite enfance régnaient, autour de lui, ces Allemands dont la présence remontait au Moyen Age. Amples marchands, ils avaient donné aux villes leur caractère. Grands propriétaires, et de préférence barons, ils occupaient comme en Estonie les manoirs de campagne. Ils perpétuèrent jusqu'au début de ce siècle leur hautaine prédominance sur les autochtones, voués pour la plupart à l'agriculture. A la vieille supériorité sociale germanique s'étaient ajoutées, depuis Pierre le Grand, l'autorité politique de Saint-Pétersbourg et une forte présence russe.

Mais la Lettonie s'était mise en mouvement avec l'éveil des nationalismes baltes, servis par les recherches des linguistes et la redécouverte des traditions paysannes. L'un des premiers théoriciens des nationalités, liant l'aire des langues à une revendication d'autonomie politique, fut, au XIXe siècle déjà, un pasteur allemand de Riga, Johann Gottfried von Herder.

La région de Riga, au tournant du siècle, avait aussi pris un essor économique remarquable et s'était couverte de fabriques qui dirigeaient leur production vers le marché intérieur russe. Ainsi s'affirma, à la suite d'une prise de conscience ethnique et d'un mouvement rural, une jeune classe ouvrière. Elle savait lire, choisir ses livres et prendre position, dans une tradition protestante, et se trouvait, à bien des égards, en avance sur la main-d'œuvre industrielle russe où l'analphabétisme était encore répandu. Aussi les Lettons exercèrent-ils, dans l'évolution du socialisme, une influence sans rapport avec le chiffre modeste de leur population. On les trouve, actifs et résolus, aussi bien du côté des sociaux-démocrates que chez les bolchéviques. Un solennel monument, au centre de Riga, célèbre aujourd'hui la mémoire des gardes rouges lettons qui, arme au poing, protégèrent Lénine, à Pétersbourg, en octobre 1917, dans son poste de commandement révolutionnaire de Smolny.

Nous trouvons en revanche Fricis Menders dans le camp des sociaux-démocrates. Il commence par susciter l'intérêt de l'Okhrana, la police secrète du tsar, par sa participation à la révolution avortée de 1905. Il est déporté — pour la première fois — en Sibérie. Du temps de Nicolas II, il était encore possible de s'en échapper, ce qu'il fit, et par divers détours parvint à Berne. Il devint dès le temps de ses études une figure familière et respectée des congrès internationaux du socialisme.

Pour Fricis Menders, une grande aube parut se lever en 1917 avec la nouvelle révolution russe. Mais la lutte fut aussitôt déclarée par les bolcheviques contre les sociaux-démocrates et il était l'un des hommes à abattre. Lénine, dont le fantôme allait le poursuivre jusque dans son extrême vieillesse, jugeait son intelligence et sa probité redoutables. Il disait: «Ce menchevik letton est le plus important. Il est notre adversaire le plus dangereux».

Mais pour l'heure, l'Empire russe s'était désintégré et Menders appartenait au Conseil populaire de Riga qui, à l'instar des Finlandais, des Estoniens et des Lituaniens, proclama le 18 novembre 1918 l'indépendance de la Lettonie.

Dans la confusion d'une fin de guerre et dans le voisinage de Russes en conflit fratricide, une ère nouvelle, enthousiasmante à bien des égards, commençait pour les Baltes. Pour la première fois, ils étaient maîtres de leur destinée et, s'exprimant enfin dans

A Riga, devant la tour du Dôme, une ancienne maison de marchand de la fin du Moyen Age.

leur propre langue, se donnaient des institutions de leur choix.

Menders fut de ceux qui, pour le nouvel Etat letton, signèrent un cessez-le-feu avec les Soviets et la paix avec l'Allemagne.

Le Parlement de Riga, comme celui de Tallinn en Estonie, procéda à des réformes agraires qui furent les plus audacieuses que l'Europe ait alors connues. Les barons allemands vécurent cette fin de règne dans l'amertume mais sans encourir de massacre. Ces fraîches et petites nations se trouvaient en équilibre périlleux entre plusieurs mondes. Elles se montrèrent particulièrement intéressées par les expériences sociales scandinaves, qui en étaient à leur début. La Baltique, pour quelques années, parut trouver, en marge de la brutale expérience soviétique, où l'on ne comptait plus les morts, la voie d'un progrès social respectueux de la personne humaine. On y pratiquait une économie mixte, non doctrinaire, où coexistaient les entreprises privées, les coopératives et les sociétés nationalisées. En Lettonie, les lois sur le travail étaient en avance sur tout le continent. En 1922 déjà, les ouvriers y avaient droit à deux semaines de vacances. L'assurance-maladie fut généralisée. L'agriculture progressa, assurant un niveau de vie élevé, et l'on peut se demander si à cette époque il arriva jamais, comme je l'ai vu à Riga, que les boucheries fussent fermées par pénurie de viande.

La passion nationale, c'était «la culture». La Lettonie institua une université, symbole de l'indépendance. On publia des dictionnaires. Une littérature lettonne s'affirma. Longtemps étouffées sous deux arbres monumentaux, l'allemand et le russe, les pousses baltes, avec un parfum de terroir, prenaient vigueur.

Dans le débat des patriotes lettons, la voix de Fricis Menders était celle de la gauche réformiste, au Parlement, dans la presse, aux tribunes, dans l'arène internationale. Or ces petits voisins fringants ennuyaient énormément Moscou. Leurs progrès sociaux obtenus dans le respect des règles républicaines étaient insupportables. Un putsch communiste, que l'URSS agença en Estonie en 1924, rata. L'extrême gauche, en Lettonie, ne recueillit jamais plus de 8 pour cent des voix, contre 30 pour cent pour le Parti social-démocrate. Les communistes lettons les plus actifs se trouvaient en URSS. Il y étaient influents.

La menace politique de l'Est n'était pas, dans les années vingt, la seule difficulté des Républiques baltes. L'industrie de Riga avait perdu ses débouchés russes. De surcroît, la crise mondiale la frappa. Le trouble gagna les milieux politiques, d'autant plus que montait à l'Ouest un autre danger majeur: le fascisme. L'ivresse démocratique des débuts s'était traduite, à Riga, par des coalitions parlementaires changeantes et débilitantes, avec une poussière de partis qui défendaient autant de minorités ethniques que de doctrines. L'émiettement conduisit à la crise politique et finalement à une reprise en main autoritaire. Le leader agrarien Karlis Ulmanis devint en 1934 l'homme fort de la Lettonie. S'il suspendit le régime parlementaire, il faut reconnaître qu'il eut à se défendre aussi bien contre des nazis locaux qu'envers les menées communistes. Le territoire letton, pris en tenaille, devenait très étroit.

Fricis Menders, le socialiste, gênait Ulmanis comme l'une des personnalités les plus écoutées de l'opposition démocratique. Il fut enfermé six mois dans un camp.

Ainsi vécut-il sa deuxième incarcération, dans sa propre patrie.

Staline signa avec Hitler, le 23 août 1939, le pacte de non-agression dont j'ai vainement cherché la mention dans les articles de l'Encyclopédie soviétique consacrés à l'Estonie, à la Lettonie ou à la Lituanie. La destinée de ces trois Etats n'aurait donc pas été bouleversée par cet événement? Pas un mot à ce propos dans la bouche des guides de Riga ou de Tallinn, tout portés qu'ils soient sur la digression historico-politique. J'ai donc rêvé sans doute que l'Allemagne nazie accorda, contre le droit d'envahir la moitié occidentale de la Pologne, le champ libre aux Russes à l'est et dans les pays baltes. (Le texte du pacte et des accords secrets qui le complétèrent, parfaitement explicite, peut être cependant consulté par les amnésiques dans toutes les bonnes bibliothèques diplomatiques d'Occident.)

L'Encyclopédie soviétique, que je lis assidûment, s'étend longuement en revanche sur un pacte d'aide mutuelle signé entre la Lettonie et l'URSS le 5 octobre 1939. Il a prévu «le stationnement d'un petit nombre de troupes soviétiques sur le territoire letton, pour garantir son indépendance nationale». Malheureusement — je continue mes citations — «les dirigeants lettons sabotèrent l'accord et rassemblèrent les forces antisoviétiques de l'aire baltique». Cette accusation mériterait une explication que le texte ne m'a pas fournie. Pour me consoler, j'ai relu *Le loup et l'agneau.* Le petit fut à vrai dire dévoré successivement par deux gros.

Le 17 juin 1940, «avec le consentement du gouvernement», dit l'Encyclopédie soviétique, l'Armée rouge entra en Lettonie, «reçue par des démonstrations populaires que brisèrent les organisations fascistes». Il s'ensuivit «une situation révolutionnaire» qui permit au Parti communiste letton de renverser le gouvernement, le 20 juin.

Les Soviétiques n'ont pas eu besoin, par la suite, de renouveler beaucoup, dans d'autres Etats de leur voisinage, cette technique de prise du pouvoir. Des commissaires venus d'URSS présidèrent, en Lettonie comme en Estonie et en Lituanie, à la création de républiques populaires. Après des élections à liste unique, 97 pour cent des députés du nouveau Parlement demandèrent que leur Etat soit incorporé à l'Union soviétique. La requête fut votée à Riga le 21 juillet 1940. Le 5 août, empressé de témoigner sa compréhension envers le désir profond du petit peuple frère, le Soviet suprême accepta. Moscou était désormais la véritable capitale des Républiques baltes.

Durant une petite année, le Kremlin chercha, pour la façade, l'appui de la gauche non communiste, et certains se persuadèrent qu'une coopération loyale était possible. Menders se tint sur ses gardes mais d'autres, qui croyaient à un retour de l'indépendance, se sentirent roulés. Le poète progressiste Johannes Vares-Barbarus, fut flatté de devenir «premier ministre» d'Estonie. Quand il s'aperçut qu'il avait été manœuvré comme un «idiot utile», il se suicida.

Mais alors que l'Allemagne devenait de plus en plus menaçante, Staline décida de frapper. Il procéda à la décapitation des peuples baltes. Cette Saint-Barthélemy ne sera jamais oubliée. La nuit du 13 au 14 juin 1941, des dizaines de milliers d'arrestations remplirent d'interminables colonnes de fourgons, de wagons à bestiaux et des trains entiers de pasteurs, de prêtres, de professeurs, de militaires, de commerçants, de journalistes, de fonctionnaires. Deux pour cent de la population de Lettonie et de Lituanie et cinq pour cent des habitants de l'Estonie furent déportés d'un seul coup en Sibérie.

Manœuvre de dernière heure à la veille de l'invasion hitlérienne? Nullement. On sait aujourd'hui que l'ordre de ce transfert de l'élite balte «à l'Est» et les listes de personnes à arrêter avaient été préparés vingt mois auparavant.

De nouveaux transferts de population étaient prévus, mais ce fut soudain Scylla après Charybde: les troupes hitlériennes occupèrent Riga. Les pays baltes envahis furent incorporés à l'Ostland allemand. Une centaine de milliers de résistants furent arrêtés par la Gestapo, tandis que trois brigades de partisans lettons se battirent du côté des Soviétiques. La haine des barons allemands et le souvenir de leur morgue n'avaient pas préparé ces peuples à l'accueil de nouveaux maîtres germaniques. Ceux-ci s'acharnèrent surtout contre les juifs: ils étaient 300 000 dans les Républiques baltes; 240 000 d'entre eux furent massacrés.

Le 11 octobre 1944, Riga était libérée. Plus exactement: rendue à Moscou. Un social-démocrate comme Menders, échappé aux premières déportations staliniennes et qui avait eu la chance de survivre à l'occupation allemande, fut victime de la troisième vague de terreur. Le Kremlin était décidé à faire de la Lettonie, avec sa tradition industrielle et son zèle au travail, une république modèle, pourvoyeuse exemplaire de produits alimentaires et industriels. Les investissements furent considérables. Mais la soviétisation passait par la collectivisation forcée de la paysannerie. Ses actes de résistance entraînèrent une nouvelle tragédie. Les agriculteurs furent arrêtés, houspillés, envoyés à leur tour dans les camps par dizaines de milliers.

Menders fut arrêté à Riga en 1948, comme tant d'autres Lettons accusés d'activités antisoviétiques. Au goulag, lui aussi! Son camp? Le «Dubrovlag», dans les steppes de Mordovie, où l'on dit qu'achève de se survivre aujourd'hui un dernier carré de Baltes. Fricis Menders avait plus de chance que les autres: il pouvait compter, en Europe occidentale, sur l'amitié de socialistes éminents qui firent pression. Il fut libéré en 1955, après sept ans de travaux forcés. Court répit. A Riga, on le mit sous la surveillance permanente des sbires et des mouchards. Agé de 65 ans, il avait entrepris d'écrire ses mémoires. On fouilla son domicile. On lui vola un manuscrit de 3000 pages. Procès. Harcèlement. Il refusait de se reconnaître coupable d'aucun acte délictueux. En 1969, il fut arrêté pour la dernière fois. Il était âgé de 84 ans. Il incarnait l'honneur de la social-démocratie. On le condamna une fois de plus. Cinq ans de déportation. Le motif? Le contact qu'il avait noué avec un jeune historien américain d'origine lettonne. La brève période où il se retrouva dans un camp acheva de le briser. On rapatria le vieillard en 1970, à temps pour qu'il puisse mourir à Riga sans scandale.

La silhouette du vieux Riga est dessinée par trois églises, indiquant le cours de la Dvina. Leurs parties les plus anciennes datent du XIIIe siècle, époque des Chevaliers teutoniques. Ils apportèrent un christianisme armé, l'architecture et la domination sociale germaniques. A gauche, la flèche ajourée de Saint-Pierre, à droite le clocher du Dôme et celui de Saint-Jacques.

Dans les années qui suivirent, la Lettonie, avec l'appoint d'une forte immigration venue des autres régions soviétiques, atteignit des résultats économiques impressionnants. La petite république livra à l'immense URSS, qui a cent fois sa population, un wagon sur quatre, un transistor sur cinq, un tram sur six, un moteur diesel et une machine à laver sur sept, une ampoule électrique sur neuf.

Mais certains dirigeants communistes du pays, qui avaient gardé le souci de leur communauté nationale, osèrent, dès la mort et la répudiation de Staline, s'émouvoir de la subordination de l'économie lettonne aux organes de Moscou. Ils demandèrent que le gouvernement de la République socialiste soviétique, à Riga, soit davantage qu'une façade. Ils voulaient faire admettre la règle que les fonctionnaires russes envoyés en Lettonie soient tenus de pratiquer la langue du pays. Le porteur de ces revendications, le vice-président du gouvernement letton, Eduard Berklavs, parvint en 1959 à s'assurer l'appui de la majorité du

Riga. Vente de choucroute à la veille de Nouvel An au marché kolkhozien.

Politburo de sa république. La réaction fut sèche. Khrouchtchev en personne débarqua à Riga, fit enquêter, questionner et réquisitionner. Berklavs fut déporté. La purge des éléments nationalistes du Parti communiste letton entraîna la chute du président, de plusieurs secrétaires du Parti, de ministres, de rédacteurs en chef. L'ordre fut à nouveau *normalno*.

Travailler, livrer, cesser de rêver. L'oubli, ou l'apparence de l'oubli, est devenu, m'a-t-on dit, une règle de vie. Aucune allusion n'est faite, aujourd'hui, à la violence impitoyable avec laquelle la population des pays baltes a été matée. Fricis Menders, qui n'a pu nous transmettre le récit de ses tribulations et, à travers elles, l'histoire de la Lettonie au XXe siècle, eut en somme une existence très ordinaire. Il ne fut que l'un des 500 000 Baltes qui ont passé par la prison et les camps pour apprendre à se taire.

XXVII
La musique de l'Estonie

Personne ne m'avait prédit un tel contraste entre Riga et Tallinn. Le climat de la capitale lettone était lourd. Il traînait dans les quartiers de la ville l'air grisâtre et fatigué d'un après-guerre. Je suis tombé un soir sur un grand magasin d'alimentation qui dut faire l'orgueil architectural des contemporains de Nicolas II, mais que je dus ranger parmi les lieux les plus dégarnis et sinistres d'Europe. Je reste hanté, après mon passage dans son rayon de poissonnerie, par le souvenir de ses comptoirs de faux marbre blanc, vides et luisants sous un néon de morgue. Seules quelques boîtes de conserve — à deux pas de la Baltique aux eaux fécondes — traînaient sur un présentoir, bosselées et comme rescapées d'un accident de camion. Pauvres Lettons, pensais-je. Dans un bar à café près du dôme, la serveuse paraissait se venger sur le client d'un amer destin personnel. Allez savoir pourquoi elle refusa de me servir. Dans une cave à vin, plongée dans des ténèbres à prétentions décoratives, j'ai fini par distinguer les petites flammes d'yeux méridionaux : des boursiers libyens, venus s'initier à l'aviation dans une haute école technique. En plein désert de Cyrénaïque, il se seraient sentis moins solitaires. Repas, un soir, dans un petit restaurant gastronomique, le « Put vejini ». Pas d'enseigne dans la ruelle. Porte fermée. Un passant me révéla qu'il fallait frapper. On montre patte blanche pour être admis comme complice au caviar des happy few. La soirée se termina mieux qu'elle n'avait commencé. Nous fûmes placés à une table à quatre, en face d'un couple qui eût souhaité être seul. L'alcool brisa soudain la gêne et, un dictionnaire posé à côté de mon assiette, j'appris comment un Russe épris d'une Lettonne peut se sentir à Riga à la fois chez lui et ailleurs. Il travaillait dans les transports. Elle n'était pas rassurée par notre présence.

L'opéra m'apporta son soulagement incantatoire. Le *Casse-noisette* et ses ballets m'enlevèrent dans une chimère enfantine. La grâce, le sourire, les politesses d'antan, qui rappelaient aux gens qu'ils n'étaient pas seulement des bêtes à statistiques, avaient donc trouvé en cette ville leur lieu. Mais au tomber de rideau, le public parut gêné d'applaudir.

Peut-être est-ce l'hiver, me suis-je dit, qui pèse sur le cœur des Lettons? Pas seulement ce froid-là. Ce climat était bien celui de Riga. Or l'étape suivante, Tallinn, me réserva un choc. Peut-être l'aurais-je trouvée triste, la capitale de l'Estonie, si j'étais venu directement d'Occident. Mais, après quelque temps en URSS, je fus émerveillé de voir des vendeuses qui souriaient, des serveuses serviables. Les visages et les usages s'étaient éclairés. Il est vrai que des amis de Moscou m'avaient dit: «Nous allons en Estonie pour avoir le sentiment d'être à l'étranger, les gens sont comme en Occident!»

Mais pourquoi, me suis-je demandé, pénétrant par les remparts en pierres de taille dans la vieille ville de Tallinn, l'air est-il ici différent? Un petit peuple paraît avoir préservé le rythme de sa propre respiration. Il se distingue des austères mœurs publiques d'URSS par un plaisir social. Il pratique les salons de thé, où des dames blondes se pressent devant la pâtisserie, des bistrots pour jeunes où les filles ne sont pas toutes farouches, des cafés où l'on boit de si grand cœur cognac arménien et vodka que la consommation moyenne d'alcool, en cette république, est de moitié plus forte que dans l'ensemble de l'Union soviétique.

A vrai dire, tous les poivrots ne sont pas du pays. La Finlande est autorisée à envoyer à Tallinn ses touristes d'un jour ou d'une fin de semaine. Ils réembarquent en titubant sur leur bac, mais leurs gesticulations ne sont que l'aspect le moins plaisant d'une bénéfique fraternité entre Estoniens et Finnois. Leurs parlers sont si proches qu'ils peuvent converser sans peine. *Yksi, kaksi, kolme*, un, deux, trois, ne posent aucun problème. Langues non indo-européennes, voyelles gaies comme des coups de serpe et syllabes nettes aux antipodes des subtils chuintements et des sons mouillés des Slaves. Du nord au sud du golfe de Finlande, les paroles passent, mais aussi les vêtements, les modes, les idées, et ces menus objets et libres propos d'Occident qui ne parviennent que sous le manteau, et avec mille difficultés, dans les autres régions de l'URSS. Le fait sociologique majeur, c'est que seuls, en Union soviétique, les Estoniens ont accès à une télévision occidentale — celle d'Helsinki. Ils vaquent à leurs affaires derrière leurs frontières farouchement gardées, mais tous les soirs ils peuvent voir comment on vit et comment on parle dans l'autre monde. Les films et les reportages de nos pays accumulent leurs témoignages dans les esprits. Les informations de la télévision ou de la radio finlandaises complètent les programmes de Moscou

Recrues de la marine soviétique dand une rue du vieux Tallinn.

qui montrent à Kaboul des enfants bouffis de santé. Les programmes locaux émettent six heures par semaine en estonien et vingt-neuf heures en russe.

Dans l'air plus léger de Tallinn, on ne saurait surestimer la part de l'oxygène d'Helsinki. L'apport n'est pas limité d'ailleurs à l'Estonie.

Les Finlandais, situés aux marges extrêmes de l'Europe, sont parvenus à imposer à l'Occident, fasciné par leurs dons esthétiques, une architecture, une mode vestimentaire, un art décoratif. Les frères finno-ougriens d'Estonie subissent cette influence qui stimule leurs propres dons. Plus profondément, ils sont fortifiés par l'exemple de cette indépendance finlandaise sans provocation, encouragés dans leurs propres recherches, et les voici qui, à leur tour, malgré leur nombre dérisoire au sein de l'URSS, répandent vers la Russie et les autres républiques les produits de leur industrie textile et leur magazine de mode *Siluett*; les voici qui absorbent le jazz et le relaient à l'Est avec leurs propres orchestres ou qui opposent un art non figuratif aux mélancoliques roulements de muscles du réalisme socialiste; les voici qui tentent de développer les arts graphiques dans cet empire soviétique où les slogans léniniens ont la fraîcheur et la légèreté des péans pour Assurnazirpal.

Comme dans tous les pays communistes, le terrain demeure miné et les artistes ont le pied précautionneux, comme s'ils marchaient sur la glace douteuse d'un lac au printemps. Soudain tel artiste disparaît dans un trou. Tel écrivain soupçonné de nationalisme bourgeois devient l'ennemi public. J'ai cherché à rencontrer tel créateur qui ne répondait plus à son adresse. J'ai parlé avec tel autre qui résuma la situation en français: «Ma grand-mère est tombée dans la m...» Que voulait-il dire par cette phrase sibylline? Peut-être ce qu'exprime en termes clairs l'un de ses compatriotes qui signe du pseudonyme de Peeter Gustavsson un manuscrit envoyé clandestinement à Stockholm, où il a été publié en estonien en 1984: celui qui transporte un étranger dans sa voiture sans autorisation préalable peut être frappé d'une amende administrative équivalent au salaire de quinze jours. Même peine pour celui qui reçoit chez lui un Occidental. Si la visite est découverte, la fouille de l'appartement est immédiate. Depuis les accords d'Helsinki, l'auteur de ces *Soucis du jour en Estonie (Tänapäeva mured Eestis)* révèle que le nombre des personnes autorisées à se rendre à l'étranger en voyages privés a été réduit de 1000 à 600 par an. Dans la république voisine, écrit-il, seuls 109 Lettons ont reçu en 1983 la permission de rendre visite à leur parenté de l'autre côté du rideau de fer. Gustavsson affirme enfin que l'alcoolisme est aujourd'hui la principale plaie de l'Estonie.

Mais un soir, à Tallinn, je reçus le conseil de me rendre, dans les vieux quartiers, au Raekoja, ce qui signifie en estonien l'hôtel de ville. Il date du XIVe siècle et il ne s'en trouve pas de plus ancien en URSS. Il a été bien restauré, avec son appareil de pierres brutes, son arcade gothique, son mince beffroi baroque. Un ensemble musical et vocal de la capitale, le *Hortus musicus*, y donnait un concert. Arrivés sans billets, nous fûmes accueillis avec grâce. On se serait dit entre amis. Des escaliers médiévaux conduisaient dans une antichambre voûtée où des mannequins assis présentaient des costumes d'autrefois. Or, curieusement, certains d'entre eux bougeaient et mystérieusement tiraient l'archet sur le rebec. Nous étions entourés de cadences et de mélodies. Au lieu du brutal vestiaire des Russes, où un garde-de-corps étreint les fourrures et exige les toques, chacun pendait librement son manteau dans le vestibule et se dirigeait vers un petit bar, derrière une colonne, où l'on continuait à deviser jusqu'au spectacle. La mise était élégante et les femmes jolies. Société inattendue que cette centaine de mélomanes, maintenant assis en demi-cercle, dans l'intimité d'une salle gothique, où apparurent de

L'entrée dans la vieille ville de Tallinn, appelée autrefois Reval. C'est ici le cœur de l'Estonie. Au fond, le clocher de l'Hôtel de Ville, ajouté en 1627 à un bâtiment médiéval.

jeunes musiciens vêtus de houppelandes, de chausses, de jaques et de cottes. L'aisance, la familiarité, la tenue mélodique m'enchantèrent. On joua des airs instrumentaux de la Renaissance, que suivit un petit opéra bouffe en italien. Une asperge blonde dont j'aurais, à la voir, attendu une voix de fausset, se révéla l'une des plus chaudes et émouvantes basses que j'ai entendues de ma vie.

C'est de ce chanteur que je me suis approché après le concert. «Nous nous exerçons tous les jours», me dit-il. Des professionnels du plus haut niveau.

J'appris que le *Hortus musicus* naquit, vers 1973, de la passion de quelques élèves du conservatoire de Tallinn pour le chant grégorien, l'art lyrique des troubadours, les madrigaux, les polyphonies compliquées de la Renaissance, les compositeurs français du XVIe, Clément Janequin ou Guillaume Cauteleux. Leur initiateur était le musicologue estonien Andres Muetonen. Participant d'une vogue qui a gagné toute l'Europe, l'enthousiasme ajouta au travail des quatre voix les instruments du passé, puis les vêtements d'époque. Ainsi se développa le projet d'un spectacle total. Il acheva de faire la réputation du groupe.

Il serait exagéré d'affirmer que le Parti communiste, médor de la culture, jappa de joie. On connaît d'autres ensembles d'URSS, voués à la musique ancienne, qui ont connu le succès et les ennuis. Ainsi *Madrigal* que dirigea André Volkonsky à Moscou, dont l'aventure s'acheva par une campagne de remise au pas, l'exil du chef, écarté de l'Union des compositeurs soviétiques, quoique l'ensemble ait pu poursuivre son travail. Peut-être le *Hortus musicus* a-t-il été préservé par la vive attention que lui porte la Finlande.

Dans les années soixante-dix, un journaliste d'Helsinki entendit par hasard l'un de ses concerts pendant une excursion à Tallinn. Il lui inspira un article dithyrambique. Son pays invita les chanteurs. Un triomphe immédiat amena la Suède à s'enflammer à son tour. D'autres organisateurs occidentaux se pressèrent dès lors au portillon.

D'une autre manière, plus ample et plus profonde, la musique marque la vie des Estoniens.

Le cœur de leur patrie est une conque, Laulupeo väljak, auditorium en plein air dans le quartier des parcs, à Tallinn.

Oleviste, l'église de Saint-Olaf, dans la vieille ville de Tallinn, révèle l'influence scandinave. Mentionnée en 1267, reconstruite en style gothique au XVe siècle, sa flèche, qui passait pour l'une des plus hautes du monde, était un point de repère pour les marins.

Quittées la vieille ville et ses tours, on aperçoit, dans cent hectares de beaux arbres dénudés, le palais de Kadriorg, construit par Pierre le Grand, d'un baroque amarante et blanc. Le guide omet de dire que du temps de l'indépendance le président de la république y avait sa résidence. Nous parvenons peu après au lieu qui est devenu le rendez-vous national et l'espace du possible.

Les fêtes de chant favorisèrent dans l'Europe du XIXe siècle l'éveil des nationalismes. Pour les Estoniens, dominés par les barons baltes et Saint-Pétersbourg, parlant une langue que les autres tenaient pour un idiome de croquants, l'art choral fut le cri du cœur, le salut aux traditions du fond des âges, l'appel à la liberté. Le premier festival des chanteurs de toute l'Estonie date de 1869.

La langue estonienne n'avait pas jusqu'alors trouvé toutes ses formes intellectuelles. Elle était entrée en littérature par les récits populaires, d'abord oraux, puis recueillis en une épopée, le Kalevipœg, tout comme les Finnois avaient retrouvé leurs sources dans la compilation du génial Kalevala. Et de même qu'en lapon, autre langue du groupe finno-ougrien, les mots sont si proches de la nature qu'il en existe plusieurs dizaines pour désigner la neige, alors que «la neige» tout court atteint un degré de généralité contraire à ce système de pensée, ainsi les Estoniens, cultivant la terre depuis des siècles dans leurs clairières et chassant ou pêchant depuis des millénaires, disposaient d'un vocabulaire adapté aux moindres nuances d'un feuillage ou d'un ciel, à tous les types de marais, à toutes les façons dont volent ou détalent les bêtes. Mais il leur manquait les mots abstraits.

De cette finesse de l'oreille aux aguets naquit d'un mouvement spontané le goût du chant. Une ethnie jugée inférieure, mais apte à se réunir en musique, fit l'épreuve de son pouvoir.

Grande stupéfaction, mêlée de doutes hautains, chez les aristocrates baltes de langue allemande autant que chez les Russes, de découvrir en 1918 que ce petit peuple d'anciens serfs se montrait capable, d'un jour à l'autre, de créer un Etat! L'un des soucis les plus urgents des autorités fut alors de parachever la langue nationale. Parallèlement à la réforme agraire et à la promulgation des lois sociales, on vit de mois en mois des magistrats fabriquer des mots, clarifier des règles de conjugaison, étendre des vocables à des domaines nouveaux. Il semblait que le peuple estonien revivait la période mythique de ses épopées où, le chasseur devenant paysan, les rois avaient dû créer un langage.

« Tallinn » signifie en estonien « ville danoise », rappelant la conquête de cette forteresse du golfe de Finlande par le roi du Danemark en 1219.

Une ferveur commune, de la moindre ferme de bois au palais de Kadriorg en passant par les ingénieurs et les poètes, trouva sa manifestation suprême dans le festival de chant. Toute une élite qui s'était dispersée dans l'Empire russe et en Europe regagna la petite patrie.

Survinrent les catastrophes, la perte de l'indépendance, en 1939, l'occupation allemande, le retour en force des communistes dont le vocabulaire politisé et technocratique leste de plomb l'estonien d'aujourd'hui. L'existence même de la langue a été mise en danger par la main-d'œuvre immigrée. Aussi l'activité chorale, plus que jamais, exprime-t-elle une volonté de survie. Le Festival de Tallinn n'a pu être ni supprimé, ni entièrement manipulé. Il représente, tous les cinq ans, à la barbe du Kremlin, les états généraux de la nation. Le chant rassemble au *Laulupeo väljak* (la place de chant), pour deux jours, plusieurs dizaines de milliers de choristes et un public qui dépasse le quart de million. L'ethnie estonienne comptant, comme on l'a vu, un million de personnes, on mesure la vigueur de la démonstration.

Les 500 000 immigrés, qui forment le tiers de la population de la République estonienne, participent peu à la vie culturelle «régionale», et, contrairement à la minorité russe d'autrefois, demeurent comme un corps étranger. Pour eux, le *Laulupeo väljak* n'est que folklore. Les dirigeants soviétiques mesurent en revanche toute la force qui se dégage de cette conque. Ils se sont efforcés de l'orienter à leur profit. Mais comment réagir lorsqu'une chorale russe invitée est saluée d'applaudissements polis alors qu'un ensemble venu de la libre Finlande reçoit une interminable ovation? Les autorités ont imposé des hymnes de stricte orthodoxie communiste, tel «Le Parti de Lénine». Mais curieusement, pour moduler ça, les cordes vocales ne sont pas aussi déliées qu'au moment où les choristes, et bientôt la foule avec eux, entonnent *Mu isamaa on minu arm*. Qui peut avoir le moindre doute sur les sentiments? «Ma patrie est mon cher amour», disent ces mots d'une femme poète du XIXe siècle, Lydia Koidula, mise en musique par un compositeur estonien de la période soviétique, Gustav Ernesaks.

On raconte à Tallinn des épisodes piquants des anciens festivals. En 1960, le *Mu isamaa* fut interdit. Il suscitait une ferveur subversive. Mais à l'instant de la clôture, le chant absent du programme fut spontanément entonné par des centaines et bientôt des dizaines de milliers d'Estoniens, qui se mirent debout.

Les agents du service d'ordre couraient le long des gradins, s'agitaient, commandaient en vain de se taire et de se rasseoir.

Dans l'attente du prochain festival, on vous emmène à travers les parcs jusqu'à la conque du *Laulupeo väljak*, vide sous un ciel de neige. On vous prie de descendre avec respect les gradins jusqu'à l'estrade, sous son voile de béton. Le froid vous fait frissonner, vous êtes seul. Derrière les arbres, des cargos glissent lentement sur l'eau de la Baltique, couleur de zinc.

XXVIII
Leningrad et les Tessinois

Dix heures et quart. Le soleil de janvier s'élève sur Leningrad, boule écarlate au fond des brumes grises. La Neva pousse ses dalles de glace enneigées. Le fleuve descend large et lumineux vers la banquise du golfe de Finlande entre la monumentale pâtisserie verte du Palais d'Hiver et la façade bleu de Sèvres du Musée d'anthropologie. D'une rive à l'autre, la flèche de l'Amirauté salue celle de la forteresse Pierre-et-Paul. Le rouge abricot

L'île Pierre-et-Paul sur la Neva. Là, Trezzini commença par une forteresse (1710) l'édification de la nouvelle capitale de Pierre le Grand; il poursuivit par la basilique dont la flèche est devenue le symbole de la ville.

de la vieille université réchauffe le jour blanc. Quelle beauté! Quels pastels baroques!

Dès l'instant où je suis sorti de la gare pour descendre la Perspective Nevsky, m'arrêtant à chaque canal, me penchant à la barrière sur les eaux gelées, devinant à Griboïedov l'ancien canal Catherine et l'ombre de Raskolnikov, j'ai senti la tête me tourner. Après la vigueur rude de Moscou et l'irrespectueux tohu bohu de ses quartiers, l'ordonnance de la capitale de Pierre le Grand m'excita et tout à la fois m'apaisa de sa prodigieuse harmonie.

Chaque pas, sur les quais qui donnent à la ville son dessin intérieur, mène à un pont dont l'arche émeut, à des frises de ferronnerie dont les motifs ne cessent de se renouveler, à des parapets où la pierre de taille engivrée se galbe en arrondis délicats. Une monumentalité discrète, sous le ciel couvert, s'exprime dans l'unité lyrique des arcades, des reverbères, des stèles, des escaliers qui gagnent l'eau.

Et quelle foule familière, autour de moi, jusque dans les rues solitaires, Dostoïevsky, oui, mais aussi Moussorgsky à la trogne allumée, Diaghilev portant les épreuves de *Mir Iskousstva*, sa revue, et, toutes époques mêlées, Pouchkine que j'aperçois, bien réel en sa statue de la place des Arts, le bras tendu comme pour

D'un quai à l'autre et de pont en pont, le jeu sans cesse renouvelé de la ferronnerie de Leningrad.

ouvrir son siècle à une langue russe soudain plus nette que le diamant et plus souple qu'une branche de bouleau, Souvorov couvert de médailles, rescapé des neiges du Saint-Gothard, Krusenstern, campé sur son socle de granit finlandais, qui fut le premier navigateur de l'Empire des tsars à faire le tour du monde, Rimsky-Korsakov dont j'entends *La Fille de Pskov* au Théâtre Kirov, l'ancien Théâtre Marie, où l'on chante, où l'on danse, où le vieux peuple des moujiks se presse sur scène derrière ses popes et ses icônes. Quelles voix montent sous le lustre impérial et les cinq niveaux de loges bleu et or !

Je me retrouve sur le quai où, voici cent ans, Alexandre II, le réformateur, regagnant son palais en traîneau, eut les jambes brisées, le ventre ouvert et la vie soufflée par une bombe de la Liberté du Peuple, les Brigades rouges d'alors. Et voici le pope Gapone rassemblant les ouvriers face au Palais d'Hiver et les poussant sous les balles de la garde impériale et le knout des cosaques pour la révolte de 1905. Mes pas gagnent le canal courbe de la Moïka, la Neva, le quai Koutouzov, la Fontanka qui débouche sur la Neva, le pont, la Gare de Finlande où le 4 avril 1917 Lénine, venu de Zurich, sortit de son wagon.

Mon errance est ranimée par l'appel des canaux, par leur courbe qui me reconduit à la Perspective Nevsky comme à l'axe de toute la ville et de toute l'histoire russe. La foule de chair et d'os est compacte sur les deux trottoirs. Elle court les magasins. Elle paraît moins âpre que celle de Moscou. Elle trouve là ses magasins de vêtements, ses librairies, mais aussi le dépôt de pain où curieusement l'acheteur perce la miche d'un coup de couteau pour s'assurer qu'elle est encore fraîche. Files d'attente, piétinement dans le gros sel gris, mais dès que je m'écarte de l'avenue maîtresse, les rues sont à nouveau désertes, je me trouve seul sur des quais sans âge. Je marche sur le verglas, en pleine chaussée, prenant garde à de rares taxis. Quel sort a frappé la ville des ballets, des romans et des révolutions ?

Oui, la nuit, les quais paraissent ceux de naguère ; je suis à Saint-Pétersbourg. Sous la silhouette noire des arbres passent quelques baladeurs de chiens. Je marche d'un lampadaire à l'autre sous le baroque et le classique des façades, dans l'inépuisable et sobre invention des décors. Je me soûle de cette ville qui, au XVIIe siècle, n'existait pas et qu'un coup de baguette impérieux a fait naître. Je pousse les portes d'entrée, je guigne en pleine nuit dans de lugubres cours intérieures. J'aperçois derrière

Le canal Griboïedov, ancien canal Catherine et l'un des trois cents ponts de l'ancienne capitale.

les vieux rideaux de pauvres corridors à chats, des chambres jaunâtres à la tapisserie déchirée, des logements rafistolés. Un poème de Mandelstam, couché peut-être ici-même dans ses carnets, accompagne mon souffle en cette heure hivernale, comme une buée:

> *Le froid me donne des frissons —*
> *Je voudrais perdre l'usage de la parole.*
> *Mais de l'or danse dans le ciel*
> *Et il m'intime l'ordre de chanter...*
> *Car le voici le véritable lien*
> *Avec l'univers mystérieux!*
> *Quelle inquiétude déchirante*
> *Et quel malheur viennent d'échoir!*

Vers de 1912. Ossip Mandelstam avait vingt-et-un ans. Il fondait en cette ville, avec Goumilev et Anna Akhmatova, le mouvement acméiste et sa Guilde de poètes. Quel bonheur de leur adresser ici une pensée, et dans le souvenir de ce que furent leurs vies, quelle «inexprimable tristesse». Ces mots aussi sont de lui: *nevirazimaya pietchal*.

Leningrad, dans un premier temps, m'a valu tant de rencontres, de cris, de confidences, et les visages familiers, la musique, les poèmes, la grande rumeur des foules m'ont distrait au point qu'il m'a fallu reprendre ce parcours des rues et des quais pour regarder enfin, dans leurs détails, les bâtiments. A propos des palais, le guide cita beaucoup de noms italiens, tels «Andréi Petrovitch Tresini», constructeur de la ville, ou «Karl Ivanovitch Rossi», auteur du complexe de la rue des Théâtres.

Mais l'Italie politique n'existait pas, du temps de ces deux architectes, qui se disaient peut-être lombards. Plus précisément, ces deux hommes venus du sud des Alpes, tout comme Pietro Antonio Trezzini, auteur de la Basilique Saint-Vladimir, Luigi Rusca, qui conçut le palais de Tauride, Domenico Adamini, qui signa un palais sur la Moïka, et tant d'autres encore, étaient des Tessinois, originaires, pour être plus exact encore, du Sotto Ceneri et de quelques collines proches du lac de Lugano.

Au début de ce livre, j'ai célébré l'un des mouvements d'émigration les plus féconds qu'ait connus l'Europe, celui des Islandais, qui au Moyen Age allaient se faire engager dans les cours princières comme poètes et chroniqueurs. Leur peuple et leur patrie, c'était seulement quelques dizaines de milliers d'êtres humains sur une île à l'écart, menacés par la misère. Ils firent naître et prospérer durant quelques siècles une prodigieuse littérature.

Je voudrais ici ériger une autre stèle, évoquer un autre petit peuple, d'une autre patrie minuscule, quelques milliers de familles en bordure des vallées alpines qui se signalaient aux touristes par le goître et le crétinisme. Mais en vérité, dans les villages du Malcantone, du Luganese et de la Collina d'Oro — Astano, Aranno, Agno, Bissone, Montagnola, Morcote — les hommes, partant à pied chaque année vers tous les points de l'horizon, furent parmi les plus actifs, les plus brillants, les plus omniprésents bâtisseurs que l'Europe ait connus. Ils travaillaient à Rome, comme le fit Borromini de Bissone, village d'où venait Francesco Caratti, qui est l'architecte du Palais Czernin à Prague. Un autre ressortissant de ce village, Carlo Giovanni Garovi, fut associé à l'édification de Drottningholm, le Versailles suédois. On trouvait les Tessinois à l'œuvre dans les villes italiennes, en Suisse, en France, en Espagne et jusqu'à Constantinople, où le sultan chargea Gaspare Fossati, de Morcote, de convertir Sainte-Sophie en mosquée. Dans les pays du Nord, qui construisaient le plus souvent en bois, ils réanimèrent l'art de la pierre qui avait commencé avec les églises de l'époque romane et les forteresses. Les Tessinois travaillaient en Allemagne, en Bohème, en Pologne, au Danemark, en Suède, où l'on ne compte pas les sanctuaires et les châteaux qui sont de leurs mains. En Russie, enfin, ils ont lié leurs noms à des chefs-d'œuvre de l'urbanisme et de l'architecture. Nulle ville ne convient mieux que Léningrad pour rappeler leur souvenir.

Je vous demande d'imaginer dans le concret des pieds infatigables, des yeux plissés qui jaugent les proportions, des mains qui empoignent l'outil et tracent les plans, cette épopée où sont mêlés, d'un bout à l'autre du continent, la peine des muscles et l'élan esthétique, la cohésion familiale et l'audace individuelle, l'humilité des villageois et l'ambition des princes. Du XVe au XIXe, chaque siècle les Tessinois furent environ 10 000 travailleurs du bâtiment qui quittèrent les pentes des environs de Lugano, formés comme maçons ou comme tailleurs de pierres. Leur énergie et leur savoir-faire les élevaient au rang des contremaîtres, puis des plus grands artistes créateurs. Au printemps, ils se mettaient en route, baluchon sur le dos, à pied, avec les oncles, les cousins, emmenant les fils dès douze ans.

Ils traversaient les Alpes et gagnaient la Baltique au rythme de cinq kilomètres à l'heure, dix heures par jour, empruntant les bateaux sur les lacs, les fleuves, les mers. Partis manœuvres, ils revenaient spécialistes, stucateurs, architectes. Parfois l'argent gagné permettait d'envoyer un enfant doué dans une école d'art italienne.

De cette manière, Domenico Trezzini, né en 1670 dans le village d'Astano, à 12 km de Lugano, et que nous avons vu, si vous vous en souvenez, sur les chantiers de Copenhague, est engagé par l'ambassadeur de Russie pour un mandat d'une extraordinaire envergure: construire une nouvelle capitale. Il navigue, aux frais du tsar Pierre Ier, le long des côtes norvégiennes, passe le cap Nord, débarque à Arkhangelsk, remonte la Dvina à travers les forêts, gagne la ville de Vologda, puis la Volga et Moscou. Cet itinéraire est suivi par d'autres Tessinois qui le décrivent parfaitement dans leurs lettres. Par ce détour démesuré, Trezzini finit par gagner la Baltique au fond du golfe de Finlande, à l'embouchure boueuse et malsaine de la Neva. C'est là que Pierre le Grand a décidé d'implanter la ville qui portera son nom, fera sa gloire et tiendra tête aux pressions de la Suède.

Trezzini n'est pas seul. Il a voyagé avec une douzaine d'artisans «italiens» dont plusieurs viennent comme lui du Sotto Ceneri. Mais le maître bâtisseur, c'est lui. Il traduit sur un sol mouvant le rêve politique du grand tsar.

En 1704, sur un îlot du delta, il pose les premières poutres de la maison de bois où le prince peut prendre ses quartiers pour surveiller les travaux. La première étape, en ce lieu même, avec une main-d'œuvre de milliers de moujiks, qui meurent comme des mouches, est l'édification de la forteresse Pierre-et-Paul.

Trezzini est l'architecte principal autant que l'urbaniste de la nouvelle capitale, qui s'édifie en grande hâte, mais avec un goût, un sens des proportions, une invention où se combinent génialement l'aisance du constructeur et le sens pratique du souverain. La réussite est telle que ses habitants, jusqu'à nos jours, aimeront leur ville à la passion, quel que soit le régime, et n'admettront pas qu'on lui porte atteinte.

Sur l'îlot, avec la forteresse Pierre-et-Paul, s'élèvent l'église où reposent maintenant encore les Romanov, et son fameux clocher, œuvres de Trezzini. La grâce absolue de la flèche, lorsqu'elle se reflète dans les eaux bleu clair de la Neva, en a fait le symbole même de Saint-Pétersbourg. Le Tessinois signe l'université et le premier palais d'été du tsar. Il est l'ingénieur des premiers quais qui longent le fleuve. Il conçoit les habitations types, qui donnent à des quartiers entiers la grâce incomparable de l'unité.

L'homme d'Astano ne se trouve pas seul. Il s'est inspiré du baroque néerlandais. Autour de lui travaille la société cosmopolite des artisans et des artistes dont beaucoup sont russes. Le tsar, à la tête des travaux de Pétersbourg, le remplace en 1712 par un Allemand. Mais il continue sans faiblir en cette ville son travail de bâtisseur et donne bien des chefs-d'œuvre encore, tel le couvent Alexandre-Nevsky, d'où part la fameuse Perspective.

L'historien tessinois Aldo Crivelli a dressé l'exact inventaire des hommes de son Canton qui ont participé à l'édification d'une Russie de pierre, pas moins de cent quarante bâtisseurs, du XVe siècle à la Révolution. Petro Solari (1450-1493), originaire de Carona, à deux pas de Lugano, mais qui se disait Milanais, a élevé une partie de l'enceinte du Kremlin; sa tour la plus célèbre, la Spasskaya, est devenue le symbole de Moscou, tout comme la flèche de Pierre-et-Paul est l'emblème de Leningrad.

La basilique Pierre-et-Paul, de Trezzini.

Pavlovsk, propriété offerte par Catherine de Russie à son fils, le futur tsar Paul Ier*. L'un des architectes de sa résidence fut Carlo Rossi.*

Après Domenico Trezzini, mort dans sa capitale neuve en 1734, le grand nom est Luigi Rusca, né en 1758, originaire d'Agno. Il construisit pour Catherine de Russie et les tsars Paul Ier et Alexandre Ier, l'hôpital Obouchov, l'église de la Résurrection, des casernes, les écuries impériales, la Maison des Jésuites sur le canal Catherine, la terrasse en granit de Tsarskoye Selo, un portique sur la Perspective Nevsky, le Palais de Strelna. On trouve un bilan partiel de son œuvre dans un ouvrage de 1810, au titre français: *Recueil des dessins des différents bâtiments construits à Saint-Pétersbourg et dans l'intérieur de l'Empire de Russie, par Louis Rusca, architecte de Sa Majesté Impériale, dédié à Sa Majesté Alexandre 1er Empereur et Autocrate de toutes les Russies.* L'architecte, à qui l'on doit encore des mosquées à Tiflis ou l'arsenal de Novo-Tcherkassk, près de Rostov-sur-le-Don, regagna le Tessin en 1818, puis repartit pour la France où il mourut en 1822.

Les habitants de Leningrad vénèrent surtout le nom de Carlo Rossi, originaire de Lugano, né en 1775. Il fut l'un des architectes du charmant palais de Pavlovsk, résidence du futur tsar Paul Ier. A Moscou, on le chargea, trois siècles après le travail de Pietro Solari, de la réfection des murs du Kremlin, après le passage des troupes de Napoléon. Il paracheva la réussite urbanistique de Saint-Pétersbourg par des ensembles d'un envol et d'un équilibre admirables. Il reconstruisit le bâtiment de l'état-major, face au Palais d'Hiver, immense façade semi-circulaire d'un jaune crème, culminant en une arche triomphale et cernant la place célébrissime qui ne peut se comparer qu'à celle de Saint-Pierre au Vatican.

En plein tissu de la capitale de Trezzini, Rossi implanta avec génie des complexes monumentaux comme la place Tchernichev, la place Michaïlovsky, le Théâtre Alexandre, aujourd'hui Théâtre Pouchkine, d'où partit, belle comme un décor de scène, la rue du Théâtre où fut établie l'Ecole de ballet. Cette artère porte aujourd'hui le nom du Tessinois. Il construisit encore les quais de la Fontanka et de la Moïka, et le palais Michel devenu aujourd'hui le Musée russe.

Rossi mourut à Saint-Pétersbourg en 1832 et repose au Monastère Nevsky qu'avait construit son compatriote Trezzini, le pionnier.

Je repasse, au crépuscule qui vient vite en janvier, la place du Palais où triompha la Révolution. La grandeur des lieux dépasse toute dimension esthétique. L'histoire du monde s'est jouée là. Les fastes des tsars et leurs désastres, les proclamations et les fusillades de 1917 revivent dans le silence hivernal autour de la colonne Alexandre, monolithe que dressa un contremaître des environs de Lugano, Antonio Adamini. Il avait travaillé avec le Florentin Rastrelli à la construction du Palais d'Hiver. Je longe les colonnades blanches, contre la façade verte des tsars, qui fut préservée, dit-on, par un ordre strict de Lénine et que des sacs de sable défendirent pieusement, pendant 900 jours de siège, contre les obus hitlériens.

Je franchis la Neva par le pont du Palais. La nuit tombe sur l'île Pierre-et-Paul. Je vais voir dans l'église de Trezzini le tombeau de Pierre le Grand. Il est orné de fleurs fraîches. Je longe le fort où furent emprisonnés le propre fils du tsar, Alexis, et plus tard, parmi tant d'autres, Dostoïevsky, les assassins d'Alexandre II, Alexandre Oulianov, frère de Lénine, ou les derniers ministres du dernier autocrate. Par un tunnel je gagne les bords du fleuve où les bastions s'ouvrent sur les eaux mouvantes. Dans le froid et la pénombre, je regarde la rive gauche de Leningrad et l'alignement de ses palais. Deux hommes devant moi se déshabillent dans la neige. Pour leur bain quotidien, ils plongent et s'éloignent, un bonnet de laine sur la tête, d'une brasse lente entre les dalles de glace qui flottent sur le noir.

XXIX
La forêt, les fleuves

Pourquoi tant d'heures de train à travers la Russie hivernale? Pourquoi 500 kilomètres sur pneus à clous dans la vieille Moscovie? Parce que l'avion, quand il ne peut vous offrir le pays comme un atlas sous le ciel bleu, vous confine dans les capitales. Vous sortez des nuages pour vous retrouver à l'hôtel. Qu'avez-vous vu?

Les roues insatiables m'ont offert le paysage arbre par arbre. Le front sur les vitres filantes, il me sembla que je voyais passer les grands courants de l'Histoire. Comment me serais-je lassé des forêts alors qu'elles m'enseignaient, par leurs branches résineuses et leurs rameaux nus un million de fois répétés, le caractère N° 1 de la Russie: l'immensité?

L'Empire russe connut à Kiev, sur le Dniepr, son premier bourgeonnement, entre la Pologne et la mer Noire, et pas loin des étendues boisées sans bornes du Nord. Comme les grains de sable qui, dans l'huître, font naître les perles, les Vikings, guerriers et marchands, suscitèrent au IXe siècle, dans les grandes tribus des Slaves orientaux, la fixation d'un pouvoir politique. Je songeais à la petite île de Birka, dans le lac Mälar, près de Stockholm, qui était l'un des principaux points de départ et de retour du peuple explorateur. Ses voisins finnois, qui hantaient les forêts jusqu'à l'Oural, appelaient ces «Suédois» les «Rus» et les Grecs parlaient des Varègues. Leurs longues barques gagnaient le golfe de Riga ou le fond du golfe de Finlande, puis remontaient les rivières jusqu'à la région marécageuse, autour de Smolensk, où de courts portages permettaient d'atteindre les voies d'eau orientées vers le sud. Lesquelles? La Volga qui finissait dans le cul-de-sac de la Caspienne, et mieux encore le Dniepr. Sur sa rive, Kiev devint l'étape majeure vers la mer Noire et l'ancienne Byzance. Le commerce, assuré par les alliances militaires des Slaves et des Suédois, institua l'échange de l'ambre, du miel, des fourrures, du lin et des esclaves du Nord contre la soie, les métaux précieux et les vins des Grecs.

La civilisation qu'on nomma «russe» naquit dans l'effervescence de cette jonction Nord-Sud qui longtemps a défié mon imagination. Je souhaitais humer sur place les airs mêlés d'un rude septentrion et de la culture méditerranéenne, qui n'était pas, il est vrai, la tradition philosophique d'Athènes, mais le millénarisme sémite, l'espérance chrétienne née en Palestine et portée dans les splendeurs helléniques de Constantinople à une fusion intime du pouvoir temporel et de la religion. La voie des Tsars était tracée.

Dans un cortège de poids lourds, une limousine noire de location nous a conduits à travers la forêt jusqu'à mi-chemin de Moscou et de l'ancienne Nijni-Novgorod. Ce pays entre la Volga et l'Oka est la Mésopotamie des sapins. Tandis que l'Etat de Kiev se défait dans les disputes dynastiques et s'effondre, en 1240, sous l'assaut des Mongols (de ses monastères «grecs» il ne reste qu'une épaisse couche de cendre), le pouvoir organisateur de

Vladimir, la cathédrale Saint-Démétrius (fin du XIIe siècle). Le roi David et Alexandre le Grand voisinent dans la profusion de son décor sculpté.

l'espace russe s'est déplacé dans le Nord-Est. La flamme venue de Jérusalem brûle toujours sous les icônes et réconforte la population, tandis que les hordes asiatiques menacent et déferlent.

A Vladimir, comme à Kiev, une rive escarpée soulève le regard au-dessus du paysage. L'espace blanc est soudain dégagé de la sylve. L'église Saint-Démétrius, bâtie au XIIe, trois siècles seulement après l'époque barbare des tribus, est d'une architecture sculptée qui a le raffinement, l'élégance drue et la spiritualité de notre art roman.

Nous nous arrêtons devant la Porte-d'Or à l'arche double et au quadruple toit, où Tarkovski a filmé l'attaque et le pillage de la ville pour sa vie d'Andréi Roublev. Dans la cathédrale de la Dormition, le moine, vers 1400, laisse comme une réponse à toute violence les fresques de l'intériorité, de la douceur enchantée, de la solide confiance trinitaire. La peinture russe atteint déjà son sommet.

A Souzdal, à une demi-heure de là, fleurissent les bulbes. Ils sont nés de la pomme de pin et des toits joufflus, pointus, tavillonnés et assez pentus pour que la neige, l'hiver, ne puisse s'y accumuler. La technique des Finnois et autres bûcherons nordiques s'est alliée aux plans et à la pierre des Grecs. C'est dans les formes de ces églises que le Nord a épousé le Sud. Les chapelles de bois aux coiffes superposées sont devenues des sanctuaires de mœllons ou de briques où foisonnent, sous les oignons d'or, les berceaux et les clochetons, blanchis à la chaux comme sur l'île de Mykonos. Parfois le revêtement multicolore est pénétré d'un esprit d'enfance.

Souzdal, diaphane sur les méandres blancs de la Kamenka, est un rêve de vieille Russie. La ville? Parmi des coulées d'isbas, un envol de quarante églises, à distance les unes des autres. Chacune est partie pour son compte dans les champs se livrer à la prière et à la lévitation. Contre le ciel gris, dans la campagne enneigée avec ses boqueteaux où s'accrochent les corneilles, je vois des bulbes indigo constellés d'étoiles, de fines coupoles d'or, des tourelles en bouquets piqués de croix à trois branches, la chaux fraîche sur les façades et les remparts des monastères, le rouge naïf sur la nervure des clochers. Au fond des couvents, les cellules des tsarines répudiées.

Entre la Baltique et la mer Noire, un nouvel et saint Empire a cherché cet équilibre transcendant. Il lui est arrivé aussi de rester à mi-chemin dans un marécage. La Biélorussie, entre

Pologne et Moscovie, est un milieu du monde indécis. Quand je l'ai traversée, un printemps, la voie ferrée s'élevait à peine au-dessus des eaux de fonte. Cette lagune intérieure était piquetée de poteaux comme des balises pour les bateaux. Le sol est mouvant entre les fleuves dirigés vers la Baltique et ceux qui commencent leur course vers le Midi. Les conquérants occidentaux ont trouvé ici la voie spongieuse de leurs invasions et le lieu de leurs désastres. Entre Minsk et Smolensk, le train franchit discrètement la Berezina.

XXX
La Russie sous la plume de deux écrivains soviétiques

Vous connaissez ce mal qui fait sauter les bondes quand le ciel tiédit. Toute sa violence vient de la douceur de l'air et de l'être. Aux champs, la neige croupie s'affaisse. Dans les peupliers, au bord de la rivière, quelque chose se brise et tinte. Le dégel. Mais nulle part la boue de saison n'est plus profonde qu'en Russie. Les gens s'accrochent aux palissades et se cramponnent si fort aux piquets qu'ils les arrachent. Quelles engueulades avec les propriétaires des potagers! Une brise humide tourne les têtes. Il monte d'âcres odeurs de fumier.

Je suis retourné avec les livres de Vassili Choukchine dans les villages de bois et de fange que j'avais vus naguère de mon train. Choukchine, enfant de Sibérie, était un cinéaste. Il écrivait des nouvelles, comme Tchekhov, qui était médecin, et comme Kazakov, venu de la musique. A la manière sourde du printemps remueur, ces histoires font naître le sourire et les larmes, et nous laissent, les pages refermées, mélancoliques et forts. Dans *L'envie de vivre*, voici Stépane, qui n'a pas supporté, dans son camp, la senteur de la terre renaissante. Sa famille espérait son retour de prison pour l'automne. Or, bien avant, un soir de dégel, qui donc s'assied sur le talus chaud de soleil? Qui regarde le vieux village avec un soupir? Stépane!

Son père se retourne stupéfait dans l'appentis où il taillait un timon. «C'est toi, Stiopka?» On court à côté, chez la mère.

Elle se met à pleurer. «Dieu tout puissant, tu as entendu mes prières!» Père et fils sont un peu gênés. Stépane explique: «J'ai bien travaillé; ils m'ont relâché.» Les voisins accourent. Le visage de quelques femmes s'illumine. On demande au fiston: c'était très dur? Et lui fait le faraud. Le camp? On y était bien! Le ciné deux fois la semaine. Des conférences sur l'honneur et la conscience de l'homme soviétique. Des tas d'intellectuels parmi les copains.

Le soir, l'isba est pleine de monde. Sur la table se sont entassés le lard, les pâtés, les bouteilles. Le libéré en rajoute, on bouffait bien là-bas, c'était bourré d'artistes, mais déjà on l'écoute moins, on a bu. Et lui, content de voir les autres contents, emporté par le sentiment d'accomplir un acte d'amour envers les hommes, lance une chanson de là-bas:

Pardon, maman, de tout ce que j'ai fait...

L'accordéon l'accompagne. Dans la danse et les chaises bousculées, personne ne voit apparaître le commissaire. Il s'approche de Stépane. A l'oreille, il lui murmure de le suivre. Dehors, il dévisage le fugitif:

— T'es pas fou? Tu n'en avais plus que pour trois mois.

— Je le sais. Passe-moi une cigarette.

L'envie de vivre. Le titre du livre, traduit dans la collection «Littératures soviétiques» de Gallimard. Je pense à la parenté des hommes, quand le cœur cogne aux jours de dégel. La Russie des villages nous paraît proche avec ses ruisseaux à glaçons et son odeur de prés humides. Pas de citadins baratineurs, dans les pages de Choukchine. Les intelligences ne s'y droguent qu'à la bise, à la boue, à la fatigue des boulots qui font pousser des cals aux paumes. Ce sont encore, ces gens, des terriens maladroits et vrais, comme Tchoudik.

Tchoudik, en russe, cela veut dire «le farfelu». Ce campagnard fait ses bagages. Il part en vacances chez son frère, dans l'Oural. Il empaquette son matériel de pêche, la cuiller à brochet, le grémeuille. Il fourrage et s'excite jusqu'à minuit. Le lendemain, il descend la grand-rue du chef-lieu, valise à la main. L'Oural! L'Oural! Il a cent fois le temps avant le train, et décide d'entrer à l'épicerie acheter des gâteaux et du chocolat pour ses neveux. Il piétine dans la queue. Aperçoit un billet entre les pieds des gens. Une somme énorme: cinquante roubles. D'une voix forte et joyeuse, Tchoudik s'exclame:

— Chez nous, ces biffetons-là, on ne les sème pas au vent.

Tous les regards se tournent vers lui. Emotion! Un demi-mois de salaire, là par terre, et personne ne s'annonce. Tchoudik scrute les visages, puis décide de poser le billet en évidence sur le comptoir. Un moment après, radieux, il quitte le magasin. Quelle aisance il a eue, et quelle drôlerie. Mais une bouffée brûlante lui monte soudain au visage. Ce billet, réflexion faite, n'était-il pas à lui? Il plonge sa main dans une poche, dans l'autre, dans la suivante...

Tchoudik s'attarde sur le seuil. Son cœur grince. Adieu, l'Oural!

«Le dimanche s'abattait sur lui un cafard tout particulier.»
Ainsi commence une nouvelle dans un autre recueil de Choukchine, *Conversations sous la lune claire*, paru en traduction française chez Julliard.

Tiens tiens, dites-vous, on peut aussi s'ennuyer le dimanche au paradis des travailleurs. Ennui? Le terme est faible. Maxime, le héros de l'histoire, est terrassé par un bourdon qui lui ronge le ventre.

— Le revoilà! gémit-il.

Il énerve sa femme. C'est-y permis de geindre comme ça! On imagine la matronne au regard noir, «rude à la tâche et guère câline». Le cafard? Elle connaît pas. Elle raille son homme: «Jure un bon coup, ça te passera.»

Ça ne passe pas.

— Tu ne comprends pas, dit Maxime.

— Explique-moi, dit la femme.

Le diagnostic est embrouillé. C'est l'art de Choukchine. Mieux que tout autre écrivain russe contemporain, il a su faire parler les gens avec naturel. La censure, que pouvait-elle dire lorsqu'on reconnaissait sous sa plume, comme deux et deux font quatre, le langage du peuple? Savoureux, vigoureux. Et bien embêtées les autorités. Le cafard du dimanche, journée dévolue à la détente et aux loisirs de l'ouvrier méritant, n'est pas un sujet recommandable. En principe, en URSS, les gouffres intérieurs n'existent plus. Mais Choukchine ne critique pas le régime. Il ne parle pas en intellectuel agressif comme les dissidents. Il a du talent. Et de l'oreille. Ecoutez Maxime qui cherche à décrire ce qui se passe en lui:

— T'as tout ce qu'il te faut, des bras, des jambes et tout. Si tes membres sont grands ou petits, c'est un autre problème. T'as tout qu'est en place...

La femme tente de suivre. Son homme, de carrure puissante et dont aucun travail n'épuise l'énergie, s'est levé, les yeux brillants :

— Mais l'homme a aussi une âme! La v'là, la v'là, elle me fait mal.

Devant cet éclat grotesque, l'épouse soviétique le ramène au bon sens :

— T'as mal nulle part ailleurs?

Maxime se déchaîne :

— Je ne te demande pas trois roubles pour de la vodka! Ecoute!

Il tourne en rond, frappant sa poitrine. Jamais il ne pourra faire comprendre certaines choses à Liouda.

— Et qu'est-ce que c'est, pour toi, une âme? Du pain d'épice ou quoi? Elle me fait mal. Je me ronge.

— Eh bien ronge-toi!

Le citoyen normal attend le dimanche. Il se réjouit. Il se cultive. Il se repose. Il va au cinéma. Et monsieur se ronge!

Vacherie de vacherie, même pas envie de boire, pas moyen de dormir. Il regarde par la fenêtre. «Ce gamin qui passe là, c'est le fils du Vanka Malofeev. Moi je me souviens quand c'est Vanka qui passait comme ça. Après ceux-là auront des gosses. Et puis leurs gosses en auront d'autres...»

La nausée.

Ce dimanche-là, Maxime se souvient que son voisin Ilia Lapchine a chez lui en visite un cousin, qui est pope. L'espèce n'a pas disparu de Russie. Il y en a de vrais et pas mal de faux qui continuent à courir le pays la barbe en bataille. Et Vassili Choukchine, qui est né en 1929 dans la Sibérie des villages de bois, les a bien connus, les pique-assiette.

Voici le cafardeux chez son voisin. Ilia et le pope sont en train de siroter. Ils ont déjà leur plumet et vasouillent à propos de chasse aux blaireaux.

Maxime, comme un blessé qui tombe par chance sur un docteur et lui tend sans hésiter sa plaie, geint aussitôt :

— J'ai mon âme qui me fait mal. Les croyants, ils souffrent de l'âme?

On lui offre à boire. Maxime jure qu'il n'est pas venu pour

les embêter. Le pope a les yeux clairs, presque insolents. Il tend la vodka et la carafe: «Tu dilues comme tu veux», puis il parle en clinicien:
— C'est l'âme qui te fait mal?
— Oui.
— Bon.

Ce qui va se passer alors est un fameux morceau de littérature soviétique contemporaine. Truculent, malin, formidable, Choukchine dresse devant nous ce religieux autoritaire et bavard. Un fou et un parasite, messieurs les censeurs et les tripatouilleurs de l'Union des écrivains soviétiques. Prendrez-vous cet énergumène au sérieux? Vos ciseaux sont restés suspendus sous un ruissellement de paroles à peine cohérentes, sous un flot de vodka qu'on verse et qu'on reverse.

— Ecoute-moi attentivement, dit le pope en caressant sa barbe.

Interdiction à Maxime de l'interrompre. Voici, dans le choc des verres et le ronflement d'Ilia, un abrégé de l'histoire du mal parmi les hommes. Ouverture fulgurante de l'Empire du matérialisme dialectique à la transcendance et aux douleurs de l'inaccompli!

— Où il y a le mal il y a le bien, et s'il n'y a pas de mal il n'y a pas de bien, déblatère le religieux. Tu me suis?
— Ça va, dit le cafardeux.
— Pas de panique. Je continue. Qu'est-ce que le Christ? C'est le bien incarné. En son nom, on anéantit le mal, mais de cette lutte on n'en voit pas le bout. Ne fume pas, s'il te plaît, ou approche-toi du soupirail.

Maxime écrase son mégot sur sa semelle.

Le pope parle et parle.

— Je te brosse un tableau de l'univers facile à comprendre. Donc, l'idée du Christ est née du désir de vaincre le mal. Sinon quel intérêt? Tu y crois ou tu n'y crois pas, à cette force immense et éternelle?
— Et le communisme? demande timidement Maxime.
— C'est pas dans mes attributions.

La bouteille se vide. Le ton monte. «Quand nous buvons de cette cochonnerie, nous nous attaquons à un puits, dans l'espoir d'en atteindre le fond, tu comprends? Mais c'est l'échec!»

— Dieu existe, poursuit le pope en gueulant. Son nom c'est la Vie.

Le sermon devient une braillée, puis un chœur à deux, on se met à cogner, à pleurer. Prie! hurle le pope. Il soulève Maxime par le collet. Répète après moi: «Je crois.» Thérapeutique forcenée! Guérison! Ils sautent à travers la pièce, ils se tapent les cuisses, ils chantent à tue-tête: «Je crois, je crois, je crois...»
Maxime est miraculeusement purgé de son cafard.

Choukchine, Prix Lénine de littérature, était lui-même un miraculé: sans choisir l'exil, il avait fait paraître des récits où béent allégrement le ciel et les abîmes.
Il est mort à l'âge de 45 ans, en 1974. Son talent lui a permis de prouver par le rire qu'avec ses vieux tourments l'âme existe encore. Paix à la sienne.

Face au Kremlin, un building stalinien de cinq cents appartements occupe la rive de la Moskova. Il a inspiré *La maison du quai* de Iouri Trifonov, publié en 1976 dans *Droujba Narodov* (*L'amitié des Peuples*), revue qui n'avait pas habitué ses lecteurs à tant d'audace. Près de 200 000 exemplaires furent happés dans les librairies, empruntés aux amis, chipés dans les bibliothèques.
L'auteur fut le premier surpris: trois jours après la remise du manuscrit, la rédaction l'avait accepté. Trois mois plus tard, l'œuvre sortait de presse — décision d'une rapidité insolite. Trifonov fut moins étonné par les critiques que lui adressèrent, après coup, ses confrères bien en cour de l'Union des écrivains. Ils lui reprochaient de se vautrer au niveau de ses personnages, des ratés, des pleutres. N'importe qui! Glébov, le médiocre et jeune héros de *La maison du quai*? Un salaud!
Oui, mais un salaud d'une telle humanité que le Théâtre de la Taganka, dirigé par Iouri Lioubimov, a pataugé à son tour dans les souillures et les platitudes de la vie quotidienne. Il a monté une adaptation de *La maison du quai*, après le succès de *L'Echange*, tiré d'une œuvre précédente de Trifonov.
Ainsi les Russes furent touchés au vif par ces «nouvelles», dont chacune possède à nos yeux toutes les dimensions d'un roman. L'écrivain se défend d'avoir donné par fragments son autobiographie, mais, disait-il, *La maison du quai* «contient beaucoup de choses que j'ai vécues». Et que les gens de Moscou ont éprouvées comme lui.

Son monde ne fut pas celui des camps, ni celui de la nature et du vieux pays, moins encore celui de l'épopée sociale. Sa vérité est celle des Russes urbanisés — l'école, les études, les examens, les copains, la recherche d'une niche, les coups de coude, les amitiés aussi, l'entassement avec un père à la retraite et la mémé Nila dans un logement étroit (car tous n'ont pas l'honneur de vivre dans les grands appartements de la maison du quai), près de la cuisine collective où mijote la tambouille des voisins. On se dispute, on se débrouille, on peine, on cherche son chemin dans un prêté-rendu de privilèges dérisoires. Pas trace, en ces livres, de police politique. Mais la farine des jours est secrètement habitée par deux petits insectes immondes: la combine et la délation.

Le petit Glébov ou Glébov adulte à la recherche de son passé, c'est vous et moi. Un faiblard. Il possède juste assez d'ambition pour dénoncer deux camarades de classe, d'ailleurs peu intéressants, pour une faute qu'il a commise lui-même. Il lâche sa fiancée dont le père, son professeur tombé en disgrâce, cesse de lui être utile. Les personnages qui le poussent à s'avilir et à se coucher sont les matamores de quartier et de faculté qui terrorisent leur clientèle. Le langage est celui, rapide, des grandes villes où courent et se bagarrent des gosses qui grandissent jusqu'aux désinvoltures de l'adolescence. Mais leurs parents ont maintenu les formules prudentes de la petite bourgeoisie avec un zest de dictons populaires.

La maison du quai existe. On me l'a montrée. Construite en 1930, elle fut un énorme machin où loger les privilégiés de l'ère stalinienne; à l'occasion, le peloton d'exécution tenait lieu de fin de bail. Iouri Trifonov, fils d'un officier révolutionnaire, y passa son enfance. Dans les ascenseurs à liftiers, le garçon put croiser Toukhatchevski, le maréchal liquidé en 1936. Mais qu'importait la grande histoire aux enfants de ce temps? Les intrigues des copains de classe avaient plus d'intérêt que celles du Kremlin.

La grande affaire, c'est d'abord les invitations que le jeune Glébov peut réserver à quelques élus parce que sa mère, ouvreuse dans un cinéma, leur laisse l'entrée libre. Mais un jour apparaît à l'école un rival, Choulepnikov, qui vient habiter le grand immeuble. Toutes ses manœuvres réussissent. Chance? Charme? Absence de scrupule? L'explication plus prosaïque est peut-être que le beau-père de «Choulépa» est un homme au bras long. Deux garçons qui ont tabassé le nouveau-venu sont dénoncés par un petit Glébov terrorisé, alors que c'est lui-même qui a eu l'idée du mauvais coup. Avec leurs familles, les deux coupables sont chassés du quartier comme on écarte d'insignifiantes ordures. S'il n'avait paré le coup, Glébov aurait subi le même sort.

Personnages négatifs, a dit la critique soviétique. Livre douteux. Dénonciation du régime? C'est mal définir *La maison du quai*. Satire? Non, car Trifonov est trop proche de l'écolier qu'il décrit. Il découvre avec lui de quoi le monde est fait. Il revit, attendri, ses expéditions dans le quartier, dans la bousculade gaie des caïds de l'école. Et par un mouvement qui place soudain l'écrivain dans la plus grande tradition russe, il fait naître de la douleur une musique.

Le salaud, ce n'est pas l'autre. C'est moi. Ma mémoire refuse de serrer son faisceau sur les trahisons que j'ai commises, quand me manqua le don du courage.

Nous avons appris à oublier, a dit Trifonov dans un message implicite à ses compatriotes. Nous avons détourné le regard quand les victimes de nos lâchetés s'éloignaient, pitoyables. Et combien de fois les intrigants, comme Choulépa, n'ont-ils pas rejoint les floués dans un cul-de-basse-fosse!

Glébov, héros sans héroïsme, louvoie dans son passé pour ne point buter contre des spectres. Les camarades punis, la fiancée abandonnée. Mais ils sont là. Les couloirs des grands immeubles de Moscou sont peuplés du passage silencieux et pathétique des perdants.

XXXI
Scènes de la vie culturelle

Téléphone à Iossip Prout, à notre arrivée à Moscou. La verdeur de cet octogénaire, sa vigueur madrée, sa chaleur avaient subjugué Corinna Bille lors de ses voyages en Russie. Elle fit de lui, dans l'un de ses romans, «le général». En vérité, il était colonel dans l'Armée Rouge, à la prise de Berlin, et ses soldats, après la guerre, lui sont demeurés aussi attachés que des fils. Il fut de ceux qui reçurent de Gaulle à sa visite en URSS. Il a fréquenté Houphouët-Boigny, les armateurs grecs, Charlie Chaplin. Il connaît la Suisse comme sa poche pour y avoir passé son enfance. Sous son regard de feu, le dégel est immédiat entre l'Est et l'Ouest. Un jour qu'il était venu nous rendre visite à Vevey, j'avais invité sa chère amie valaisanne sans lui dire qui elle allait trouver:

— Oh mon général! fit Corinna sur notre seuil, tandis qu'il l'étreignait. Quelle surprise inouïe!

— C'est Dieu, ma chérie, qui permet de telles rencontres.

— Dieu? Je croyais qu'en URSS...

— L'URSS, répondit Iossip, compte 270 millions d'habitants et 13 millions de communistes.

Le personnage qu'elle croyait avoir enfermé dans l'un de ses livres se tenait debout devant elle, pas très grand mais droit comme au garde-à-vous, et lui qui mena ses troupes contre les Hitlériens et parle de Lénine comme s'il avait quitté Zurich hier, s'exprimait non seulement en français comme un Parigot, mais en vaudois, disant par tendresse huitante pour quatre-vingt.

«Un proche du général de Gaulle, fit-il à notre table de Vevey, tout en jetant sur sa glotte des verres de vodka qu'il avait relevés de plusieurs secouées de poivre, m'a demandé un jour:

— Racontez-nous la dernière blague de Moscou. Vous me comprenez, une histoire vraiment tac tac tac (un geste des doigts comme un bec qui claque).

Je lui ai répondu:

— Avez-vous jamais pris le transsibérien?

— Bien sûr, fit le Français.

— Ces longs rails qui filent vers l'Est sur le ballast, vous les avez bien regardés?

— Euh...

— Eh bien ils ont été posés par des types qui racontaient des histoires tac tac tac.»

Cette voix, d'une cordialité tonique, je la retrouve soudain à l'appareil, dans mon hôtel de Moscou:

«Comment, mon petit, tu es ici? Et tu n'as pas pu m'annoncer votre arrivée avec quelques jours d'avance? Ça ne fait rien, mon vieux, attends, je te rappelle! Embrasse Betty!»

Il nous invite, avec sa femme Hélène, à la Maison des écrivains. Il publie des récits, travaille à des scénarios, et dans le palais où il nous conduit, il se trouve comme chez lui. Dès le portier, qui filtre, et l'homme du vestiaire, qui empoigne avec déférence chapkas et manteaux, on se souhaite la bonne année, *s novim godom.* Les baisers claquent. Une grande famille. Nous fendons une foule d'enfants. Les écrivains soviétiques sont de toute évidence féconds. Tous ces petits sont venus voir une exposition de leurs dessins et recevoir des étrennes autour du sapin.

De salle en salle, nous visitons cette ancienne demeure aristocratique dont la propriétaire revint un jour en touriste pour découvrir, dans la chambre où elle avait mis au monde ses deux filles, le bureau du Parti. Le portrait de son époux reste gravé dans la principale salle à manger, de bois sculpté, où l'on nous sert déjà les zakouskis, la vodka, le caviar noir et rose. Cette pièce ressemble à un petit théâtre. «C'était une loge maçonnique», explique notre ami.

A la rue Vorovski, près d'ici, je connaissais le charmant palais jaune de l'Union des écrivains de l'URSS. C'est l'administration centrale de la littérature. Mais nous sommes ici au Club où mille écrivains de la fédération régionale de Moscou ont leur secrétariat, leur bar sous les poutraisons astiquées, leur kiosque à produits alimentaires, leur librairie et une salle de spectacle pour les lectures, les fêtes d'anniversaire personnel qui sont très prisées, les distributions de médailles, la projection de films qu'on ne voit pas ailleurs.

Une bonne vie, en somme, où la viande, à la Stroganov ou à la Voronov, nous nous en apercevons avec délice, ne manque pas. Les écrivains sont nombreux sous l'étoile rouge: romans, livres d'enfants, récits de voyage, biographies de peintres, théâtre radiophonique, récits de guerre. On travaille. Les tirages sont rarement inférieurs à quinze ou vingt mille exemplaires. Cette profusion ne suffit pas, cependant, car aucun des livres classiques ou récents que j'ai tenté de trouver à la Maison du livre, à l'avenue Kalinine, dans les autres librairies, à Leningrad ou ailleurs, ne se trouvait sur les rayons. «Les bons titres, nous dit-on, disparaissent en quelques jours.» La Russie, nous venons de nous en apercevoir en la traversant en train, est une gigantesque forêt, mais l'Etat manque de papier. C'est l'un des mystères russes.

Un vieillard d'une grande finesse, portant une barbe bien taillée, passe près de notre table.

URSS   243

«Prince, venez vous asseoir un instant avec nous!» dit Prout.

Cet auteur a écrit des livres sur la nature. Il a lutté pour la protection du lac Baïkal.

— Nous admirons votre français, lui disons-nous.
— C'est que ma mère me parlait toujours en votre langue. Mais pardonnez-moi, je dois chercher mes mots. Une longue absence...
— A l'ouest? demande Betty.
— Non, au nord, madame.

Un ange passe.

— Vous écriviez déjà avant que...

Ses yeux prennent le gris de la mer Blanche:

— J'ai commencé ma carrière d'auteur après, à 55 ans. Là-bas, nous n'en avions guère le loisir.

Le prince prend congé. Prout déplore qu'on s'attarde encore à évoquer des choses tristes. Peut-être ces minutes furent-elles une hallucination.

Dans le nord-ouest de Moscou, le long de la route de Leningrad, on voit naître des quartiers dont certains ont du chic. La coopérative des écrivains y a construit par centaines, avec un soin exceptionnel, des appartements où nous découvrons cuisine moderne, pièces aérées et deux salles de bains par logement. A chaque étage, deux ou trois ménages d'écrivains. Un jardin est voué aux enfants des écrivains. On achève de bâtir une clinique pour écrivains. Ces avantages sont bien entendu réservés aux écrivains membres de l'union. Il y a les autres.

Dans un vieux logement des deuxièmes boulevards de ceinture, nous rencontrons un poète sans patente. Entrée sordide, intérieur obscurci par la masse des livres et des draperies grenat, âpre isolement. A la table carrée, nous buvons du thé et mangeons des baies de canneberge, conservées crues dans le sucre à gros grains. Oh le goût astringeant du nord et des marais! On souhaiterait ne pas parler d'autre chose. Mais cet homme dans la quarantaine fut, en 1960, de ceux qui fréquentaient le café littéraire Sinaya Ptitsa. Cet oiseau bleu, face à la statue de Maïakovski, lui a porté malheur. Il a osé, sans autorisation préalable, lire ses vers à l'ombre du poète favori de Staline. Cinq ans d'internement. Après quoi tout a mal tourné.

Je regarde cet écrivain sans travail ni revenus, sans avenir, survivant par quelques travaux rédactionnels que lui refilent ses amis de l'édition. Reste l'alcool. C'est lui, me dit-on, qui accompagna l'un des écrivains soviétiques qui m'ont le plus touché, Iouri Kazakov, à la petite gare du silence et du dernier départ.

Les rédacteurs de revue, les chercheurs, les critiques n'appartiennent pas à l'élite qui caracole au sommet. Ils forment la piétaille de l'intelligentsia, avec la cohorte des petits ambitieux, le marais des bureaucrates et l'aile des sensibilités sincères et délicates. Je trouve chez deux de ces dernières la passion littéraire, la conviction que la poésie fait vivre. J'ai pris, ce soir, le métro pour leur quartier nouveau, au sud-est, et j'examine les pilastres de livres répartis entre l'entrée et deux pièces, dans un petit appartement qu'elles achètent à crédit. Choukchine vivait tout près d'ici jusqu'à sa trombose mortelle. Mes amis l'aimaient. Avec quelle attention, quels espoirs, parfois quelle grimace, ils lisent les écrivains. Ceux d'URSS que l'on trouve mois après mois dans les cahiers bleus de *Novii Mir*, dans *Droujba Narodov* où publiait Trifonov, dans *Pissateli vremennii* que préfère un autre excellent contemporain, Valentin Raspoutine. Mais aussi les auteurs étrangers. Je découvre Moscou-carrefour, où l'on étudie toutes les langues du globe. Les collaborateurs de *Sovietskaya Literatoura* ou d'*Inostrannaya Literatoura* suivent les publications, se passionnent pour elles, se nourrissent quelquefois d'elles.

— Mais comment, ai-je demandé à I., avez-vous accès à tous les livres américains dont vous parlez dans vos essais?

— Par nos bibliothèques, répond-il. Et si un titre manque, par leur intermédiaire, je le fais venir. Particulièrement de la Bibliothèque du Congrès à Washington. L'attente est longue. Courts sont les deux mois pendant lesquels je peux les lire, les palper.

Derrière ces pages, le critique russe découvre les hommes. Aucun ne lui a été plus cher et plus proche qu'Archibald McLeish. Jusqu'à la mort du grand poète américain, plus de cent lettres ont été échangées entre lui et ce lecteur de Moscou. Jamais, en cette longue amitié russo-américaine, il n'y eut de rencontre que par le papier. Sainte matière.

Je n'avais pas deviné l'intensité de ces échanges littéraires par-dessus les frontières. Le voyageur apprend surtout à connaître la méfiance indicible des douaniers quand ils découvrent dans ses bagages des livres et des journaux. La pratique de la censure remonte, comme on le sait, au temps des tsars. L'URSS nous fait encore sentir combien le seul acte de pénétrer dans le pays avec des imprimés est peccamineux. Le panslaviste Juraj Krisanic écrivait au XVIIe siècle: «Après l'autocratie, la meilleure de nos traditions, ce que nous avons de mieux, c'est la fermeture des frontières, c'est-à-dire l'interdiction faite à notre peuple de voyager hors du pays sans des raisons importantes. Ces deux coutumes sont les piliers du royaume et doivent être préservées.»

Le Kremlin, à la fin du XXe siècle, ne pense pas autrement.

J'ignorais aussi qu'il fût difficile de quitter l'URSS en emportant des livres, même des classiques ou les ouvrages les plus licites. Une prescription interdit d'exporter sans autorisation officielle des publications antérieures à 1976. Comme beaucoup d'œuvres ne se trouvent que dans les librairies d'occasions, le Pouchkine illustré, l'ancien album de photographies de l'Oural ou un traité de linguistique pourra être saisi à la frontière si l'imprimatur date, par exemple, des années soixante.

— Comment est-ce concevable? ai-je demandé à T., un professeur de Moscou. Si vous preniez dans votre bibliothèque un roman de Tolstoï pour me l'offrir, et qu'il soit par exemple une réédition populaire de 1958, je ne pourrais pas le sortir d'URSS?

— Vous pouvez tenter le coup, mais si on le repère à la douane, le bouquin est perdu, à moins que je ne sois là pour le reprendre.

— Mais si je désirais, pour un ouvrage auquel je tiens, suivre une voie officielle?

— Il faudrait que je demande une autorisation et que je paie une taxe. J'ai passé par là et puis vous décrire toute la procédure. Première étape: les livres anciens doivent être soumis à une expertise et présentés physiquement. Il ne suffit pas d'indiquer le titre. Le bureau se trouve à la Bibliothèque Lénine, ici à Moscou, et fonctionne pour toute l'Union soviétique. Vous devez donc prendre vos bouquins sous le bras et vous rendre du côté de l'avenue Kalinine, ce qui n'est pas commode si vous souhaitez exporter un ouvrage en plusieurs tomes comme vos grands Larousse. Et vous mesurez l'obstacle si vous voulez émigrer avec votre bibliothèque. Pour corser l'opération, même s'il s'agit d'un seul volume, le bureau n'est ouvert que deux jours par semaine, et quelques heures seulement. Vous vous trouvez là, comme ailleurs, dans une longue file d'attente et il faut se lever de bonne heure. Un fonctionnaire finit par vous délivrer une autorisation. Il lui incombe en fait de fixer le prix du livre, qu'on détermine en roubles actuels à la valeur neuve.

La deuxième étape de vos démarches peut alors commencer, poursuit le professeur. Elle vous conduit à la même Bibliothèque Lénine, mais dans un autre service, ouvert d'autres jours et qui exige par conséquent le sacrifice d'une autre journée. Là vous acquittez une taxe d'exportation équivalente à la valeur du livre neuf.

— Mais c'est là, me suis-je indigné, un acte de piraterie commis au détriment des échanges culturels les plus normaux!

— On assimile l'exportation de livres, me répond mon interlocuteur, aux ventes parfois abusives d'objets d'art anciens à des étrangers. On argue de la protection du patrimoine national. Mais il s'agit probablement d'empêcher les intellectuels qui vont à l'étranger d'emporter leur bibliothèque. Les Russes exilés doivent faire deuil des livres de leur vie.

La gravité d'un tel coup a été parfaitement décrite par Catherine II de Russie, à propos de Diderot. Elle acheta sa bibliothèque pour l'aider financièrement, mais elle lui en laissa l'usage jusqu'à sa mort: «Il aurait été cruel, déclara-t-elle, de séparer un savant d'avec ses livres; j'ai été souvent dans le cas d'appréhender qu'on m'ôtât les miens.»

Souffle-t-il, dans le monde du théâtre soviétique, le vent d'une expérience neuve?

Je découvre la fraîcheur dans les branchages de Krasnaya Presnia, l'Atelier-théâtre des jeunes, à Moscou.

Le nom de son animateur: Viatcheslav Spessivtsev. Son lieu, proche de l'avenue Gorki, ressemble aux caveaux d'Europe occidentale. Entrée sans marquise ni lumières, mais sur le trottoir, dans le froid, quelques dames emmitouflées offraient cher pour nos billets. A tous les spectacles la salle est comble.

Sur les murs du vestibule miteux, alignés comme les classiques portraits d'acteurs, des visages d'adolescents du quartier. Ils sont graves, intenses et beaux. Quelqu'un les a fait rayonner.

Rien ici qui n'ait été bricolé, retapé, construit par eux avec des moyens de fortune.

Nous grimpons dans la salle plus que nous n'y pénétrons. Elle ne compte que cinq rangées d'une vingtaine de sièges spartiates. La scène a peu de profondeur, mais elle est si haute qu'on la dirait au bas d'un puits. Au fond, une paroi de briques rouges.

Lorsque se met à brasiller faiblement le feu des rampes, nous nous trouvons dans un espace envahi d'un enchevêtrement de troncs. Leur couleur est celle des ossements. Je scrute cet arbre généalogique dément, parcourant de l'œil ses branches maîtresses, ses fouillis, et m'aperçois que tel rameau est un bras immobile, tel autre une cuisse, puis je distingue mieux dans la pénombre onze ou douze jambes juvéniles, puis quarante mains accrochées aux tiges, enfin des torses verticaux, horizontaux ou jetés de biais dans le vide. Je sens surtout qu'une foule d'yeux nous fixent. Suspendus à côté d'eux, des masques.

Ainsi commence l'adaptation scénique de *Cent ans de solitude*. La destinée de la communauté sud-américaine de Macondo de 1850 à 1950, dont Garcia Marquez a brossé la fresque dans son œuvre célèbre, débute et s'achève par ce déploiement mythique. Mais, avec l'explosion du verbe, succèdent à l'arborescence luxuriante et statique des personnages, les poursuites, les étreintes, les dégringolades et les rebonds de leur vie quotidienne.

La rebutante verticalité de la scène devient l'un des principaux atouts de Spessivtsev. Par des changements de rythme, de ton, d'éclairage et de fond musical, il passe de la comédie campagnarde à la chronique sociale, du merveilleux à l'épique, de l'intimité de jeunes amoureux au mouvement de foule, de la farce à la saga cosmique. Sous nos yeux foisonnent, comme les troncs et leurs enlacements, les événements d'un siècle. Les destinées individuelles, triturées par l'Histoire, mais souvent tendres, émouvantes, parfois comiques, parfois violentes, sont progressivement hypostasiées. Le symbole, c'est le dessin primitif dont, sur scène, on peint le visage des acteurs au fil de l'action. Ainsi, quand le spectacle se termine, chaque personnage transfiguré a repris sa place dans l'arbre de la mythologie, à côté de son double, le masque suspendu. L'amour, le désir et la solitude, après trois générations, se figent superbement dans l'éternel retour.

Mais qui sont ces acteurs? Des garçons et des filles de 17 à 23 ans peut-être, des amateurs devant lesquels les professionnels

Les garçons et les filles du théâtre Na Krasnoïe Presnie, à Moscou, interprétant «Cent ans de solitude» de Garcia Marquez dans une mise en scène de Spessivtsev. (Photo Na Krasnoïe Presnie).

d'Occident s'inclineraient, pour la diction, pour leur envol athlétique très proche de la danse, pour le naturel, pour la fougue, pour le jeu collectif dans lequel le théâtre russe excelle.

Viatcheslav Spessivtsev a passé par l'école du Cirque de Moscou. Il fut ensuite acteur à la Taganka. Au début des années soixante-dix, âgé alors de trente ans, il créa ses cours d'art dramatique pour adolescents. Son influence charismatique fit naître, entre ses élèves et lui, la complicité, la volonté commune de monter des spectacles et de disposer d'un théâtre. Il arracha l'autorisation d'aménager à sa guise une vieille bâtisse de la rue Stankevitch, Na Krasnoï Presnie, près du centre de Moscou. Les jeunes mordus de la scène se multiplièrent autour de lui, au point qu'ils furent jusqu'à quatre cents, dont un petit nombre devinrent des professionnels.

Aucun acte public ne s'accomplit, en URSS, hors des cadres de l'Etat. Cet atelier dramatique est rattaché au Komsomol, l'Organisation de la jeunesse communiste. Ses subsides permettent aujourd'hui à Spessivtsev d'être assisté de vingt personnes pour ses cours de formation. Il collabore avec les écoles. Les spectacles ne sont que le couronnement de son action. Les rôles sont tenus par plusieurs équipes de jeunes par rotation. Lorsque des pontes viennent voir son travail, il refuse de faire jouer les meilleurs. Chacun son tour. On me rapporte ce détail avec fierté. Au répertoire, *Romeo et Juliette*, *Othello*, *L'Oiseau bleu* de Maeterlinck, *La Puce* de Leskov, et des œuvres d'écrivains russes contemporains, comme Valentin Raspoutine, ou écrites par Spessivtsev lui-même.

Les commissaires ont-ils sa salle à l'œil? Va-t-on critiquer *Cent ans de solitude* pour l'hérésie idéologique de l'éternel retour? Dans le cagibi où l'homme de théâtre m'a raconté son aventure, je n'avais aucune envie de parler politique. Lui dire simplement que dans le grand arbre de Macondo, j'avais senti souffler la brise de son génie.

XXXII
Aimer Moscou

Vlonk! Tu te retrouves à Moscou lorsque tu fermes les yeux, sur le trottoir de l'avenue Gorki où des milliers de pas bottés ont réduit la fine neige en boue noirâtre. Vlonk! vlonk! C'est le bruit des villes soviétiques: les portes des magasins, rappelées par des ressorts à boudin, claquent derrière chaque client en secouant le chambranle de bois. Le prélude aux rendez-vous, aux confidences de la capitale, à l'amitié, ce sont les gifles des portes et la foule à toques où tu cherches ton chemin, les manteaux lourds qui se heurtent sans excuse, les vieilles femmes caparaçonnées de châles et de solitude. Tu es entraîné par un rythme d'énergique résignation. Devant les gens bée soudain un escalier où tu descends au coude-à-coude, tu t'enfonces à présent dans de longs passages souterrains. C'est ainsi que les piétons traversent en profondeur les places babyloniennes et les avenues à dix pistes. Pas de kiosques ni de musiciens ambulants, presque jamais de graffiti dans ces labyrinthes couverts de faïence jaunâtre. Une rangée de téléphones muraux. Tu enfonces deux pièces d'un kopek, dorées, minces comme l'ongle du petit doigt, tu causes, tu repars, tu t'arrêtes entre deux piliers, à l'étalage où un jeune homme semble vendre en catimini des brochures. Les passants se bousculent, agglutinant leurs fourrures comme saisis d'un vague espoir, mais on liquide une étrange fin d'édition. Tu achètes quoi? Une étude illustrée en couleurs sur la bataille de Borodino.

Pour l'heure, il fait bon marcher. L'air est sec, très froid, et te réveille. Te voici après une heure au Prospekt Mira. La Perspective du Monde. Ou de la Paix. Toujours tu as été surpris par ce mot *mir* qui confond les deux notions comme en une vision lumineuse des fins dernières. Peu après, tu t'engages entre les parois austères d'immeubles staliniens. Le rez de chaussée est occupé par des magasins. Les enseignes sont succintes, *Légumes*, *Fruits*, *Viande*, *Poisson*, et pour le reste de l'alimentation la simplicité brutale du mot *Produits*. Partout des files d'attente. Dans les hôtels déjà, tu as appris la patience. A un petit buffet d'étage, tu regardais ta montre pour mesurer le temps qu'il te fallait pour une tasse de thé. Vous étiez sept, depuis une demi-heure. Un Italien, derrière toi, grommela «*È spaventoso!*» C'est effrayant. Il ajouta après cinq minutes: «*Dio! È un funerale!*» Et un moment plus tard: «C'est moi qui apporte les chrysanthèmes.»

Ici, vlonk! vlonk! tu entres dans les magasins par la double porte et tu te ranges dans la file, entre les lourds manteaux et les toques. D'abord une queue jusqu'à l'étalage, longtemps invisible derrière les dos en armoires. Tu finis par découvrir ce qui reste à acheter, des pommes en quartiers séchés, des choux, beaucoup de choux, des choux rouges, des oignons, un peu de betterave rouge. Parfois il semble qu'on attende sans savoir quoi. Quand la vendeuse t'a dit le prix, tu prends place dans une deuxième file devant la caisse. Le ticket en main, tu te joins à la troisième procession de ceux qui le brandissent sous le nez du personnel pour recevoir leur paquet.

«La complication de la procédure, au moindre achat, nous empêche de penser à autre chose,» t'a dit une amie. Elle a murmuré: «C'est peut-être une politique.»

Tu vois des secrétaires qui ont quitté un moment leur travail pour prendre rang dans une file et disent à la personne qui précède: «*Ya za vami.*» Je suis après vous. Sur quoi elles disparaissent et vont continuer leur opération dans un autre magasin. Tu découvres que les attentes potentielles sont plus longues que celles que tu as sous les yeux. Tu es saisi par une idée d'infini.

Moscou en janvier.

Jeunes filles visitant Moscou.

Les Moscovites se consolent parfois en racontant une blague. Un monsieur entre dans une poissonnerie et demande s'il y a de l'esturgeon. Non. Du hareng. Non. Du saumon. Non. De l'anguille. Non. Du thon. Non. Des soles. Non. De la carpe alors. Non. Du brochet. Non. Ayant fini sa litanie, le client s'en va. Le vendeur éclate: «Quel imbécile, ce type. Mais quand même: quelle mémoire!»

Tu as repris le métro. Tu t'es perdu une nouvelle fois dans les couloirs. Tu demandes s'il faut prendre l'escalier qui remonte à droite ou celui de gauche, et revenu à l'air libre tu débouches sur un nouvel espace vertigineux. Dans l'enfilade des palais jaunes, des colonnades, des musées de brique, ton œil cherche, pour s'orienter, les créneaux rouges du Kremlin: tout Moscou est ordonné par sa symbolique, où tu retrouves embrassés deux pouvoirs que tu croyais contradictoires, l'Etat communiste sous le dôme vert de l'ancien Sénat et la vieille Russie croyante dans les bouquets de bulbes d'or.

Dès lors l'itinéraire est simple, mais les distances sont grandes. Pour gagner l'Arbat, tu longes les remparts du Moyen Age et tu tentes de t'habituer à la toponymie du Grand Soir, place du 50e anniversaire de la Révolution d'octobre, avenue Marx.

A la station de métro de la Bibliothèque Lénine, tu tournes à droite et dépasses la rue Marx-Engels. Voici enfin le Prague, vieux restaurant qui a survécu, de travers, à d'énormes travaux d'urbanisme. Il sépare deux mondes. D'un côté l'avenue Kalinine, l'ouverture de la capitale à l'Ouest, les buildings des années soixante, une Amérique de Moscovie aux nettes façades de verre parmi lesquelles tu repères, pour tes disques, le magasin Melodia. Au rez-de-chaussée, la bousculade pour le jazz, une attention molle pour le folklore parce que le violon populaire a été raclé, par les Instances culturelles, jusqu'à la dernière fibre. Devant les discours enregistrés de Brejnev, le désert. A l'étage, le classique. Tu as le sentiment d'avoir vu et revu tous ces disques lors de chacun de tes voyages.

Si, au contraire, devant le Prague, tu descends à gauche par des escaliers en demi-cercle, tu gagnes la vieille rue Arbat, son trottoir à flaques, la boutique des posters, le magasin d'art où tu te fais renverser par un chef de bureau qui est venu acheter d'urgence la photo du nouveau Premier secrétaire du Parti, mais tu y trouves aussi, mal reproduits, quelques peintres que tu aimes, le fleuve crépusculaire de Levitan ou ses bouleaux noyés dans une rivière en crue.

L'art que l'on qualifiait d'avant-garde, il y a un demi-siècle, n'a pas encore sa place ici, mais tu t'en consoles. A Sonya, que tu as retrouvée, et qui est si jolie sous son bonnet tricoté descendu jusqu'aux yeux, tu avoues que tu as visité avec enthousiasme la galerie Trétiakov. Les portraits de Sérov! Les scènes populaires de Répine! Les regards de Dostoïevski et du jeune Tolstoï, la trogne de Moussorgski si poignante quand on pense qu'il fait entrer comme aucun autre dans la musique les foules russes croyantes, inquiètes et justicières! Oh, les corneilles sur les arbres hivernaux de Savrassov! Admirable XIXe siècle!

«Les Itinérants? fait Sonya. Ouais. Il y a de belles choses. Mais quand ces peintres russes se réunissaient, ils ne parlaient que d'action sociale. En France, quand deux impressionnistes partageaient une bouteille, il était question de lumière, de couleur, de coups de pinceau, et c'est eux qui avaient raison.»

Sonya est folle de la France. Vous avez l'espoir de...? «Je ne veux même pas y songer. Je n'en ai pas la force. Je fais mon boulot. Je ne réfléchis pas au-delà d'aujourd'hui.»

Elle te remercie, comme si tu lui avais offert de l'or, pour un numéro du *Nouvel Observateur*. «Je le lirai ce soir, fait-elle, couchée sur mon lit, en écoutant France-Inter sur les ondes courtes.» Elle ajoute: «Je me sens seule ces temps-ci.»

Elle a divorcé, mais longtemps, faute d'un logement, elle a continué à vivre avec son ex-mari. Elle a trouvé enfin où se réfugier: un méchant appartement au diable vert. A chaque chambre sa serrure. A chaque placard de la cuisine partagée son cadenas. «Ne vous frappez pas, fait-elle, des millions de gens vivent comme ça.»

Au restaurant Prague, tu es placé, après l'attente d'usage, à la table de deux étudiants. Ils se dérobent à la conversation. Tu achèves ton repas. Mais au café-cognac, les jeunes se lèvent avec un signe discret qui dit: «Nous vous attendons dans la rue.» Tu les retrouves. Ils t'enseignent la technique moscovite des transports rapides. Ils se postent à un carrefour et d'un geste aussi furtif que celui qui t'a invité à les suivre, ils interpellent les chauffeurs. Les fonctionnaires-conducteurs des bureaux officiels arrondissent volontiers leurs fins de mois par un détour.

Traversée de Moscou. Petit appartement d'une famille d'ingénieur dans un bloc locatif. Intérieur minable. Au mur de belles Américaines nues, importations subreptices en cet empire pudibond. On parle de l'Afghanistan. «Qu'en avons-nous à foutre, dit l'étudiant, de mourir pour un pays qui n'est pas le nôtre?»

L'Afghanistan encore quand tu dînes au Slavianski Bazar. Plusieurs tables sont libres, mais il n'est pas question de s'asseoir. La clientèle moscovite, après s'être débarrassée des chapkas et des manteaux au vestiaire, attend debout qu'il plaise au personnel nombreux et bougon de lui assigner des places. La tienne est à la table où mange un couple de l'Ouzbekistan. Monsieur est mécanicien de locomotive, Madame professeur d'allemand. Leur ville, Karchi, est à 200 km du territoire afghan. Que pensent tes commensaux de la guerre?

«Nous aidons notre voisin, dit l'homme du rail. Il est troublé par des capitalistes cachés dans les montagnes. Et qui nous tirent dessus.» *Strieliaiout*! fait-il en mimant celui qui décharge une mitraillette.

Quand tu rentres, en pleine nuit, ta course vole à travers Moscou quelques mètres au-dessus de la terre. Les phares du taxi, après les longues avenues vides, balaient des palais baroques, des hôtels particuliers à fronton classique derrière des tilleuls dépouillés, des rues pavées à réverbères qui montent et tournent, des petites églises couronnées de leur oignon d'or entre des maisons-tours, des quartiers marchands d'un autre siècle et derrière le monastère Andronikov, tu te crois soudain dans une ville d'Asie. Tu murmures qu'il te faudrait des mois ici. Explorer chaque quartier, dresser l'inventaire des bulbes et des cours intérieures, te plonger dans la foule de chaque gare, la Biélorouskaya, émeraude à meringue blanche, celle de Yaroslavl d'où tu es parti un jour pour la Chine, celle de Leningrad tout à côté et en face celle de Kazan, et la Kourskaya, et la Kievskaya où tu prendras le train du retour par l'Ukraine. Tu respires là l'air des provinces les plus lointaines qui répandent déjà leurs odeurs et leur vie dans les salles d'attente immenses et bondées, en plein Moscou. Fourrures en rangs. Alignements d'yeux bridés...

Le lendemain, c'est avec Nadia que tu remontes l'avenue Gorki. Par une arcade, à gauche, on distingue une église couleur de pêche. Le bonheur visuel des pastels n'est pas seulement de Léningrad. Vous approchez. Nadia, qui est une sage enfant du régime, 36 ans, travail intéressant, voix douce et pensée conforme avec de petites volutes, se met à sourire. «Dans cette église, il m'est arrivé une aventure, raconte-t-elle avec un grand charme. Je n'avais jamais assisté à une messe. Je suis entrée.»

Ainsi, pas mal de Soviétiques, sans être croyants, veulent saisir l'unique possibilité qui leur est offerte en URSS d'entendre, dans un lieu public, des idées qui ne sont pas celles du Parti.

«J'ai trouvé la liturgie orthodoxe belle, poursuit Nadia. Mais le prêche m'a énervée. Le prêtre affirmait que tout ce qui est bien vient de Dieu. A la fin, je suis allée m'expliquer avec lui. La vérité, n'est-ce pas, c'est que les bonnes choses dont nous bénéficions viennent de notre volonté, de notre travail. ‹Ne t'y fies pas trop, m'a répondu le pope, et place plutôt ta confiance dans la volonté du Seigneur›.»

»Le lendemain, continue Nadia, j'ai glissé sur une plaque de verglas et je me suis cassé une vertèbre.»

Elle te regarde de ses yeux brun clair devenus soudain ceux d'un enfant: «Dieu a-t-il voulu me faire la leçon?»

Les parfums orthodoxes montent des cassolettes devant l'or des icônes. L'assemblée se tient debout, les manteaux sombres pressés les uns contre les autres. Tu tentes de t'approcher du chœur. Derrière les épaules, au milieu de la foule, tu as entrevu, illuminé de cierges, un corps couché au visage de cire. Quel saint célèbre-t-on? Et quelle est cette manière étrange de dresser son effigie de gisant sur deux chevalets, dans une caisse aux bords si bas qu'on dirait un long plateau? «*Otche nach...*» chante un groupe au pied d'une colonne aux bienheureuses figures d'argent. Les voix du «Notre Père» commencent plus bas que terre, au royaume des ombres, et s'élèvent de verset en verset par quarts de ton, comme la fumée de l'encens. Il y a là des femmes et des hommes dans la force de l'âge, extrêmement recueillis. Beaucoup portent un petit cierge. Un prêtre prie au fond du chœur, devant la grille. Un autre, plus jeune, la barbe encadrée par l'étole, ouvre une voie dans la masse des fidèles, une croix à la main. Des vieilles se signent de deux doigts et se glissent le long des parois, baisant chaque icône.

Tu descendais à pied le Prospekt Mira lorsque tu as aperçu, à gauche, au pont qui enjambe la voie ferrée venant de Leningrad, cette église au coin d'un cimetière, sous les bouleaux: la Trinité, *Piatniskoye kladbichtche*. Tu t'y es rendu en marchant avec précaution sur le verglas, le long d'une palissade où des femmes vendent des fleurs en papier.

Tu regardes le visage de cire. Il n'est pas beau. Le nez est tordu. Il en sort quelques poils. C'est une femme âgée, d'un jaune terreux, quoique lisse. Tu as compris que c'est une morte. Dans le transept, en te poussant discrètement entre les manteaux, tu as buté contre un autre mort à visage découvert, puis sur un autre, un autre encore. Moscou, dans cette petite église, célèbre l'office funèbre de six chrétiens, les mains jointes, le texte d'une prière en slavon pincé entre les doigts raidis, des fleurs de papier au giron. Une couverture brodée cache le bas du corps, soulevée par les pieds soigneusement chaussés qui pointent comme deux oreilles. L'encensoir est balancé autour d'eux. Le silence recueilli des vivants et les petites flammes dressées sous les yeux fixes répondent aux invocations litaniques du prêtre. Le chœur est parvenu dans les hauteurs du «Délivre-nous du mal», *No izbavi nas ot loukavogo*, un garçon déplace le lutrin et recharge le parfum dans un bruit de chaînette. Chaque mort est nommé. Le pope s'adresse au groupe compact de la famille, debout à la tête de chaque gisant, et pose une question qui semble signifier «Lui avez-vous pardonné?» C'est la fin. Les proches sont au bord des larmes, ils se succèdent maintenant, penchés sur le mort, lui embrassent le front, les mains et parfois les lèvres grises.

Tu cherches ton chemin, ce soir, à la sortie du métro. C'est la Saint-Sylvestre. Tu interroges un inconnu. A son sourire fraternel et presque gouailleur, tu comprends en une seconde que tu as découvert un bon compagnon. Il faut croire à de tels miracles après la foule aux fourrures revêches. Il t'accompagne sous les flocons. Il n'est pas de ceux qui demandent des devises. Il ne te quitte pas devant la tour où il loge, immense, constellée d'alvéoles éclairés, et tient à te conduire jusqu'à l'hôtel. Vous parlez. Un bonheur doux-amer germe sous vos pas dans le noir. «Vous habitez un beau quartier», lui as-tu dit. Il a éclaté: «Vous voulez rire! C'est récent, mais mal construit. Ah! votre hôtel, bâti par les Occidentaux, c'est du boulot, c'est de l'architecture. Je suis du métier, je peux le dire.» Il fulmine mais se fait petit, lui le baraqué, à l'approche du but. Il trompe la surveillance des portiers, se glisse à côté de toi dans le hall de l'hôtel et regarde autour de lui, admire de tous ses yeux, s'inquiète, refuse de prendre un verre («Vous êtes fou?»). Puis il hâte sa fuite, il quitte les lieux interdits, coupable, non sans que vous vous soyez fixé un rendez-vous. Il t'a invité à fêter chez lui le réveillon, avec sa femme, ses enfants, la grand-mère. «Venez comme vous êtes!» Vous vous retrouverez à 22 heures.

Il n'est jamais venu au lieu dit. Longtemps, tu l'as attendu dans la froidure, avec les bouteilles et les jouets que tu as achetés à l'hôtel. Qu'en faire, maintenant qu'il ne te reste plus, avant de regagner ta chambre, qu'à scruter ces locatifs à la démesure assyrienne, où des milliers de familles se sont mises à fêter le Nouvel An? Boire le cadeau? Laisser sur un banc les jouets des gosses? Donner à la dame d'étage, la grosse *dejournaya*, le mouchoir de soie de la grand-mère?

A trois heures du matin, tu as été réveillé dans ton lit par le téléphone. Un appel en russe, agressif, auquel tu n'as rien compris. Un diplomate t'a parlé de ces incidents. L'étranger qui noue des contacts avec la population reçoit de telles mises en garde nocturnes. Que t'importe. Tu as tant de raisons d'aimer cette ville. L'ont-ils jamais vraiment détestée, ceux qui eurent ici des motifs autrement plus graves de trembler? Par la fenêtre, tu regardes au-delà des toits blancs et des masses noirâtres, les tours contre les nuages éclairés d'en-dessous et les étoiles dressées à la pointe des flèches. Tu te souviens d'un poème dédié à Marina Tsvetayeva, revenue de France en URSS pour s'y pendre. Anna Akhmatova l'écrivit avec une intraduisible musique qui n'aura pas perdu son pouvoir quand toutes les menaces seront oubliées:

> *Ensemble, aujourd'hui, Marina,*
> *Nous allons dans Moscou, au milieu de la nuit,*
> *Pareils à nous, des millions nous suivent*
> *Dans le cortège le plus silencieux:*
> *Tout autour tinte le glas*
> *Et gémit sauvage la tempête de neige*
> *Qui couvre la trace de nos pas.*

Notes

Photographies de l'auteur

Double page de titre:
«Pleine lune sur la route au nord de Rovamiemi,
à la hauteur du Cercle polaire. Laponie finlandaise, janvier.»

Chapitres XXVIII et XXXIII:
les vers d'Ossip Mandelstam sont
cités dans une traduction de François Kérel
et ceux d'Anna Akhmatova dans la version de N. Struve.
Exergues et autres poèmes: traductions de l'auteur.

Les chapitres I à VII ont paru dans *Retrouver l'Islande*,
Centre de recherches européennes, Lausanne

Table des matières

Première partie	ISLANDE	
Chap. I	La langue des Vikings.	11
II	Ours fils d'Ours	16
III	Les sagas	21
IV	Vie et mort de la colonie grœnlandaise	24
V	Sous le volcan	31
VI	Les chevaux de la liberté	37
VII	La zibeline de Laxness	42
Deuxième partie	ÉCOSSE	
VIII	Journal des Highlands	48
IX	Journal des Hébrides	64
Troisième partie	DANEMARK	
X	Escales à Copenhague.	72
XI	Vie de château	79
XII	Un art qui vient du froid	83
Quatrième partie	SUÈDE	
XIII	Six drames nordiques	88
XIV	La ville-forêt.	93
XV	Kiruna et la révolte des mineurs .	99
XVI	La trajectoire intellectuelle de la Suède.	104
XVII	Les Lapons: «Une question de vie ou de mort».	114
Cinquième partie	NORVÈGE	
XVIII	Pénétrer en Norvège	124
XIX	La fièvre du pétrole.	132
XX	Le hareng a disparu	145
XXI	Knut Hamsun, deux fois mort et vivant.	151

Sixième partie		FINLANDE	
	XXII	Briser la glace	164
	XXIII	Pique-nique par moins vingt-cinq à la frontière soviétique	168
	XXIV	La finlandisation vue de Finlande	181
Septième partie		URSS	
	XXV	L'Express Bümpliz-Moscou . . .	190
	XXVI	Visite aux Baltes	194
	XXVII	Une vie de Letton	199
	XXVIII	La musique de l'Estonie.	208
	XXIX	Leningrad et les Tessinois	218
	XXX	La forêt, les fleuves	229
	XXXI	La Russie sous la plume de deux écrivains soviétiques	233
	XXXII	Scènes de la vie culturelle	240
	XXXIII	Aimer Moscou	249

Du même auteur

VOYAGES
LA MACHINE SUR LES GENOUX, Portrait des Etats-Unis à la fin du règne d'Eisenhower, Cahiers de la Renaissance Vaudoise, 1960.
LES YEUX SUR LA CHINE, Ed. 24 heures, 1972.
RETROUVER L'ISLANDE, préface du prof. Henri Rieben, Centre de recherches européennes, Lausanne, 1979.

LITTÉRATURES SCANDINAVES - TRADUCTIONS
Halldór Laxness, *Le Hareng*, Nouvelle Revue Française, 1956.
Halldór Laxness, *Apparition dans les profondeurs*, Ecriture 2, 1966.
Kurt Salomonson, *Le Barrage*, roman, Cahiers de la Renaissance Vaudoise, 1967.
Lars Gustafsson, *Sigismund*, fragment, Ecriture 14, 1978.
Hannes Petursson, *Douze poèmes islandais*, Ecriture 18, 1982.
Evelyne – Quarante poèmes d'amour traduits du suédois, photographies de Marcel Imsand, Ed. 24 heures, 1983.

ESSAIS ENCYCLOPÉDIQUES
Suisse romande – Littérature, Encyclopaedia Universalis, Paris, 1985.
Dans l'Encyclopédie illustrée du Pays de Vaud, Ed. 24 heures:
Les villages. Les bourgs et les villes, Tome V, 1974.
Le pays. Originalité des villages. La succession des langues, Tome XI, 1984.
En collaboration:
La vie littéraire au XXe siècle, avec Claude Reymond et Georges Borgeaud, Tome VII, 1978.
L'urbanisme, l'aménagement du territoire, avec Jean-Pierre Vouga, Tome XI, 1984.

PORTRAITS EN PRÉFACES
Jacques Chessex, dans *La Confession du pasteur Burg et autres récits*, Le Livre du Mois, Lausanne, 1970.
Richard Paquier, dans *Histoire d'un village vaudois – Bercher*, Ed. 24 heures, 1972.
Paul Hugger, dans *Le Jura vaudois*, Ed. 24 heures, 1975.
Paul et Clémence, dans *Paul et Clémence*, photographies de Marcel Imsand, Ed. 24 heures, 1982.
Jacqueline Veuve, dans *La mort du grand-père*, Cinémathèque suisse, Lausanne, 1983.
Michael Stettler, dans *A la rencontre de Berne*, Ed. 24 heures, 1984.

Achevé d'imprimer
le 15 octobre 1985
sur les presses des
IRL Imprimeries Réunies Lausanne SA